高等院校"十三五"规划教材

财务分析
Caiwu Fenxi（第2版）

郭道扬　主　审
谭　湘　主　编

中山大学出版社
·广州·

版权所有　翻印必究

图书在版编目（CIP）数据

财务分析 / 谭湘主编. —2 版. —广州：中山大学出版社，2018.1
ISBN 978 - 7 - 306 - 06281 - 9

Ⅰ. ①财… Ⅱ. ①谭… Ⅲ. ①会计分析 Ⅳ. ①F231.2

中国版本图书馆 CIP 数据核字（2018）第 001639 号

出 版 人：	徐　劲
策划编辑：	黄浩佳
责任编辑：	黄浩佳
封面设计：	林绵华
责任校对：	谢贞静
责任技编：	何雅涛
出版发行：	中山大学出版社
电　　话：	编辑部 020 - 84111996，84111997，84113349，84110779
	发行部 020 - 84111998，84111981，84111160
地　　址：	广州市新港西路 135 号
邮　　编：	510275　传　真：020 - 84036565
网　　址：	http://www.zsup.com.cn　E-mail：zdcbs@mail.sysu.edu.cn
印　刷　者：	佛山市浩文彩色印刷有限公司
规　　格：	787mm×1092mm　1/16　14.5 印张　338 千字
版次印次：	2014 年 9 月第 1 版　2018 年 1 月第 2 版　2018 年 1 月第 3 次印刷
定　　价：	35.00 元

如发现本书因印装质量影响阅读，请与出版社发行部联系调换

序 言

谭湘同志所主编的《财务分析》一书，迎合了知识经济时代发展变化要求，适应了社会主义市场经济建设对企业财务会计信息管理控制的需要，恰如其时地出版面世，是一部时效性强、在教学与企业实践中应用价值大及具有一定教学研究水平的教科书。

从本质上讲，市场经济是产权经济，一方面产权价值运动是市场经济形成与发展的基础，另一方面产权价值运动过程及其结果又决定着市场经济运行过程及其运行的基本规律。而市场经济的有序与有效运作，其目标却在于实现社会资源配置中的权利合理安排及其不断提高资源配置效率。应当讲，这是通过市场实现产权价值正常而具有规律性的运作的关键所在。正如美国学者哈罗德·德塞姆茨所指出的："在产权与价值的比较与衡量中，任何资源配置机制，要为（社会所）接受，都必须解决好两类任务，一是不管资源如何使用，必须充分揭示资源收益的信息；二是必须使人们认真考虑这些信息。"产权价值的市场运作与资源效率的关联性，以及与资源收益的关联性，不仅为产权价值交易双方所关注，而且为政府与整个社会所关注；同时，产权交易中的价值比较与衡量不仅成为落实公司权益的关键，而且有关交易成本、交易费用、交易收益，以及有关交易者的未来财务前途也为广大社会投资者所关注。因此，在此情况下，公司会计便在反映与控制产权价值运动过程及其运行结果中发挥着关键性作用，一方面它从最切实的层面，并且具有针对性地在维护与保障财产所有者合法权益中发挥着基础性作用，而另一方面又通过系统揭示与披露财务会计信息在进行经营决策与投融资决策中发挥着基础性作用，这便是会计学家们所指出的产权经济发展对于会计所产生的影响与会计对于维护与保障产权经济的贡献都是与生俱来的重要原因。

当财务会计信息遵照法律制度规范系统生成，并通过编制财务报表的方式系统反映出来之后，为了充分利用表列资料及其相关文件所揭示与披露的信息，使其达到上述目标，充分发挥其在总结历史经验、测试现时状况与指导未来中的作用，便必须切实进行财务分析。由此，以科学的分析理论为指导，应用科学的分析方法，通过全面分析而作出系统而深入的结论便成为纠正问题，克服困难，调整行动方针，指导与重新规划未来发展的指南。谭湘等同志正是从这一点出发组织编撰了这部书。从大的方面讲，这部书中的主要内容体现了国家关于建立现代产权制度的最新精神；而从具体的方面讲，这部书所形成的成果既可帮助读者系统掌握进行财务分析的知识与技能，以便在走向社会后能够得心应手地服务于企业及社会，又为从事财务分析教学工作的教师提供了一本理论与实际结合紧密,并具有良好教学效果的教科书。

同时,这部书本着理论与实务并重的原则组编相关内容,十分有利于广大实际工作者学习应用,并将可以成为实际工作者进行财务分析工作的良师益友。众所周知,当今会计界从事财务会计分析工作的大多是单位的会计主管或会计机构的负责人,所依据的分析资料又几乎全部来自于会计资料。从有助于开展分析工作的角度出发,该书选择了以会计要素为主线的结构编排,这样做便有别于其他同类财务会计分析教材的体系结构,有利于分析者摆脱传统以三张报表分析为主的框架约束,使财务分析工作可以产生更好的实际效果。不仅如此,该书作者还对会计环境问题进行了较为深入的分析研究,提出了不少新观点,既有利于提高读者对财务分析工作的认识,也有利于提高读者的财务分析能力。

序者常呼吁,我国的会计教育应立足于培养理论与实务并重的会计人才,在会计教材中应尽量纳入更多的实务知识,然而,多年来在这方面的收效却十分有限。本书的编者利用他们丰富的会计实践经验,在阐述基本理论的基础上引进诸多的实务分析技巧,并辅之以具有实证性意义的分析案例,从而使这部书既适用于会计教学,又便于指导会计实务。作为一种新的尝试,我衷心地祝愿该书能得到广大读者的喜爱,同时,我也相信这部书将会为进行财务分析带来良好的社会效益,故乐于为其作序。

郭道扬

前 言

会计工作分为三部分：会计核算、会计检查和会计分析。会计核算是基础；会计检查是为了保证核算所提供的信息的准确性而做的监督、复查工作；会计分析则是会计师在准确的第一手会计核算信息的基础上，结合专业特征，就会计信息进行进一步的加工，生成包括会计信息在内的企业全方位的经营信息，从而为相关使用者提供决策依据。现代企业已跨越了时空界限，传统的会计分析也不得不加入更多的内容，这便有了财务分析取代会计分析之说。近些年来，业界已认可财务比会计的范畴更宽，更能适应提供决策信息的需要。本书作者也赞同此观点。在大力提倡资本经营的当今社会，人们对会计信息的关注，更多的是集中在资金方面，"财"是指资金，或者说，财务就是资金方面的事务，而资金运动的过程及其结果就是会计核算的内容，从这个角度看，会计几乎就是财务。造成会计与财务分离的是会计的职业技术特征。换句话说，一个人即使未学过会计，也能懂得财务的一些技巧，如筹资、利润分配等等，但他却可能不懂会计核算，无法直接阅读会计账表。因此，建立在会计信息分析基础上，又不受会计技术影响的财务分析便有了其社会需求基础。

为更好地把握财务分析，拓宽财务分析的应用面，本书作者在大量征询实务工作者意见的基础上，选择以会计要素为主线的体系结构，以期在满足会计本科教学所需的同时，适度照顾那些缺乏会计基础知识但却急于学习财务信息的决策者自学之用。这种结构设计在我国财务分析类教科书中属于一种新的尝试，我们希望它能有益于读者。

本书由谭湘主编，撰稿人有柴静、赵勤、杨秀通、方少萍、陈杰、陈炳华、胡国红等，参编作者均有任职企业总会计师或财务总监经历。

本书在编写过程中，不仅得到了笔者的授业恩师、暨南大学副校长与博士研究生导师王华教授和我国会计学权威、中国会计学会副会长、中国会计教授会会长、博士生导师郭道扬先生的大力支持，并主审了本书，而且得到了武汉大学博士生导师廖洪教授、中南财经政法大学李光忠教授、华南理工大学博士研究生导师李定安教授、广东财经大学刘国常教授、重庆工商大学周兵教授、湖北工业大学钱红光教授等会计界前辈和名师的热诚指点。另外，暨南大学曾伟、张程睿和黄之骏博士为该书的编著提供了不少稿件和修改意见，在此一并表示感谢！

谭 湘

目 录

第一章　概论／1
　第一节　财务分析的意义／2
　第二节　企业、信息、会计信息／4
　第三节　财务分析的原则、程序和基本方法／9
　思考练习／18

第二章　资产分析／19
　第一节　资产的含义与分类／20
　第二节　资产真实性分析／22
　第三节　资产结构分析／24
　第四节　资产使用效果分析／34
　第五节　资产披露质量分析／41
　思考练习／43

第三章　负债分析／49
　第一节　负债的定义、分类与计量／50
　第二节　流动负债与短期偿债能力分析／51
　第三节　融资结构与长期偿债能力分析／61
　思考练习／74

第四章　所有者权益分析／79
　第一节　所有者权益的分析对象／80
　第二节　股东权益保障分析／83
　第三节　利润分配政策与利润分配表分析／90
　思考练习／96

第五章　收入分析 / 98
　第一节　收入分析的意义 / 99
　第二节　收入的确认与计量分析 / 101
　第三节　收入完成情况分析 / 103
　第四节　收入的潜力分析 / 108
　思考练习 / 111

第六章　成本费用分析 / 112
　第一节　成本费用分析的意义与方法 / 113
　第二节　产品成本分析 / 120
　第三节　期间费用分析 / 128
　思考练习 / 132

第七章　利润分析 / 137
　第一节　利润分析的意义 / 138
　第二节　利润完成情况分析 / 140
　第三节　获利能力分析 / 148
　思考练习 / 156

第八章　现金流量分析 / 157
　第一节　现金流量分析的意义 / 158
　第二节　现金流量表主要项目分析 / 162
　第三节　现金流量表结构分析 / 168
　第四节　现金流量表综合分析 / 173
　思考练习 / 179

第九章 综合财务分析 / 187

第一节 综合财务分析的意义 / 188
第二节 企业绩效评价体系 / 189
第三节 企业价位评估 / 200
思考练习 / 207

第十章 国际财务综合分析简介 / 208

第一节 国外综合财务分析的发展简介 / 209
第二节 沃尔评分法 / 211
第三节 杜邦分析法 / 214
思考练习 / 216

参考文献 / 222

第 一 章
概 论

本章提要

　　知识经济时代又称为信息经济时代，在当前竞争日趋激烈的商界，谁拥有较之对手更多的信息，谁便掌握了主动。获取更多的信息，是当今乃至未来相当长时间内管理者所追求的主要目标之一。本章拟对企业、信息和财务会计信息作简要诠释，对企业会计报告的构成作概括介绍，并在此基础上，重点论述财务分析的含义、依据、目标与作用。

第一节 财务分析的意义

一、财务分析的意义

财务，是财产物资事务的简称。笼统地讲，是指企业所拥有或控制的财产物资及围绕这些财产所开展的活动，具体而言，如货币资金及其收付活动，原材料的采购与消耗活动，固定资产的使用与维修保养活动，产（商）品的销售活动等等，由于这些活动均可以价值运动的方式规律，即用货币形态表示，因此，从某种程度而言，就变成了资金运用。根据各阶段的资金运动形态，又可将其归类为筹资运动、投资运动、分配运动等。在企业既有的组织形式和专业分工的前提下，这些活动所揭示的价值（资金）信息大都反映在对内和对外公布的会计报表上。

分析，是思维的基本过程和方法，指人们在把事物分解为各个属性、部分、方面的基础上，运用一定的方法和技巧去揭示事物本质和内在的逻辑必然关系，是较高层次的脑力劳动。具体到财务分析而言，它要求分析者掌握一定的分析技巧，在充分认识会计的本质及会计数据的基础上，由表及里，由浅入深，充分揭示企业的财务会计能力信息，帮助有关各方进行正确的决策。

一般认为，财务分析是以企业财务会计报告提供的财务会计数据和会计报告说明书为主要依据，对企业的财务状况和经营成果进行评价和剖析，以反映企业在过去运营过程中的得失，并预测企业财务能力的发展趋势，为改进企业财务管理工作，提高企业财务能力提供重要的分析信息。

二、财务能力

企业财务能力是企业能力重要组成部分。企业能力包括财务能力、企业家能力、管理能力、生产能力、营销能力、研发能力、原材料供应能力和组织协调能力等，它们共同构成一个完整的能力体系。在企业能力体系中，居于核心地位的是能够维持企业持续竞争优势的组织中的积累性学识，特别是关于如何协调不同的生产技能和有机结合多种技术流派的学识。企业核心能力虽然具有价值性、异质性、不能仿制性和难以替代性四个特征，但直接计量与反映却非常困难。因此，企业核心能力的披露必须借助企业财务能力。企业能力和企业核心能力的增强，必然反映在企业财务能力和财务核心能力的改善与增强上。

企业财务能力考核成绩包括企业财务表现能力、财务活动能力和企业财务管理能力。企业财务表现能力包括盈利能力、偿债能力、营运能力、成长能力与社会贡献能力等多个方面，它是一完整的能力体系。在企业财务表现能力体系中，居于核心地位的显然是企业盈利和成长能力。在市场环境不变的条件下，企业可持续盈利成长动力主要来自企业资本的增加、内部管理效率的提高及企业财务政策的改变。企业资本增加主要表现在留存收益、增发股票或增加负债。内部管理效率的提高主要是降低成本、减少资金占用、提高资金周转率等方面。企业财务政策的改变主要表现在企业分配政策、资本结构的优化、财务杠杆的利用等方面。可见，企业可持续盈利成长能力涉及盈利能力、偿债能力、营运能力、成长能力和社会贡献能力等财务能力的各个方面，它在企业财务表现能力中居于核心地位。盈利能力的最大化不如盈利成长的最大化，而盈利成长能力的最大化不如可持续盈利成长能力的最大化。

财务活动能力包括企业筹资能力、投资能力、资金运动能力和分配能力等，其核心是企业可持续发展能力。财务管理能力包括组织的财务决策能力、控制能力、协调能力、创新能力等，其核心是企业可持续创新能力。财务活动能力与财务管理能力最终将反映在企业财务表现能力上。企业可持续创新能力推动企业可持续发展能力，可持续发展能力推动可持续盈利能力，这三种财务能力相互结合、相互促进，形成企业财务核心能力，即企业可持续盈利成长能力。企业可持续盈利成长能力的基础是盈利，目的是成长，关键是可持续，三者缺一不可。由于企业可持续盈利成长能力一方面反映了单一目标论观点，另一方面也反映了财务能力协调化目标，因此，现代财务管理应以企业可持续盈利成长能力的最大化为目标。只有以可持续盈利成长能力最大化为目标，才能抓住财务核心能力，从而全面提升企业财务能力，推动财务管理的深化。

企业财务管理目标决定企业管理当局信息需求的范围、数量、内容和形式，并通过管理当局的委托代理行为与结果影响其他相关利益主体对信息需求的范围、数量、内容和形式。因此，企业财务管理目标不仅决定了企业财务报告的核心内容，而且决定了企业财务报告的核心指标。也就是说，以企业可持续盈利成长能力即财务核心能力为重心，构建财务核心能力报告体系，是现行的以企业经营业绩变动为重心的财务"三表报告体系"的新思路。

三、财务分析的目标

财务信息与决策有密切的关系，它对决策具有很高的价值，是决策过程中不可或缺的依据。财务报表编制和财务报表分析所揭示的信息，对企业以及与企业有利益关系的各方的经济决策，有着密切关系。

财务分析的根本目标——决策有用，就是充分利用财务报表及其分析所揭示的信息，使之成为决策的依据。由于决策有不同的主体，他们对信息的需求就不完全相同，因此，财务分析的具体目标有以下三个方面：

（1）供资者决策有用——为企业投资人的投资决策，为债权人的贷款决策提供依据。财务分析对企业的财务状况、经营成果和现金流量作出的评价和对未来发展变化作出的科学预测，有助于投资人（包括现在的投资人和潜在的投资人）和债权人作出理性的投资决策和有保障的贷款决策。

（2）用资者决策有用——为企业的经营决策和提高管理水平、提高效益提供依据。财务分析通过对企业的财务状况、经营成果和现金流量作出合理的评价和科学的预测，可以起到引导企业的经营行为，作出正确的经营决策的作用；通过揭示企业经营活动中的矛盾和问题，可以促使企业找出产生矛盾和问题的原因，及时予以克服和改善，从而起到强化管理，提高企业管理水平和效益的作用。

（3）政府决策有用——为政府进行宏观经济决策和对国有企业实施间接管理，考核企业经营者业绩提供依据。财务分析的这个目标主要通过汇总报表及其分析资料来实现，但汇总报表上的数据来自单位报表，归根到底还是单位报表及其分析资料所揭示的信息在起作用。

第二节 企业、信息、会计信息

一、企业

委托代理理论认为，市场经济中的企业实质上是一系列契约关系的契合（Jensen, Meckling, 1976）和法律虚构。也有人认为，市场里的企业是一个由人力资本和非人力资本缔结的契约。本书采用传统的观点，即企业是指从事生产、流通、服务等经济活动，以商品或劳务满足社会需要，以盈利为目的，自主经营，自负盈亏，依法设立的经济组织。企业是现代社会经济的基本单位。

企业的根本目的是生存、增长、获利。企业目标则是指在企业目的的总框架中，为企业和职工确定的有完成时间期限的具体方向。目标所规定的时间期限越短，目标内所含具体内容的数量便越多。一般来讲，企业的目标由四个部分组成：①具体目的，这是企业期望实现的标志；②衡量实现目的的指标；③企业应该实现的指标，或者企业希望越过的障碍；④企业实现指标或越过障碍的时间表。

企业目标体系主要包含三个层次：①战略目标。这是指企业在其战略管理过程中所要达到的市场竞争地位和管理绩效的目标，包括在行业中的领先地位、总体规模、竞争能力、技术能力、市场份额、收入和盈利增长率、投资回收率，以及企业形象等。②长期目标。这是指企业在一个相对较长的期间内力求实现的生产经营的结果。③年度目标。这是指实施企业总体战略的年度作业目标，是战略实施中的一种必要手段。它与企业的长期目标有着内在联系，为监督和控制企业的绩效提供具体的可以衡量的依据。

二、信息

（一）信息的含义

信息广泛存在于自然界、生物界和人类社会。可以说，当今世界信息无处不在，无人不用。信息和物质、能源并列，成为构成客观世界的一个基本要素。尽管人们广泛接触信息，但要说清楚信息是什么，如何科学地给信息定义，却仍然是一个十分困难的问题。其主要原因是，信息的广泛性带来了信息概念的复杂性。人们往往从不同角度或不同层次来认识信息，形成对信息含义的不同理解，从而对信息给出不同的定义。

从产生信息的客体来定义信息，信息是客观世界（包括自然界、生物界和人类社会）中，一切事物的运动状态、变化和特征的反映。信息一经验证，就会使人们对客观事物的存在、运动状态、变化和特征有比较科学的认识，对客观事物的相互联系和相互作用有进一步的了解，并能对客观事物的规律性进行描述。这种经过验证的信息就成了知识。所以，信息也可以定义为：人们用以对客观世界进行直接描述的，可以在人们相互之间进行交流传播和利用的知识。

对上述有关信息的定义，要掌握以下三个要点：

第一，信息是对客观世界中一切事物的运动状态、变化和特征的反映。客观世界中的各种事物总是千差万别的，分别呈现了不同的运动状态、变化和特征，从而在人们的认识过程中形成不同的信息。比如，在会计核算活动中，会计核算对象是一种客观存在，它具体表现为资产、负债、所有者权益、收入、费用和利润，人们把它们称为会计要素。这六个会计要素就是会计核算活动中的具体事物，每一个会计要素都呈现了不同的内容、运动状态、变化和特征，从而在会计核算和管理活动过程中形成了各种不同的信息。

第二，信息是对客观事物之间相互联系和相互作用的象征。世界上任何事物之间都具有相互联系和相互作用的性质。这种联系和作用可通过一定的信息表现出来，从而又为人们认识客观过程提供了信息。比如，上述六个会计要素中，资产和负债、所有者权益之间，收入、费用和利润之间，都具有较多的相互联系和相互作用，通过它们之间的联系和作用人们就可以得到更有深度的信息。

第三，上述定义中的"知识"，指的是信息加工的产物，是一种具有普遍性的、概括性的和高层次性的信息。因此，人们把信息系统中的知识定义为：知识是以各种方式把一个或多个信息关联在一起的信息结构，是客观世界规律的总结。比如，增加收入，降低费用和成本，是增加利润的重要途径。而增加利润，既有利于企业本身的积累，也会使国家增加税收收入，壮大财力。这就是人们总结收入、费用和利润，以及利润和税收、国家财政收入等单个信息之间的密切关联和必然逻辑而取得的知识。可以清楚地看出，这种知识是单个信息的升华，具有更加有效的利用价值。还需指出，以知识作基础，人们能更有效地发现和接受信息并提高利用信息的能力。

（二）数据的含义，数据和信息的关系

什么是数据？信息和数据是什么关系？在信息科学和信息体系中，数据的定义是：数据是把客观事物记录下来的、可资鉴别的符号。表示数据的符号有多种多样，可以是数字或数字序列，也可以是声音和图像。采用数字作为符号时，把它称之为数据则更易为人们所理解。比如，在统计、科学研究和技术设计等领域中所依据的数字，就称之为数据。在会计学科中，数据有原始数据和会计数据之分。原始数据一般是指作为会计核算依据的原始凭证上的数值，它是账簿记录的重要依据。会计数据是指经过会计处理记入会计账簿的会计记录。账簿记录是填列财务报表的依据，所以财务报表中的数据，称为会计数据。

由于数据是客观事物的记录，或者说是客观事物的反映，因而数据和信息有着必然的密切联系：当信息采用数据形式来表示时，数据就是信息的载体，而信息则是对数据的说明和解释。比如，财务报表中利润总额、净利润等项目的数值，既可以说是企业经营业绩的记录，称之为数据，也可以说是寓于数据之上的信息，因为它联系其他资料，就可总括性地表明企业在某一会计期间的经营业绩。在此场合下，数据和信息都直接反映了客观事物，这是它们的共同点。但必须说明的是，数据和信息既有联系，又有一定的区别。因为数据是反映信息的一种形式，而不是惟一的形式，因而不能把任何情况下的数据等同于信息本身。比如，在本书后面章节将要详细说明的各种财务比率，如总资产收益率、净资产收益率、资产负债率等，是经过对资产负债表和损益表中有密切关联项目的多个数值进行计算后得到的。在这种情况下，据以计算财务比率的各单个项目的数值，称之为数据，而各种财务比率则是信息。在信息科学论著中，把这种情况下的数据和信息的关系，看做是原料和成品的关系，并将各种财务比率的计算称之为从数据到信息的转换。

综上所述，数据和信息这两个概念既有密切联系，又有区别。正是由于它们之间的密切联系，在实际工作中，在某些场合下，数据和信息往往难以严格区分，有时不得不混用。在数据处理过程中和财务报表分析过程中，数据和信息这两个词交替使用，某一场合下的信息，在另一场合下又被称为数据的情况屡见不鲜。

(三) 信息的分类

为了有效地利用信息，可以对信息进行不同的分类。

(1) 按内容范畴分类，信息可分为两大类别，即自然信息和社会信息。

自然信息是指宇宙间、自然界客观存在或随机发生的各种生命信息、动植物界信息、物质物理信息等。

社会信息则是人类社会在维系生存和发展过程中产生和利用的信息。

在社会信息中，信息按社会属性可分为政治信息、军事信息、经济信息、科技信息等。以上信息还可以细分，如经济信息可细分为统计信息、财务信息等。

(2) 按处理、加工的程度分类，信息可分为一次信息、二次信息和三次信息。

一次信息是指未经加工或经粗略加工的原始信息，如统计报表、财务报表等都是一次信息。

二次信息是指在原始信息的基础上经过加工整理而形成的信息。如前述的各种财务比率可称为二次信息。

三次信息是指对一次信息和二次信息的深加工，即再结合其他资料，并经调查研究和分析而形成的信息，其特点是有较强的概括性，具有更高的利用价值。

(3) 按传递范围分类，信息可分为公开信息、半公开信息和非公开信息。

(4) 按贮存方式分类，信息可分为内存信息和外存信息。

(四) 信息与企业管理

信息是一种重要的经济资源。企业内外信息是否及时、准确，对管理效率、经营决策有重要的影响。准确而及时的信息既是企业进行正确决策的重要依据，又是对生产经营过程进行有效控制的工具。信息的反馈作用，可以帮助企业采取必要的措施纠正偏差，保证企业目标和计划的实现。信息还是沟通组织有效活动的重要手段。因此，企业一定要做好信息工作。

信息工作一般是指企业生产经营活动中所需资料、数据的收集、处理、传递、贮存等管理工作。信息在管理系统中运转，形成管理信息系统。科学的信息系统，是由原始记录、统计资料、科技经济情报和科技经济档案等构成的。

1. 原始记录和统计工作

原始记录是用数字或文字对企业生产经营活动所作的最初直接记录。有表、票、单、卡等形式，它是建立各种台账和进行统计分析的依据，也是车间、班组进行日常生产管理的工具。它对落实经济责任制，贯彻按劳分配原则有很重要的作用。

统计是在原始记录的基础上，按照一定的要求和方法对原始记录的资料进行分类、汇总、综合分析，从数量上反映事物的本质和动态的工作。准确、及时地掌握统计资料，是企业掌握生产、技术、经济活动情况，作出决策，制定和检查计划的依据，也是对未来发展趋势进行科学预测的依据。它的主要形式是统计台账、统计报表和统计文字说明。

原始记录和统计工作必须做到准确、及时、全面，以形成财务分析的坚实数据基础。

2. 科技经济情报

情报一般是指为了一定目的而收集的、比较有系统的、经过分析和加工的资料。企业所需的情报，就其性质来说，可以分为科技情报和经济情报。科技情报主要来自外部有关科学技术进步的情况和动态资料；经济情报主要是反映企业内外各种经济活动的情况和动态资料。科技经济情报主要包括：国内外产品的需求情况、同行业的生产技术经济动态、社会所提供的资源、科学技术发展的趋势等。

3. 科技经济档案工作

它是指企业在生产和科研活动中形成和积累的应该归档保存的技术图纸、文字材料、报表照片、影片、录音、录像等科技经济文件材料。它是企业一种重要的技术经济信息，是企业生产经营活动中形成的真实记录。

三、会计信息

会计信息是经济信息的一种，它是指经济活动中有关财务活动（包括财务状况和财务成果）的运动状态、变化和特征的反映。

（一）会计信息产生的基础

从表象看，会计核算数据是会计信息产生的基础。

基本或大量的会计信息是在会计核算过程中，遵循一系列原则，运用多种方法，通过会计处理和加工而生产的。首先，会计核算要以会计主体假设、持续经营假设、会计分期假设和货币计量与币值稳定假设为基本前提和约束条件；其次，会计核算还必须遵循一系列的会计的一般原则，包括客观性、实质重于形式、相关性、可比性、一贯性、及时性、明晰性、权责发生制、配比性、谨慎性、实际成本计价、划分收益性支出与资本性支出和重要性等十三项核算原则；再次，会计核算还必须根据企业的经营特点和管理要求，选取和运用一整套合理的会计核算程序和方法。所有这些都使通过会计核算过程中的会计处理和加工而生成的财务信息，符合会计目标的要求，具有必需的信息质量，从而形成对经济决策有用的会计信息。

会计核算生成会计信息包括两个过程，即会计信息的日常加工过程——主要是通过填制和审核会计凭证和登记账簿，形成账簿记录；会计信息的再加工过程——主要是以账簿记录为基础，通过进一步的分类、汇总、浓缩或扩充，并以会计报表的形式，形成一个比较完备的会计信息体系，达到对外报送和对内报告的要求。会计信息的日常加工和再加工，既是一个连续、循环并不断完善和提高的过程，又是会计核算生成会计信息不可或缺的重要过程。

财务分析也称会计分析，是对会计信息的进一步加工。通过财务分析可以达到两个目的：一是在财务报表所提示的信息的基础上，生成更多的财务会计信息，从而达到充分利用财务会计信息的目的；二是产生高质量的深层次财务会计信息，更好地为经济管理和决策所用。

（二）会计信息的用户及其信息需求

前已述及，企业进行会计核算，产生会计报表，可以形成一个比较完备的会计信息体系。这个信息体系是为会计信息的用户服务的。这些用户大体包括投资人、债权人、政府和企业自身四个方面。由于利益视角不同，会计信息用户对会计信息的需求也就不完全相同，既有相同的一面，但又各有侧重。现简要分述如下：

1. 投资人

投资人包括现有投资人和潜在投资人，他们最关心的是投资的安全和收益。具体说来，投资收益率（或称净资产收益率）是他们最为关心和重视的财务信息。除此以外，他们也需要了解总资产收益率、销售利润率、资产保值增值率等。投资人对股份制企业的投资，还需要了解自己持有股票的市场价值。

2. 债权人

债权人是指那些对企业提供须偿还融资的机构或个人，包括给企业提供贷款的机构或个人（贷款债权人）和以出售货物或劳务形式提供短期融资的机构或个人（商业债权人）。

贷款债权人最关心的是债权的安全，包括贷款到期的收回和利息的偿付。因此，他们需要了解企业的获利能力和现金流量，以及有无其他需要到期偿还的贷款。

商业债权人最关心的是企业及时偿还货款的能力。因此，他们需要了解企业的短期偿还债务的能力，即流动资产的状况及其变现能力，包括流动比率、速动比率和现金比率等。

3. 政府

政府主要指政府中管理经济的综合经济管理部门和专业经济管理部门，包括中央和地方各级政府，如国家发展计划委员会、财政、税收、人民银行、证券及保险监督管理委员会等中央和地方的各个部门。在我国，政府对经济行使两种职能：行政管理职能和国有资产管理职能。对后者应视同投资人关注投入国有企业的资本金的管理和投资收益。而前者则包括两个方面：一个方面是从宏观经济管理的需要出发来了解和关注企业的会计信息；另一个方面是从对市场和企业的经济行为进行监管的需要出发，要求企业提供所需的会计信息。

4. 企业本身

企业内部的各级管理阶层和一般职工，也是会计信息的使用者。企业内部的管理者是履行经营和管理职责的直接责任人，他们要适应市场的需求和变化，制定明确的营销策略和技术创新战略，搞好企业的营销和发展；他们要制定和完善企业内部的各项规章制度，搞好企业管理，包括成本管理、资金管理和质量管理，不断提高管理水平，提高效率和效益。这些都必须掌握大量的财务会计信息。

此外还必须指出，会计信息用户为了决策和管理的需要，有赖于大量的会计信息，但这并不意味着以会计信息为限，恰恰相反，在以会计信息为主要依据的同时，还有赖于一些不属于会计数据的经营数据和业绩指标，比如主要产品的销售量及发展趋势、重要资源的消耗量和发展趋势、职工的教育水平和素质、售后服务的机构设置和质量，等等。

第三节 财务分析的原则、程序和基本方法

一、财务分析的基本原则

1. 政策性

财务分析是一项严肃细致的工作，必须以财经法规、财务会计制度和企业的内控制度等管理文件为依据，去衡量分析企业的财务状况、经营成果和现金流量，并作出合理评价。

2. 时效性

财务分析的结果是信息使用者处理问题和决策的依据，所以必须迅速及时，讲究时效。

3. 合理性

财务分析主要以已经产生的当期或历史数据通过对比、分析，对财务状况及其未来发展作出评价和判断，所提供的数据、反馈的信息必须准确、完整、真实、可靠，用于评价的标准应当合理，以避免和减少决策失误。

4. 效益性

效益性体现在两个方面，一是通过财务分析找出差距和薄弱环节，查明效益高或低的原因，提出挖潜增效措施，最终落实到提高经济效益上；二是分析工作本身也要讲求成本效益原则。

二、财务分析的程序

建立规范而合理的分析程序，是使分析工作能够有序顺利进行的重要保证，并对分析过程中的正确判断和最终作出恰当的评价，保证分析质量，有着十分重要的意义。

财务分析工作，一般应当按照以下程序进行：

（一）明确分析的目的、内容、范围和重点，制定分析工作方案

财务分析有全面分析和专题分析，有以企业经营为中心的分析和以投资决策或贷款决策为中心的分析。各种分析都有其特定目的，明确分析目的是分析工作的灵魂，分析过程中的各项工作都应当围绕实现分析目的而进行。分析目的确定之后，就应当根据目的确定分析的内容和范围，并明确分析的重点内容，分清主次和难易，并据此制定分析工作方案。工作方案一般包括：分析的目的和内容、分析人员的分工和职责、分析工作的步骤和完成各步骤的标准和时间等等。周密的工作方案有利于分析工作的顺利进行。

（二）搜集、整理和核实资料

搜集、整理和核实资料是保障分析质量和分析工作顺利进行的基础性程序。一般来说，在分析技术性工作开始之前就应占有主要资料，切忌资料不全就着手技术性的分析。

整理资料是指根据分析的目的和分析人员的分工，将资料进行分类、分组，并做好登记和保管工作，以方便使用和提高效率。

核实资料是这道程序的一个重要环节，目的是保证资料的真实、可靠和正确无误。对财务报告和财务报表要全面审阅，如发现有不正确或不具有可比性之处，应要求改正或剔除、调整。如果财务报表经过注册会计师审计，则必须认真审阅注册会计师的审计报告，特别关注审计报告中注册会计师的保留意见、否定意见和拒绝表示意见三种意见的审计报告。对其他资料也应核实，摸清其真实可靠程度，并分清资料是否有用，对无用或真实可靠程度低的资料都应当舍弃不用。

（三）选用适宜的分析方法，进行分析工作

一般应根据分析的目的、内容选用适宜的分析方法。分析方法恰当与否，对分析的结果和分析的质量有重要影响，应通过深入考虑和集体研讨，做到集思广益。分析工作一般应先主要后次要；先分析差异后分析原因，由表及里，由面到点，逐步深入。在分析过程中，要对各项数据和原因要作出判断，整个分析过程就是作出判断的过程。分析结束后，要对分析的对象作出中肯的评价，评价要态度鲜明，切忌模棱两可，莫衷一是。

（四）编写分析报告

财务分析报告是反映企业财务状况和财务成果意见的报告性书面文件。分析报告要明确分析目的，评价要客观、全面、准确，进行必要的分析，说明评价的依据，对分析的主要内容、选用的分析方法、采用的分析步骤也要作简明扼要的叙述，以备审阅分析报告的人了解整个分析过程。此外，分析报告中还应当包括分析人员针对分析过程中发现的矛盾和问题所提出的改进措施或建议。如果分析报告能对企业今后的发展提出预测性意见，则具有更大的作用。

三、财务分析的资料

上面已经说明，财务分析要以资料为基础，而分析所用的资料一般有以下各项：

（1）作为分析对象的财务报告和财务报表全套资料。如果是年度的财务报表，则应当是经过注册会计师审计的财务报表。

（2）与作为分析对象的财务报告和财务报表相应的以前年度的财务报告、财务报表以及其他历史资料。

（3）与财务分析有关的定额、计划、统计和业务等方面的资料。

（4）同行业或同类型其他企业的有关资料，国内外其他先进企业的有关资料，国家统一规范的评价标准值资料。

（5）其他资料，比如与分析有关的宏观数据资料，包括生产领域、生产资料和消费品市场、金融市场等各类市场与分析有关的资料。

四、财务分析的基本方法

财务分析的方法是实现财务分析的手段。由于分析目标不同，在实际分析时必然要适应不同目标的要求，采用不同的分析方法，下面介绍几种常用的分析方法。

（一）比较分析法

1. 比较分析法的含义

比较分析法是财务报表分析中最常用的一种方法。它是指将实际达到的数据同特定的各种标准相比较，从数量上确定其差异，并进行差异分析或趋势分析的一种分析方法。所谓差异分析是指通过差异揭示成绩或差距并作出评价，找出产生差异的原因及其对差异的影响程度，为今后改进企业的经营管理指引方向的一种分析方法。所谓趋势分析是指将实际达到的结果与不同时期财务报表中同类指标的历史数据进行比较，从而确定财务状况、经营结果和现金流量的变化趋势和变化规律的一种分析方法。由于差异分析和趋势分析都是建立在比较的基础上，所以统称为比较法。

2. 比较数据

（1）绝对数比较。即利用财务报表中两个或两个以上的绝对数进行比较，以揭示其数量差异。

（2）相对数比较。即利用财务报表中有相关关系的数据的相对数进行对比，如将绝对数换算成百分比、结构比重、比率等进行对比，以揭示相对数之间的差异。

一般来说，绝对数比较只通过差异数说明差异金额，但没有表明变动程度，而相对数比较则可以进一步说明变动程度。在实际工作中，绝对数比较和相对数比较可以交互应用，以便通过比较作出更充分的判断和更准确的评价。

3. 比较标准

在财务分析中经常使用的比较标准有以下几种：

（1）本期实际与预定目标、计划或定额比较。

（2）本期实际与上年同期实际，本年实际与上年实际或历史最高水平比较，以及与若干期的历史资料比较。

（3）本企业实际与国内外先进水平比较。

（4）本企业实际与评价标准值进行比较。

4. 比较方法

比较分析法有两种：水平比较法和纵向比较法。

（1）水平比较方法，又称横向比较法，是指将报告期数据与同行业当期数据或本企业某几个时期的同项目数据进行差异比较，找出原因的一种分析方法。该方法的缺点是，只能进行表面现象分析。

【例1】江东公司2016年的净利润为100万元，2017年的净利润为150万元。2017年与2016年比较，净利润增加了50万元。或者说，江东公司2017年的净利润为2016年的150%，增长了50%。

这是一种简单的水平比较，常用于差异分析。

【例2】江北公司2013—2017连续五年的营业收入与净利润分析（如表1-1所示）。

表1-1　江北公司2013—2017年营业收入和净利润金额

会计年度：1月1日—12月31日　　　　　　　　　　　单位：万元

年份 项目	2013	2014	2015	2016	2017
营业收入	4 500	5 000	5 000	5 833	7 200
净利润	450	500	400	700	900

通过此表趋势分析可以看出，江北公司五年来的营业收入和净利润除2015年的净利润下降外，一般是呈增长趋势，比较令人满意。但如果以2013年作为基年，用基年的数字去除各年的数字，可得出以下的趋势百分比，如表1-2所示：

表1-2　江北公司2013—2017年营业收入和净利润趋势表

会计年度：1月1日—12月31日

年份 项目	2013	2014	2015	2016	2017
营业收入	100%	111%	111%	130%	160%
净利润	100%	111%	89%	156%	200%

趋势百分比表明，在五年期间内，总的趋势是营业收入和净利润都在逐步增长，而且净利润的增长超过了营业收入的增长，2013年的净利润比2009年增长了1倍，而营业收入仅增长0.6倍。仅2010年的净利润增长与营业收入增长持平。但也应该看到，2011年的情况较为特殊，这一年的营业收入比2009年增长了11%，而净利润却下降了11%。所以用百分比来看趋势，不仅能清晰地看到总的趋势，而且能更精确地表明各年的变动程度。

但应当注意的是，对基年的选择要有代表性，如果基年选择不当，则以其为基数计算出的百分比趋势，会造成判断失误或作出不准确的评价。

水平比较分析经常采用的形式是编制比较财务报表。这种比较财务报表可以选取最近两期的数据并列编制，也可以选取数期的数据并列编制。前者一般用于差异分析，后者则可用于趋势分析。现以江东公司2016年和2017年两年资产负债表的部分数据和江北公司2016年和2017年两年利润表的部分数据为例，如表1-3所示：

表1-3　江东公司比较资产负债表

会计年度：1月1日—12月31日　　　　　　　　　　　　　　　单位：万元

资产	2017年	2016年	增加（减少）		负债及所有者权益	2017年	2016年	增加（减少）	
			金额	百分比				金额	百分比
流动资产：					流动负债：				
货币资金	39.6	17.2	22.4	130.2%	短期借款	97	85	12	14.1%
交易性金融资产	88.6	28.5	60.1	210.9%	应付账款	28.65	34.5	-5.85	-17%
应收账款	12.6	17.5	-4.9	-28%	应付职工薪酬	12.4	15.5	-3.1	-20%
存货	34.2	61.3	-27.1	-44.2%	未交税费	4.45	2.5	1.95	78%
流动资产合计	175	124.5	50.5	40.6%	流动负债合计	142.5	137.5	5	3.6%
长期投资	125	125			长期负债：				
固定资产：					长期借款	130	88	42	47.7%
固定资产	400	412.5	-12.5	-3%	应付债券	56.5	68.5	-12	-17.5%
在建工程	25	20	5	25%	长期负债合计	186.5	156.5	30	19.2%
固定资产合计	425	432.5	-7.5	-1.7%	所有者权益				
无形及其他资产					实收资本	450	450		
无形资产	110	110			盈余公积	43	38	5	13.2%
长期待摊费用	10	10			未分配利润	23	20	3	15%
无形及其他资产合计	120	120			所有者权益合计	516	508	8	1.6%
资产总计	845	802	43	5.4%	负债及所有者权益总计	845	802	43	5.4%

（2）纵向比较分析法又称垂直分析法或动态分析法，即以资产负债表、利润表等财务报表中的某一关键项目为基数项目，以其金额作为100，再分别计算出其余项目的金额各占关键项目金额的百分比，这个百分比表示各项项目的比重，通过这个比重对各项目作出判断和评价。这种仅有百分比，而不表示金额的财务报表称为共同比财务报表，它是纵向分析的一种重要形式。资产负债表的共同比报表通常以资产总额为辅基数，利润表的共同比报表通常以主营业务收入总额为基数。现以江北公司利润表中的2017年数据为例，编制共同比利润表，如表1-4所示。

表1-4 江北公司同比利润表

2017年度

项目	金额
一、营业收入	100.00%
减：营业成本	56.06%
营业税金及附加	3.30%
销售费用	3.68%
管理费用	3.48%
财务费用	1.18%
加：投资收益	
二、营业利润	32.29%
加：营业外收入	2.27%
减：营业外支出	0.45%
三、利润总额	34.11%
减：所得税	10.23%
四、净利润	23.88%

共同比财务报表亦可用于几个会计期间的比较，为此而编制的财务报表称为比较共同比财务报表。它通过报表中各项项目所占百分比的比较，不仅可以看出其差异，而且通过数期比较，还可以看出它的变化趋势。现以江北公司2016年和2017年两年的数据为例，编制比较共同比利润表，如表1-5所示。

表1-5 江北公司比较共同比利润表

项目	2017年	2016年
一、营业收入	100.00%	100.00%
减：营业成本	56.06%	57.54%
营业税金及附加	3.30%	3.37%
销售费用	3.68%	3.87%
管理费用	3.48%	4.24%
财务费用	1.18%	1.68%

续上表

项 目	2017 年	2016 年
加：投资收益		
二、营业利润	32.29%	29.30%
加：营业外收入	2.31%	2.62%
减：营业外支出	0.45%	0.75%
三、利润总额	34.11%	31.17%
减：所得税	10.23%	9.35%
四、净利润	23.38%	21.82%

可以看出，江北公司2017年的各项费用、成本项目的比重均略有降低，从而使税前利润和净利润有所上升。

共同比财务报表分析的主要优点是便于对不同时期报表的相同项目进行比较，如果能对数期报表的相同项目作比较，可以观察到相同项目变动的一般趋势，有助于评价和预测。但无论是金额、百分比或共同比的比较，都只能作出初步分析和判断。

5. 运用比较分析法应注意的问题

在运用比较分析法时应注意相关指标的可比性。具体来说有以下几点：

（1）指标内容、范围和计算方法的一致性。在运用比较分析法时，需要大量运用资产负债表、利润表、现金流量表等财务报表中的项目数据，必须注意这些项目的内容、范围同使用这些项目数据计算出来的经济指标的内容、范围和计算方法的一致性，只有一致才具有可比性。

（2）会计计量标准、会计政策和会计处理方法的一致性。财务报表中的数据来自账簿记录，而在会计核算中，会计计量标准、会计政策和会计处理方法都有变动的可能，若有变动，则必然要影响到数据的可比性。因此，在运用比较分析法时，对由于会计计量标准、会计政策和会计处理方法的变动而不再具有可比性的会计数据，就必须进行调整，使之具有可比性才可以进行比较。

（3）时间单位和时间跨度的一致性。在采用比较分析法时，不管是实际与实际的对比，实际与预定目标或计划的对比，还是本企业与先进企业的对比，都必须注意所使用的数据的时间及其跨度的一致，包括月、季、年度的对比，不同年度的同期对比，特别是本企业的数期对比或本企业与先进企业的对比，所选择的时间跨度和所选择的年份都必须具有可比性，以保证通过比较分析所作出的判断和评价具有可靠性和准确性。

（4）企业类型、经营规模和财务规模以及目标大体一致。这主要是指本企业与其他企业对比时应当注意的地方。只有大体一致，企业之间的数据才具有可比性，比较的结果才具有实用性。

（二）比率分析法

1. 比率分析法的含义和作用

比率是两数相比所得的值。任何两个数字都可以计算出比率，但是要使比率具有意义,计算比率的两个数字之间就必须具有相互联系。在财务报表中这种具有重要联系的相关数字比比皆是,可以计算出一系列有意义的比率,这种比率通常叫做财务比率。利用财务比率,包括一个单独的比率或者一组比率,来表明某一个方面的业绩、状况或能力的分析,就称为比率分析法。

比率分析法是财务报表分析中的一个重要方法。它之所以重要,主要体现在比率分析的作用之中。如前所述,由于比率是由密切联系的两个或两个以上的相关数字计算出来的,所以通过比率分析,往往可以利用一个或几个比率就可以独立地揭示和说明企业某一方面的财务状况和经营业绩,或者说明某一方面的能力。比如,一个总资产报酬率可以揭示企业的总资产所取得的利润水平和能力;一个投资收益率也可以在一定程度上说明投资者的获利能力,等等。比率分析法在这方面的作用是较为明显的。当然对比率分析法的作用也不能估计过高,它和比较分析法一样,只适用于某些方面,其揭示信息的范围有一定的局限。更为重要的是,在实际运用比率分析法时,还必须以比率所提示的信息为起点,结合其他有关资料和实际情况,作更深层次的探究,才能作出正确的判断和评价,以更好地为决策服务。因此,在财务报表分析中既要重视比率分析法的利用,又要和其他分析方法密切配合,合理运用,以提高财务报表分析的效果。

2. 财务比率的类型

在比率分析法中应用的财务比率很多,目前还没有公认的、权威的分类标准。如美国早期的会计著作对同一年份财务报表的比率分类中,将财务比率分成五类:获利能力比率、资本结构比率、流动资产比率、周转比率和资产流转比率。在这五组比率中又包括一些具体比率。英国特许公认会计师公会编著的 ACCA 财会资格证书培训教材《财务报表解释》一书,将财务比率分为获利能力比率、清偿能力比率、财务杠杆比率和投资比率四类。我国目前一般将财务比率分为三类,即:获利能力比率、偿债能力比率和营运能力比率。

(三) 因素分析法

1. 因素分析法的含义和应用

在企业经济活动中,一些综合性经济指标往往受多种因素的影响而变动。如在生产性企业中,产品生产成本的降低或上升,就受到材料和动力耗费、人力耗费、生产设备的优劣等多种因素的影响。利润的变动,更是受到产品生产成本、销售数量和价格、销售费用和税金等多种因素的影响。在分析这些综合性经济指标时,可以从影响因素入手,分析各种影响因素对经济指标变动的影响程度,并在此基础上查明指标变动的原因,这对企业作出正确的经营决策和改进经营管理都极为有用。由此可见,因素分析法是指确定影响因素,测量其影响程度,查明指标变动原因的一种分析方法。

因素分析法有连环替代法和差额计算法两种方法。连环替代法是指确定影响因素,并按照一定的顺序逐个进行因素替换,计算出各个因素对综合性经济指标变动程度的影响的一种计算方法。举例说明如下:

【例3】东南公司的年主营业务收入与商品销售量、商品销售单价的资料(如表1-6所示)。

表 1-6 东南公司 2017 年商品销售情况资料表

项 目	2017 年	2016 年	差 异
主营业务收入/万元	3 900	3 500	+400
销售数量/台	300	250	+50
销售单价/万元	13	14	-1

从表中可以看出，主营业务收入额 2017 年与 2016 年的差异数为 400 万元。

主营业务收入的计算公式为：

$$主营业务收入 = 销售数量 \times 销售单价$$

按照上述计算公式，2016 年商品销售额为：

$$主营业务收入 = 250 \times 14 = 3\ 500（万元）\quad ①$$

第一次替代：以 2017 年销售数量替代

$$主营业务收入额 = 300 \times 14 = 4\ 200（万元）\quad ②$$

第二次替代：以 2017 年销售单价替代

$$主营业务收入 = 300 \times 13 = 3\ 900（万元）\quad ③$$

利用上述计算结果，可以测算出销售数量和销售单价两个因素的变动对主营业务收入差异数的影响：

销售数量变动对差异的影响数 = ② - ①
$$= 4\ 200 - 3\ 500 = 700（万元）$$

销售单价变动对差异的影响数 = ③ - ②
$$= 3\ 900 - 4\ 200 = -300（万元）$$

汇总各因素影响数 = 销售数量影响数 + 销售单价影响数
$$= 700 + (-300) = 400（万元）$$

根据上述测算可得出如下评价：2017 年主营业务收入额比 2016 年主营业务收入额增加 400 万元，主要是销售数量 2017 年比上年多 50 台，从而使销售收入额增加 700 万元；由于销售单价 2017 年比上年降低 1 万元，从而使销售收入额减少 300 万元。因此，增加市场销售数量应为今后的努力方向。

差额计算法是因素分析法在实际应用中的一种简化形式，它的计算程序是：第一步，计算各个因素的差额；第二步，如果影响因素是两个，先以第一个因素的差额乘以第二个因素的上年数（或计划数等其他数值），求出第一个因素的影响程度，再以第二个因素的差额乘以第一个因素的本年数（或实际数等其他数值），求出第二个因素的影响程度；第三步，汇总各个因素对经济性综合指标差异数的影响数。仍以例 3 来说明：

第一步：计算各因素的差额

销售数量差额 = 2017 年销售数量 - 2016 年销售数量
$$= 300 - 250 = 50（台）$$

销售单价差额 = 2017 年销售单价 - 2016 年销售单价
$$= 13 - 14 = -1（万元）$$

第二步：测算各因素变动对主营业务收入额差异数的影响额

销售数量变动的影响额 = 销售数量差额 × 上年销售单价
$$= 50 \times 14 = 700（万元）$$
销售单价变动的影响额 = 销售单价差额 × 本年销售数量
$$=（-1）\times 300 = -300（万元）$$

第三步：汇总各个因素的影响数
主营业务收入额差异数 = 销售数量变动影响额 + 销售单价变动影响额
$$= 700 +（-300）= 400（万元）$$

2. 因素分析法的特征

从因素分析法的计算程序和上述举例可以看出，因素分析法具有以下三个特征：

（1）要按照影响因素同综合性经济指标之间的因果关系，确定影响因素。只有按照因果关系确定影响因素，才能说明综合性经济指标的变动是由于哪些因素变化所导致的结果。因此，运用因素分析法进行分析时，必须首先依据因果关系合理确定影响因素，并依据各个影响因素的依存关系确定计算公式。这是运用因素分析法的基础。

（2）计算过程的假设性。在分步计算各个因素的影响数时，要假设影响数是在某一因素变化而其他因素不变的情况下得出的。这是一个假设，但它是分别计算各个因素影响数的前提条件。

（3）因素替代的顺序性。在运用因素分析法时，要按照影响因素和综合性经济指标的因果关系，确定合理的替代顺序，且每次分析时，都要按照相同的替代顺序进行测算，才能保证因素影响数的可比性。合理的替代顺序要按照因素之间的依存关系，分清基本因素和从属因素、主要因素和次要因素来加以确定。

思考练习

一、名词解释
1. 财务分析
2. 财务能力
3. 信息
4. 会计信息
5. 因素分析
6. 财务会计报告

二、问答题
1. 财务分析的作用有哪些？
2. 财务分析方法中，运用比较分析法时应注意哪些问题？
3. 财务分析的程序分为哪些步骤？各步骤有哪些主要工作？
4. 为什么因素分析法并不能保证分析结果的准确性？
5. 财务分析的原则是怎样确立的？

第二章

资产分析

本章提要

资产是企业的经济资源。对资产的合理配置和使用是企业管理的重要任务。本章旨在介绍关于资产基本知识的同时，重点介绍资产管理制度、资产计价与确认、资产结构、资产利用效果与披露等方面的分析。

第一节 资产的含义与分类

一、资产的定义

资产,是指过去的交易、事项形成并由企业拥有或者控制的资源,该资源预期会给企业带来经济利益。

理解该概念,我们可以得出以下几点:

第一,资产的状态。必须是既成的事实现象,而不是正在或尚未进行的交易或事项的未来结果。

第二,资产的来源。必须是交易或事项形成的结果。这里所说的"交易",不仅包括商品交易,还包括非商品交易;既有货币形态的互换,也可能有非货币资产交换等。这里所说的"事项",则包涵广泛,既有投资事项形成的资产,也有诸如接受捐献等其他事项形成的资产。

第三,资产的权属。一般而言,凡已取得所有权的经济资源,毫无疑问应属于资产;但某些虽未取得所有权,实质上已取得在其经济寿命期内的控制权的经济资源,如融资租赁的设备等,按实质重于形式的原则,也应划入资产范畴。

第四,资产的效用。定义表明,资产的使用应带来经济利益。反过来说,即便一项经济资源符合上述三种特征,但使用它不能带来任何经济利益,也不能作为资产来看待。

二、资产的分类

(1) 按照资产的变现速度及其价值转移形式不同,可将其分为流动资产和非流动资产两大类。流动资产的数量和质量通常决定着企业变现能力的强弱,而非流动资产的数量和质量则通常决定着企业的生产经营能力。

(2) 按照资产的占用形态不同,可将其分为有形资产和无形资产两大类。所谓有形资产是指具有实物形态的资产,又可进一步将其区分为实物资产和金融资产,实物资产即各种具有使用价值的财产物资,金融资产即货币和各种有价证券;所谓无形资产是指不具有实物形态的资产,可进一步将其区分为收益性无形资产和支出性无形资产。收益性无形资产是指企业长期使用而没有实物形态,并能给企业带来收益的专利权、专有技术、土地使用权、商标权、商誉等;支出性无形资产则是企业应在较长时期内摊销而没有实物形态,并只能成为企业未来成本费用支出的长期待摊费用,在会计报表中虽然是作为单独一类与其他资产并列,但按此归类则无形资产是一个广义的概念。有形资产对企业的经营能力、获利能力和偿债能力等都具有决定性的影响作用,而无形资产则通常决定企业是否具有超常的获利能力。

（3）按照资产的占用期限不同，可将其分为短期资产和长期资产两大类。所谓短期资产就是只在短期内占用或只在短期内保持其现有占用形态的资产；长期资产则是指需要在较长时期占用或需要在较长时期内保持其现有占用形态的资产。会计上短期和长期的划分，通常以一年或一个营业周期来确定。因此，就理论上而言，流动资产通常属于短期资产，非流动资产通常属于长期资产。

会计上，根据流动特征，将资产划分为流动资产、长期投资、固定资产、无形资产和其他资产，并按此分类在资产负债表中予以分类揭示。

资产是衡量企业财务能力的一个重要指标。

第一，资产体现了企业控制的、能够为企业带来经济利益的经济资源，企业控制的有效资源越多，其竞争能力也就越强。

第二，资产体现了企业规模的大小。无论是国内还是国外，常用资产作为划分企业规模、进行排位的主要标准。经验表明，资产规模越大，企业的人才素质也越高，研究开发能力及由此所引起的市场竞争力和经营管理能力也越强。

第三，资产越大，企业左右政府政策的影响力也越大。实践已证明越是员工人数多、知名度大的企业，越能影响国家诸如税收等政策的制定。如美国艾柯卡拯救克莱斯勒的"壮举"，我国一些本该破产整顿的上市公司往往在危急关头能得到地方政府的"无私资助"等。

三、企业资产分析的意义

（1）正确认识企业的经济实力及市场影响力，以便进一步分析企业的潜在发展和获利能力。

（2）正确认识企业的经营管理能力。一般而言，管理越是有绩效的企业，其不良资产比率就越低。

（3）正确认识企业的潜在风险。通过对企业资产结构的分析，判断企业的经营风险。

四、资产分析的重点

资产的内容多，分类细。本书限于篇幅，不可能面面俱到，拟兼顾理论与实践的需要，重点分析以下几方面：

（1）资产的真实性分析。从影响资产披露的环境因素入手，通过分析资产管理制度、资产计价方法等，判断资产负债表中资产的真实可信程度。

（2）资产结构分析。通过资产结构的分析正确认识企业的经营风险。

（3）资产使用效果分析。通过一系列的相关比率指标分析，正确评价企业的资产管理绩效。

（4）资产披露分析。重点分析资产负债表对资产披露的充分性、及时性及正确性。

第二节 资产真实性分析

一、资产管理制度分析

资产管理制度是资产真实性的"法律"保障。根据有关法律法规，企业应建立以下资产管理制度：

（1）计量验收制度。主要内容包括：计量检测手段和方法；计量验收管理的要求；计量验收人员的责任和奖惩办法。

（2）原始记录管理制度。主要内容包括：原始记录的内容和填制方法；原始记录的格式；原始记录的审核；原始记录填制人的责任；原始记录签署、传递汇集要求。

（3）使用保管制度。主要内容包括：领用制度；维修保养制度；设备检测制度；质量控制制度；信用制度；账物分管制度。

（4）财产清查制度。主要内容包括：财产清查的范围；财产清查的组织；财产清查的期限和方法；问题的处理办法；奖惩办法。

（5）资产处置制度。主要内容包括：资产处置的理由；资产处置的决策权限；资产处置的追溯分析。

尽管一些规模较小的企业由于管理人员素质较高而弥补了管理制度不足的缺陷，但是在社会分工越来越细、岗位责任要求越来越强烈的当今社会，制度的建立仍是十分必要和可行的，它既有助于管理者按章办事，也可增加企业包括会计信息在内的管理信息的可信度。相反，如果没有建立必要的制度，企业管理层需要花费许多管理成本去说服外部信息使用者相信其信息的真实性，且效果往往不甚理想。

当然，健全的管理制度并不一定就代表有效。作为资产真实性分析的第二步，分析人员必须检查管理制度的合理性及是否被有效执行。检查分析方法有：

（1）追踪调查法。即从大量的业务事项中随机抽取一定量的样本，顺着业务发展的踪迹予以调查核实。

（2）问卷调查法。用于调查相关人员对制度的合理性、有效性的看法。

（3）现场观察法。"耳听为虚，眼见为实"，分析人员应在实物资产的管理制度分析中选用现场观察方法，亲身证实和收集分析证据。

除此之外，分析人员还可以运用其他诸如趋势分析、试验法等方法去证实资产管理制度的健全有效性，但应切记，方法应适应于当时的分析环境。

二、资产计价方法分析

资产计价是会计核算中最为复杂的问题之一，实务工作者大多将之视为核算难题。不少会计理论研究者也持此观点。究其原因，大致有两个：一是资产含量丰富，二是可选择的计价方法太多。

资产计价方法分析的目的在于揭示企业资产计价的合理性、正确性,在于评价企业有无虚增或虚减资产的行为。

资产计价分析的内容有:

(一) 计价方法的一贯性分析

一贯性是会计核算工作所必须遵守的原则,分析人员应重点关注以下现象:

(1) 方法长期保持一成不变。众所周知,我国的会计环境多变,很难找到一种长期适应所有资产合理计价的方法(历史成本计价除外)。而且,会计准则与会计制度的调整也不断地在某些局部范围要求对计价方法进行调整。

(2) 方法变动异常。不合常规的异动往往隐藏着特别的目的,分析时要关注两点:一看计价方法的变动是否与准则、制度等的变革同步;二看计价方法的变动是否与企业经营政策的调整及市场异动相关联。这些内容的分析也可参考企业的财务情况说明书。

(二) 资产减值准备分析

企业应当定期或者至少于每个年度结束时,对各项资产进行全面检查,并根据谨慎性原则的要求,合理地预计各项资产可能发生的损失,对可能发生的各项资产损失计提资产减值准备。

分析人员在进行资产减值准备分析时,应从以下几方面进行:

(1) 计提的理由分析。

(2) 计提的方法是否合法。

(3) 计提的方法是否合理,尤其是在制度提供的若干选项中,是否恰当地选用了粉饰财务业绩的方法。

(4) 计提的额度是否正确。

三、资产真实性的外部证实分析

证实资产真实性的外部合法依据是审计报告。审计报告是注册会计师接受委托,对被审计单位的审计事项形成的结论性文件。然而,由于审计制度、审计环境等存在缺陷,分析人员应持有正确的态度去阅读和使用审计报告。本文建议分析人员在使用审计报告前,先分析审计报告的可靠程度和固有缺陷。

(1) 出具审计报告的会计师事务所和注册会计师的资信度和工作业绩。

(2) 被审计单位往年的被审记录报告。

(3) 有无中途更换会计师事务所的情形及理由。

(4) 社会审计环境健康状况。

(5) 审计报告的格式缺陷对资产分析的影响。

第三节 资产结构分析

一、资产结构的概念与分类

资源的有效配置是市场经济的主要目标，也是企业的战略目标。企业资源的有效配置是通过合理的资产结构来实现的。资产结构是指企业中各项资产占总资产的比重。

资产结构一般分为资产变现速度及其价值转移形式结构、资产占用形态结构、资产占用期限结构三类。

资产的变现速度及其价值转移形式结构，就是企业总资产中流动资产和非流动资产各占的比重或比例关系。流动资产和非流动资产具有不同的特征，该结构一方面可反映企业生产经营能力的大小和资产风险的大小，另一方面有利于确定合理的流动资产和固定资产比例，以实现总资产周转价值的最大化。

资产占用形态结构即企业总资产中有形资产和无形资产各占的比重或比例关系。该结构不仅揭示了不同资产的实物存在性质，也能反映企业生产经营能力、收益能力和风险的大小。

资产占用期限结构即指企业总资产中长、短期资产各占的比重或比例关系。该结构不仅反映了企业资产的流动性强弱或者说周转速度的快慢，对资产的价值实现也具有决定性影响。同时，在一定程度上与企业财务风险和经营风险相联系。

二、资产结构对企业经营的影响

资产结构对企业经营具有非常重要的影响，主要表现如下：

（一）风险的影响

企业面临的风险包括财务风险和经营风险两大类，前者主要与企业资金的筹集即资本结构相关，后者则主要与企业资金的运用，即资产结构相关。一般而言，流动资产、短期资产因能在短期内完成周转，实现其价值，所以，企业对其预测往往较容易且准确。而且，短期内市场变动较小，也就较少出现市场预测与市场变动不一致的情况，这就为有效经营资产提供了可能，因此，这类资产的经营风险相对较小。固定资产等长期资产则需要在较长时期内周转并实现其价值，在这一较长时期内，市场变幻莫测，企业进行较长时期的市场预测往往较困难且不准确，企业的市场预测与市场变动极易相背离。而且，固定资产等长期资产主要是劳动手段，它们所能加工的产品或商品具有相对稳定性和单一性，一旦市场需要发生变化，这些产品或商品就可能卖不出去，固定资产等长期资产也就相应地成为废品，所以，这类资产的经营风险相对较大；无形资产尤其是支出性无形资产，无论企业是否经营，它的价值转移或摊销成本照样发生，作为一种固定成本（或费用），其经营风险比实物资产会更大。当然，由于财务风险与经营风险密切相关，资产结构与财务风险也不无关系。

（二）收益的影响

企业资产对收益的形成的影响有三种不同类型：一是直接形成企业收益的资产，主要包括材料、商品等存货资产、应收账款等结算资产和有价证券等投资资产，其中结算资产中已包括了收益或毛利，其他资产的收益或毛利则需在市场销售中实现；二是对企业一定时期的收益不产生影响的资产，主要有货币资产。货币资产通常是企业收益的结果，在静态情况下它既不会增值也不会减值，其价值也不会转移，因此也不会产生收益；三是抵扣企业一定时期收益的资产，主要包括固定资产、支出性无形资产等，这些资产是企业收益实现的必要条件，在一定时期内有助于收益的实现，但从收益的计算过程可以看出，它们的转移或摊销价值是收益的抵扣项目，因此，在总资产一定的条件下，这类资产的占用越多，要抵扣的收益就越多，所得收益便越小。由此可见，资产结构中直接形成企业收益的资产比重相对越大，其余两类资产的比重相对越小，将有利于企业收益的最大化。但其前提是资产类别之间、项目之间的结构必须协调，若走向某种极端，结果只能适得其反。

（三）流动性影响

资产的流动性是指其变现的速度（或能力），一般指其周转速度。资产负债表中资产的分类和排序就是按照其流动性大小进行的，也就是说，在正常情况下，企业的流动资产、短期资产比非流动资产、长期资产的流动性强；货币资产、金融资产比非货币资产、实物资产的流动性强。但是，在非正常情况下，如资产质量出现问题时，则应按照资产的质量重新排列。最易出现质量问题的资产主要是存货资产，一旦存货滞销、停销，其流动性几乎为零，那么按流动性排列它可能居于全部资产的最后。可见，企业资产的结构、质量结构不同，资产的流动性大小也就不一样。而且，资产的流动性与资产的风险性及收益性均具有密切的联系。整体而言，流动性大的资产风险相对较小，收益相对较高；反之，则相反。因此，企业应通过调整资产结构，尤其是其质量结构，增强企业资产的流动性。

（四）弹性的影响

资产弹性是指资产占用总量和结构能被随时调整的可能性。由于市场的波动和季节性转换，企业的资产占用总量和结构也应作相应调整，这种调整必须建立在资产弹性的基础上。而资产结构对资产弹性具有很大的影响：企业资产中固定资产所占比重越大，那么随时调整其占用量及其结构的难度便越大，资产弹性越小；反之，企业资产中金融资产所占比重越大，则资产占用总量和资产结构的调整难度越小，资产弹性越大。这是因为只有金融资产可以随时用于清欠、退还融资或购买其他资产，从而改变各类资产的比重，而流动资产中的其他实物资产、固定资产、无形资产及长期待摊费用等都具有一定的实物凝固性和时间凝固性，不能随时转换为别的资产，给灵活调整企业的资产结构带来困难。可见，一个企业资产弹性的大小可由资产中金融资产的比重来衡量，金融资产比重越大，企业资产结构的弹性也越大。但是持有金融资产必然带来较大的机会成本，即由于保有货币性金融资产而丧失潜在的投资或周转利益或由于保有证券和票据性资产（一般为短期投资）而丧失潜在的长期投资或周转利益，因而可能会影响资产的收益性。可见，如果企业的资产结构缺乏弹性，则企业资产的内部结构难以随时进行适当调整，企业同时还将面临难以满足临时支付的需要，以至带来不能及时偿付的风险。但如果企业的资产弹性过大，企业没有投入生产经营的资产，就会丧失大量的周转利益，给企业带来巨大的机会成本。因此，企业应根据自身生产经营性质、经营周期波动、日常支付需要等特点，合理确定其资产结构弹性。

三、资产风险结构分析

由于不同资产具有不同的风险影响，不同的资产结构也就意味着不同程度的风险。根据风险收益对等的财务观念可知：资产的风险与资产的收益是呈同方向变动趋势，风险大则报酬高，反之，则相反。企业必须在风险与收益之间进行平衡和抉择，努力寻求资产的合理结构，使资产风险和收益保持均衡，或者在减少风险的情况下，争取收益最大化。从风险角度对资产结构进行的分类，即所谓资产的风险结构。按照不同的风险偏好，资产的风险结构可分为三种类型，即保守型、中庸型和风险型。

（一）保守型资产风险结构及其优劣

保守型资产风险结构是指企业在一定销售水平上，尽可能增加无风险或低风险资产的比重，减少高风险资产的比重，从而使企业总资产构成维持较低的风险水平。如企业持有大量的金融资产和比例较高的安全的存货，采取宽松的信用政策而产生大量的应收账款和应收票据等商业信用。总之，在企业总资产不变的情况下，或者在企业固定资产或长期资产规模不变的情况下，企业流动资产占总资产的比例相应增加。采用保守型资产风险结构，能使企业拥有足够的具有较强流动性和变现能力的资产以应付其到期债务，拥有足够的存货保证生产和销售的顺利进行，因此企业所面临的风险较小。但其不利之处在于：由于企业的流动资产占用大量资金，不利于加速资金周转，也使一部分资金沉淀在流动资产的占用上，增大了资金占用的机会成本，从而导致企业资金利润率相对较低，不符合财务管理的要求。

（二）中庸型资产风险结构及其优劣

中庸型资产风险结构是指企业在一定销售水平上，尽可能使无风险资产、低风险资产和风险资产的比重达到均衡，从而使企业全部资产的风险和收益得到中和。如企业维持中等水平的金融资产，持有平均安全存量的存货，采取中庸的信用政策而使应收账款和应收票据等商业信用维持在平均水平等。总之，是使企业流动资产总额保持在平均合理的水平或比重上。这种资产风险结构比之保守型资产风险结构的风险无疑要大，但由于其流动资产占用合理，资金周转加快，资金的机会成本相对降低，资金利润率便相对上升。资金利润率的上升与资产风险的上升形成互补或对等关系，因而能实现风险和收益的均衡。

（三）风险型资产风险结构及其优劣

风险型资产风险结构是指企业在一定销售水平上，尽可能减少流动资产的比重，使总资产维持较高的收益水平。企业将尽可能少的持有金融资产和安全性较低的存货，并采取紧缩的信用政策尽可能减少应收账款和应收票据等商业信用。总之，在企业总资金不变的情况下，或者在企业固定资产或长期资产规模不变的情况下，企业流动资产占总资产的比重必然降低。采用风险型资产风险结构，具有资产的流动性和变现能力较弱的风险，企业有可能难以应付到期债务的偿还和生产经营中应对突发事件的临时现金支付需要。而且，存货减少还可能影响生产与销售的顺利进行，因此，企业面临的财务风险和经营风险均较大。但其有利之处在于：由于流动资产占用减少，在固定资产或长期资产不变的情况下，企业的资金周转必然加快，占用资金的机会成本减少，有利于增强资产的收益能力，提高资金利润率。

（四）资产风险结构类型的选择

上述三种风险结构的分析说明，资产风险和收益总是呈同向变动趋势，风险与收益始终是对等的。保守型资产风险结构中风险资产的比重最低，其面临的风险最小，但其资产利润率相对也最低；风险型资产风险结构中风险资产的比重最高，其面临的风险也最大，但其资产利润率相对也可能最高；中庸型资产风险结构介于两者之间，是一种风险中和、收益也中和的结构。企业选择资产风险结构类型的问题，实则是风险与收益的权衡问题。根据风险收益对等的理财观念，任何极端的做法均可能导致企业经营的失败，企业应寻求的目标应是：在风险一定的情况下，尽可能获取较多收益，或在收益一定的情况下，尽可能减少风险。因此，在选择资产风险结构时，应充分考虑企业自身的抗风险能力，力求恰当。就多数企业而言，中庸型资产风险结构不失为较明智的选择；对于规模较小、新建投产尚不稳定的企业而言，则应偏向于保守型；反之，对于规模较大，具有良好、稳定的盈利基础的企业，由于其抗风险能力较强，则可偏向于风险型资产风险结构，以不失时机地获取更高的收益。

四、资产结构比重分析

资产结构比重分析即运用比重或比例的方式，对资产结构进行多侧面、多角度的具体分析，包括资产类别比重分析、主要资产项目比重分析、全部资产项目比重分析等。

（一）资产类别比重分析

资产类别比重分析，是对构成资产的各大类别与总资产的比例关系，以及各大类别资产之间的比例关系进行的分析。在此，我们着重分析其价值转移类别比重。

1. 流动资产比率分析

流动资产比率是指流动资产占总资产的比例关系，其计算公式为：

$$流动资产比率=\frac{流动资产}{资产总额}\times100\%$$

流动资产代表企业短期的可运用资金，相对而言，它具有变现时间短、周转速度快的特点。因此，流动资产比率越高，说明企业流动资产在总资产中所占比重越大，企业承担风险的能力也越强。但从获利能力的角度看，过高的流动资产比率并非好事，企业为了增加收益，必须加速流动资产周转，而加速流动资产周转，一方面取决于销售的扩大，另一方面则取决于降低流动资产的占用。当资产总量一定的情况下，流动资产比重以大为好，但从动态来看，流动资产的增加将引起资产总量的增加，流动资产的占用越多，其周转速度便越慢，此时既会增加流动资产的占用成本，而且还会降低其周转价值或收益，从而降低其收益能力。可见，确定适宜的流动资产比率实质上是企业资产流动性及其获利能力的权衡问题。

关于流动资产比率合理性的分析，一方面应结合企业的经营性质、经营状况及其他经营特征而定，另一方面应与同行业平均水平或行业先进水平进行比较，或者是进行若干期的趋势分析。进行趋势分析时若能结合销售的变动状况，了解流动资产比率的增长是否超过销售的增长，就能更好地说明流动资产比率的变动情况。现举例分析如下：

【例1】江海公司2013—2017年各类资产及销售额资料（如表2-1所示。）

表2-1 江海公司资产及营业收入数据

单位：万元

项 目	2013年	2014年	2015年	2016年	2017年
流动资产	15 690	16 400	22 300	25 100	26 750
固定资产	2 696	3 513	3 293	3 464	3 576
总资产	25 775	27 127	31 250	34 600	36 542
营业收入	6 577	8 426	9 130	9 818	10 200

计算各年流动资产比率及销售增长速度，如表2-2所示：

表2-2 江海公司流动资产比率及销售增长速度

项 目	2013年	2014年	2015年	2016年	2017年
流动资产比率	61%	60%	71%	73%	73%
营业收入增长速度		28%	8%	8%	4%

由表可见，该企业流动资产比率有逐年上升趋势，而企业的收入增长势头却在逐年减弱，这说明流动资产比率存在不合理的现象：流动资产比率偏高，没有重视生产经营能力的扩大或改善，在一定程度上影响了销售的增长。

2. 固定资产比率分析

固定资产比率是指固定资产占总资产的比例关系，其计算公式为：

$$固定资产比率 = \frac{固定资产}{资产总额} \times 100\%$$

固定资产是指使用期限在一年以上，单位价值在规定的标准以上，并在其使用过程中保持原来的物质形态的资产，包括机器设备、房屋建筑物、运输设备、工具器具等。固定资产的基本作用在于提高劳动生产率、改善劳动条件和扩大生产经营规模。

相对而言，固定资产具有如下基本特征：①投入资金多，收回时间长，能够在生产经营过程中长期发挥作用；②变现能力差，风险大；③对企业的经济效益和财务状况影响巨大；④使用成本是非付现成本；⑤反映企业的生产技术水平和工艺水平；⑥其使用效率的高低取决于企业流动资产的周转情况。固定资产是企业经营所必不可少的，固定资产比率低，企业的生产经营规模受到限制，会对企业劳动生产率的提高和生产成本的降低产生不良影响；反之，适当提高固定资产比率，寻求规模经济，有利于企业降低总成本，提高总资产的获利能力。然而，由于固定资产的流动性和变现能力较差，过高的固定资产比重必然会影响企业的支付能力，加大企业的财务风险。而且，如前所述，固定资产属于抵扣企业一定时期收益的资产，若固定资产的占用过多，其增长超过了销售的增长，它不仅不能为企业收益的实现产生积极作用，反而会对收益实现产生不良影响。

如前所述，计算江海公司各年固定资产比率分别为：10%、13%、10.5%、10%、9.8%，该企业固定资产比率有逐年下降的趋势，总资产的流动性虽然提高了，但可能影响到企业销售的实现，进而影响到企业的获利水平。

3. 非流动资产比率分析

非流动资产是指除流动资产以外的所有资产，主要包括固定资产、长期投资、无形资产、长期待摊费用及其他资产。非流动资产比率即非流动资产占总资产的比率，计算方法如下：

$$非流动资产比率 = \frac{固定资产 + 长期资产 + 无形资产 + 长期待摊费用及其他}{资产总额} \times 100\%$$

$$或 = \frac{资产总额 - 流动资产}{资产总额} \times 100\%$$

$$= 1 - 流动资产比率$$

非流动资产代表企业长期可使用的资金，需经过多次周转方能得到价值补偿。非流动资产均属于抵扣一定时期企业收益的资产，资产的弹性亦较差，所以，过高的非流动资产比率将导致一系列问题：一是产生巨额固定费用，增大亏损的风险；二是降低了资产周转速度，增大营运资金不足的风险；三是降低了资产弹性，削弱企业的相机调整能力。显然，无论是对于企业的资金运用，还是对于资本结构的安全和稳定，或是对于资产风险的回避，非流动资产比率一般应以低为好。

4. 流动资产与固定资产合理比例分析

流动资产与固定资产比例实际上就是流动资产与固定资产之比，其计算公式为：

$$流动资产与固定资产的比率 = \frac{流动资产}{固定资产总额} \times 100\%$$

固定资产和流动资产作为企业资产的最基本构成，在企业生产经营中发挥重要作用，它们均是不可或缺的。但过高的流动资产或固定资产比重都不是好的资产结构，均对企业经营有不良影响。能否恰当安排固定资产与流动资产的合理比例，是能否使企业总资产发挥最佳经济效应的关键。那么，如何寻求其合理比例呢？应该说，不同的企业因其经营性质、经营规模、风险态度等不同，对固定资产和流动资产合理比例的需求也就不同。

（1）经营性质。一般说来，更多地凭借手工操作进行运转的企业，所需固定资产较少；反之，则需较多的固定资产。因此，生产企业比流通企业需要更多的固定资产；以机器为主要加工手段的生产企业比以手工为主要加工手段的企业对固定资产的需要量更大。另一方面，企业经营周期的长短也对其存在影响：企业的经营周期越长，企业占用存货、应收账款的时间较长，企业占用的流动资产也就越多，反之，则相反。

(2) 经营规模。通常，随着企业经营规模的扩大，资产结构中流动资产的比重会相对下降，而对固定资产的投资加大，固定资产比重提高。这一现象的形成是由于：第一，规模大的企业资金基础厚，筹资能力强，承担风险的能力较强；第二，企业规模扩大，实现了规模经营，固定资产得以充分利用，成本降低，资金耗费也相对较低，从而降低流动资产的比重；第三，规模大的企业一般设备先进，自动化水平高，资产的有机构成高，这必然会提高固定资产在整个资产结构中的比重。

(3) 风险态度。一般说来，企业流动资产与固定资产的比率越高，企业承担风险的能力越强，生产经营也越灵活。因为流动资产变现能力强，可以迅速化为现金，而固定资产单位价值大、循环时间长，固定资产比重偏大，势必会增加企业的经营风险。但是，持有过多的实物性流动资产会使企业丧失投资高收益项目的机会，降低企业的盈利能力。因此，即使面对相同的内外环境，具有不同风险和收益偏好的企业选择的固定资产和流动资产的合理比例也会大不相同。

我们很难从量上明确什么样的流动资产与固定资产比例即为合理比例，而应该针对企业的具体情况来确定。合理的流动资产与固定资产比例能给企业带来销售和企业效益的增长，我们可以结合资产管理效果分析来对其作出合理性判断：一方面，在合理的流动资产与固定资产比例的状况下，资产的周转速度应该持续提高；另一方面，固定资产和流动资产的合理搭配，将使企业的总耗费处于经济的状态，企业收益将会增加，因此，资产利润率也将有所提高。反之，资产周转度速度降低，资产利润率下降，则说明流动资产与固定资产比例存在着不合理的现象，企业应对资产的类别比重进行适当的调整。

(二) 主要资产项目比重分析

各类资产中，包含着各个不同的资产项目，各项资产在企业经营中具有不同的作用，企业生产经营活动对各项资产的依赖程度亦有所不同。

1. 流动资产主要项目分析

(1) "货币资金"项目。货币资金是流动性最强的资产，企业必须经常性地持有一定货币资金以支付各项日常性费用以及偿还债务等，它是维持企业支付能力和资产弹性所不可缺少的。但货币资金又是资金运动的暂时停滞，它不能给企业带来收益，所以货币将带来较大的机会成本，不宜过多持有。

(2) "交易性金融资产"项目。指各种准备随时变现的有价证券投资，流动性仅次于货币资金，但其投资收益通常高于货币资金，因此，它通常作为企业协调流动资产流动性和收益的一种财务运作手段，凡暂时闲置的资金均可用于此。

(3) "应收账款"项目。是商业信用的产物，在商品经济条件下，为了增强市场竞争能力，它的存在是不可避免的。它通常与销售保持一定的依存关系，受企业信用政策的影响。

(4) "存货"项目。存货对于稳定企业生产经营也具有重要意义，但存货的存在既增加企业的成本费用，又可能因其质量问题而影响到存货资产价值的实现。

1968年美国会计学会曾在一份研究报告中得出这样的结论：财务失败的企业在走向失败的过程中，流动性项目所呈现出来的特征是，应收账款和存货越来越多，现金及现金流量越来越少。照此结论，企业只有保持较低的应收账款和存货比重，才能确保其财务的安全性，才能防止企业出现"蓝字"破产的风险。

2. 非流动资产项目分析

（1）长期投资。长期投资是指不可能或者不准备在一年内变现的投资，包括长期股权投资、长期债券投资和其他长期投资。长期投资的方式分为直接投资和间接投资两种。长期投资对企业的影响极其深远：第一，直接长期投资企业在其后较长时期内的固定成本有所增加，而不论其形成的生产能力是否得到了充分利用和符合实际需要。也就是说，如果企业缺乏补偿因该项投资增加的固定成本的足够能力，就可能长期为投资所困，难以实现较好的效益。第二，长期投资是一项数额巨大的预付成本，现金付出和回收在时间上的不一致性（而且往往间隔时间较长），会使缺乏较强资金筹集和调度能力的企业，长时间出现业务经营紧张的状况，甚至陷入困境。第三，长期投资的经济效果要在长时期内逐步实现，而在这段未来时期内，受各种主客观因素的影响，往往会发生难以预料的变化，这就意味着每一项长期投资都要承担一定的风险，如果企业缺乏承担这种风险的能力，则该种长期投资甚至可能动摇其经营基础。第四，企业的长期投资决策如有失误，付诸实施后就很难再予纠正，企业将被迫为之付出惨重的代价，并可能成为企业今后长时期内生产经营的不利因素。所以，企业进行长期投资决策，确定长期投资的存量时必须慎重处理。

（2）无形资产。无形资产是指企业长期使用而没有实物形态的资产，其受益期在一年以上，能够为企业带来超额利润，在规定使用年限内受法律的保护。对无形资产性认识存在不同，且缺乏一定的价值认定标准，因此，必须以谨慎的态度对无形资产作深入的分析研究。第一，商誉的价值确认在于它能带来的经济利益，如果购入某个颇具商誉价值的企业，由于经营管理不善致使该商誉的超额利润无法在其损益表中实现时，报表使用者就应对列示于资产负债表中的该无形资产作出适当的分析判断。第二，财务报表反映的无形资产往往是企业购入的或者是企业所有者投入的无形资产价值，企业自行开发或自然生成的无形资产在账面上通常并不加以反映或者反映的金额很小。事实上，自行开发或自然生成的无形资产对企业的获利能力也有贡献，而且与外购的无形资产并无质的区别。第三，无形资产的账面价值只是无形资产的摊余价值，往往不能全面反映其真正的价值和潜力。

（3）长期待摊费用。长期待摊费用是指不能全部记入当期损益，而应在以后期间内分期摊销的各项费用。长期待摊费用在本质上并不是真正的资产，而只是为了区分收益性支出和资本性支出，达到收入与费用相配的目的，将以后年度获得收益的各项支出递延到以后年度。鉴于长期待摊费用的特殊性质，对它的分析也不同于一般的资产。当企业的长期待摊费用项目金额较大、占资产总额的比重较高时，反而说明企业的资产总量比财务报表中所反映的数字要小得多。

由此可见，分析资产的主要项目比重及其变动，对于稳定企业的财务状况，优化资产结构具有重要的意义。我们通过计算资产的主要项目比重，分析其变动状况，从而了解其合理性。

【例2】江海公司有关主要资产项目比重的计算（如表2-3所示）。

表2-3 江海公司主要资产项目比重及其差异

主要资产项目	期初比重/%	期末比重/%	差异/%
货币资金	6.1	8	1.9
交易性金融资产	8.9	1.8	-7.1
应收账款	3.1	2.3	-0.8
存货	14.8	14.6	-0.2
其他流动资产	1.9	2.1	0.2
长期投资	2.9	2.8	-0.1
固定资产	56	64	8
无形资产	3.7	2.6	-1.1
长期待摊费用	2.6	1.8	-0.8
合计	100	100	0

由上表可见，该企业由于交易性金融资产、应收账款、存货的比重均有所下降，导致流动资产比率降低，从而使非流动资产中固定资产比重大幅度上升。流动资产中，货币资金比重有所上升，说明企业资产的变现能力及其抵御风险的能力增加，但其机会成本也必然增加；交易性金融资产大幅度下降，企业整体流动资产的变现能力是有所减弱的。资产的风险性增大，因此，可以说流动资产的项目结构变动不够理想。非流动资产中，流动性最强而且唯一能直接带来收益的资产是长期投资，但其比重却有所下降，尽管下降的幅度较小，也对非流动资产的内部结构造成了不良影响；固定资产比重大幅度上升，并非全部得益于无形资产和长期待摊费用比重的下降，而是包含了部分流动资产的转移，这也说明企业总资产的变现能力下降，资产风险增强。当然，要确切评价资产项目比重及其变动是否合理，还必须根据企业内外环境、条件的变化，结合企业或行业标准进行客观分析。

（三）全部资产项目比重分析

如果说主要资产项目比重分析将资产结构分析由类别向项目推进了一步，那么全部资产项目比重分析则更深入、细致、具体地分析了各资产要素的构成及其变动影响。全部资产项目比重分析以百分比资产结构表为依托，通过各资产明细项目占总资产的比重变动，反映和揭示资产结构变动的详细情况和原因。

【例3】江海公司百分比资产结构表（如表2-4所示）。

表2-4 江海公司百分比资产结构

资产项目	期初比重/%	期末比重/%	差异/%
流动资产			
货币资金	6.1	8	1.9
交易性金融资产	4.3	1.8	-2.5
应收票据	0.4	0.8	0.4

续上表

资产项目	期初比重/%	期末比重/%	差异/%
应收账款	2.1	1.1	-1
减：坏账准备	0.1	0.2	0.1
应收账款净额	-1.1	0.9	2
预付账款	0.6	0.3	-0.3
其他应收账款	0.1	0.3	0.2
存货	14.8	14.6	-0.2
一年内到期的长期债券投资	4.6	0	-4.6
其他流动资产	1.9	2.1	0.2
流动资产合计	34.8	28.8	-0.6
长期投资	2.9	2.8	-0.1
固定资产			
固定资产原值	75	81	6
减：累计折旧	19	22.4	3.4
固定资产净值	56	58.6	2.6
固定资产清理	0	0	0
在建工程	0	5.4	5.4
固定资产合计	56	64	8
无形资产	3.7	2.6	-1.1
长期待摊费用	2.6	1.8	-0.8
其他长期资产	0	0	0
固定及长期资产合计	65.2	71.2	6
资产总额	100	100	

由于资产负债表中资产方是按照资产的流动性强弱顺序排列的，即使资产的类别比重不变，各资产项目的比率变动，也将引起资产流动性和资产风险的变动。由表可见，该企业不仅流动资产比率下降了6%，非流动资产比率相应提高了6%，而且从具体项目来看，排列在前几项的流动性较强的流动资产下降比率多于其他流动资产提高的比率，因而可以判断该企业总资产的流动性是下降的。

第四节 资产使用效果分析

资产使用效果好坏可以通过资产周转速度快慢和资产利润率高低两方面来体现。资产周转速度反映了企业的资产周转使用效率的情况,而资产利润率则反映了资产的价值增值或获利能力的情况。

一、资产周转速度分析

反映资产周转速度的财务指标分别有总资产周转率、固定资产周转率和流动资产周转率及主要流动资产项目的周转率等。

(一) 总资产周转率分析

总资产周转状况分析实际上就是对企业的总资产及其各项构成要素的营运能力的分析。企业总资产营运能力集中反映在总资产的销售水平上,因此总资产周转率可用于分析企业全部资产的使用效率。

总资产周转率是指企业营业收入与资产总额的比率,即企业的总资产在一定时期内(通常为一年)周转的次数。其计算公式如下:

$$总资产周转率(次数) = \frac{营业收入}{平均资产总额}$$

其中:

$$平均资产总额 = \frac{期初资产总额 + 期末资产总额}{2}$$

企业总资产周转率反映总资产的周转速度。总资产周转率越高,周转次数越多,表明总资产周转速度越快,说明企业的全部资产进行经营利用的效果就越好,企业的经营效率就越高,进而使企业的偿债能力和盈利能力得到增强。反之,则表明企业利用全部资产进行经营活动的能力差,效率低,最终将影响企业的盈利能力。如果总资产周转率长期处于较低的状态,企业则应采取适当措施提高各项资产的利用程度,对那些确实无法提高利用的多余、闲置资产及时进行处理,加速资产周转。

总资产周转率也可用周转天数表示,其计算公式为:

$$总资产周转天数 = \frac{计算期天数}{总资产周转率(次数)}$$

其中,"计算期天数"取决于实际计算期长短,为简便起见,我国通常定为一年,即360天。美国仍按365天计算。

【例4】林海公司2017年的营业收入为58 520万元,其年末总资产占用额为20 120万元,年初总资产占用额为16 500万元,试计算其总资产周转率。

$$总资产周转率 = \frac{58\ 520}{(20\ 120 + 16\ 500) \div 2} \approx 3.2(次)$$

$$总资产周转天数 = \frac{360}{3.2} = 112.5（天）$$

该企业的总资产周转率为3.2次，即平均约4个月左右周转一次，至于这意味着企业资产管理效果理想与否，则应结合企业该指标的变动情况，或与行业平均水平相比较，才能作出判断。比如行业的平均周转率为5次，则该企业的资产利用率较低，企业营运能力低下。当然，仅靠总资产周转率这一个指标还不足以找出产生问题的原因，还需进一步分析固定资产周转率和流动资产周转率指标。

（二）固定资产周转率分析

固定资产周转率是指企业年主营业务收入净额与固定资产平均净值的比率。它是反映企业固定资产周转状况，衡量固定资产运用效率的一项指标。其计算公式为：

$$固定资产周转率（次数） = \frac{营业收入}{固定资产平均净值}$$

$$固定资产周转天数 = \frac{计算期天数}{固定资产周转率（次数）}$$

【例5】林海公司年初固定资产净值为8 520万元，年末固定资产净值为10 100万元，其他资料同上例，计算其固定资产周转率。

$$固定资产周转率 = \frac{58\ 520}{(8\ 520 + 10\ 100) \div 2} \approx 6.3（次）$$

固定资产周转天数 = 360 ÷ 6.3 ≈ 57（天）

固定资产周转率也没有绝对的判断标准，一般通过与企业原来的水平相比较加以考察，但难以找到外部条件可资借鉴的标准企业和标准比率。一般情况下，固定资产周转率越高，表明企业固定资产利用越充分，企业固定资产投资得当，固定资产结构合理，能够较充分地发挥固定资产的使用效率，企业的经营活动越有效；反之，则表明固定资产使用效率不高，企业的营运能力较差。

在利用固定资产周转率进行分析时，应注意以下问题：

（1）该比率的分母使用固定资产平均净额，是为了与总资产周转率计算保持一致，因为报表中资产总额均是净值。然而，即使同样的固定资产，由于企业所采用的折旧方法和使用的折旧年限长短不同，也会导致不同的固定资产账面净值，从而影响固定资产周转率指标，造成该指标的人为差异，这也正是采用净值计算该指标的缺陷。

（2）企业的固定资产一般采用历史成本记账，因此在企业固定资产、销售情况都未发生变化的条件下，也可能由于通货膨胀导致物价上涨等因素使收入虚增，导致固定资产周转率提高，而实际上企业的固定资产效能并未增加。

（3）利用固定资产周转率进行分析时，还应注意结合流动资产投资规模、周转额、周转速度等来分析固定资产的利用效果，以免片面和偏激。

（三）流动资产周转率分析

流动资产周转率是指企业流动资产在一定时期内完成的周转额与流动资产平均余额的比率，即企业的流动资产在一定时期内（通常为一年）周转的次数。流动资产周转率是反映企业流动资产周转速度的指标。其计算公式如下：

$$流动资产周转率（次数）=\frac{流动资产周转额}{流动资产平均占用额}$$

其中：
$$流动资产平均占用额=\frac{期初流动资产+期末流动资产}{2}$$

$$流动资产周转天数=\frac{计算期天数}{流动资产周转率（次数）}$$

其中，流动资产周转额通常有两种计算方法，一是按营业收入计算周转额，这种流动资产周转率称为"收入流动资产周转率"。另一种是按营业成本计算周转额，这种流动资产周转率称为"成本流动资产周转率"。

按营业收入计算周转额时，流动资产周转率不仅反映企业生产经营过程中流动资产的周转速度，而且反映新创造纯收入的情况。所以，收入流动资产周转率指标不仅受企业实际投入生产经营的流动资产周转速度的影响，同时还受企业盈利水平的影响；按营业成本计算周转额时，流动资产周转率仅反映企业流动资产所占用的资金的周转速度。由营业收入而取得的资金中，有一部分因税利分配而不再参加流动资产周转，所以，按营业成本计算的流动资产周转率似乎更合理。

企业的流动资产周转率越高，流动资产周转速度越快，周转次数越多，表明企业以相同的流动资产完成的周转额越高，企业流动资产的经营利用效果越好，企业的经营效率越高，进而使企业的偿债能力得到增强。反之，则表明企业利用流动资产进行经营活动的能力差，效率低。

【例6】林海公司年初流动资产占用额为7 860万元，年末流动资产占用额为10 050万元，该企业平均销售毛利率为30%，其余资料同前。分别计算其收入流动资产周转率和成本流动资产周转率。

$$收入流动资产周转率=\frac{58\ 520}{(7\ 860+10\ 050)\div 2}\approx 6.5（次）$$

$$收入流动资产周转天数=\frac{360}{6.5}\approx 55（天）$$

$$成本流动资产周转率=\frac{58\ 520\times(1-30\%)}{(7\ 860+10\ 050)\div 2}\approx 4.6（次）$$

$$成本流动资产周转天数=\frac{360}{4.6}\approx 78（天）$$

该企业的流动资产周转率是高是低，也应结合企业的历史资料或行业平均（或先进）水平判断。同理，仅靠流动资产周转率这一个指标也不足以找出产生问题的原因，还可进一步分析应收账款、存货等主要流动资产项目的周转速度。

（四）应收账款周转率

应收账款周转率是指企业商品或产品赊销净额与应收账款平均余额的比率，即企业的应收账款在一定时期内（通常为一年）周转的次数。应收账款周转率是反映企业的应收账款周转速度的指标。其计算公式如下：

$$应收账款周转率（次数）=\frac{赊销收入净额}{应收账款平均余额}$$

其中： 赊销收入净额 = 销售收入 − 现销收入 − 销售退回 − 销售折让 − 销售折扣

$$应收账款平均余额 = \frac{期初应收账款 + 期末应收账款}{2}$$

应收账款周转率是反映企业应收账款变现速度快慢与管理效率高低的指标。一定期间内，企业的应收账款周转率越高，周转次数越多，表明企业应收账款回收速度越快，企业经营管理的效率越高，资产流动性越强，短期偿债能力越强。同时，较高的应收账款周转率，可有效地减少收款费用和坏账损失，从而相对增加企业流动资产的收益。反之，较低的应收账款周转率，则表明企业应收账款的管理效率较低，企业不仅需加强应收账款的管理和催收工作，还要根据应收账款周转率更细致地评价客户的信用程度及企业所制定的信用政策的合理性。

应收账款周转率也可以用周转天数来表示。应收账款周转天数也称为应收账款账龄，是指企业自商品或产品销售出去开始，至应收账款收回为止经历的天数。其计算公式为：

$$应收账款周转天数 = \frac{计算期天数}{应收账款周转率（次数）}$$

$$= \frac{应收账款平均余额 \times 计算期天数}{赊销收入净额}$$

应收账款账龄越短，说明企业应收账款变现的速度越快，企业资金被外单位占用的时间越短，管理工作的效率越高，它是应收账款流动程度的补充指标。

【例7】 林海公司年初应收账款额为 3 700 万元，年末应收账款额为 4 100 万元，已知其赊销收入是营业收入的 80%，其他资料同前。计算该公司应收账款周转率。

$$应收账款周转率（次数） = \frac{58\ 520 \times 80\%}{(3\ 700 + 4\ 100) \div 2} \approx 12（次）$$

$$应收账款周转天数 = \frac{360}{12} = 30（天）$$

在计算分析应收账款周转率指标时，应注意以下几个问题：

（1）赊销收入净额指标在企业内部进行分析时是适用的，但在与其他企业进行比较，或是外部报表使用者计算时，因企业公开发表的财务资料中很少披露赊销收入金额，所以在计算应收账款周转率时一般可以采取营业收入代替赊销收入全额的办法，并将现销收入视为收款期为零的赊销收入。

（2）公式中的应收账款数额应包括资产负债中的"应收账款"与"应收票据"等全部赊销应收账款在内，并应扣除坏账准备后的净额。

（3）为便于分析，在实际工作中，可以用连续若干年的应收账款周转率指标与本期应收账款周转率进行对比，以得出比较准确的分析结果。

（4）应收账款周转率只是分析企业流动资产周转情况的一个部分，它还与客户的信用状况、企业提取坏账准备的多少、催收账款工作是否及时等因素相联系，分析中还应该综合考虑这些因素的变化情况。

（五）存货周转率

在企业的流动资产中，存货所占的比重较大，因此要特别重视对存货的分析。

存货周转率是企业营业成本与存货平均余额的比率,即企业的存货在一定时期内(通常为一年)周转的次数。存货周转率是反映企业的存货周转速度的指标,也是衡量企业生产经营各环节中存货运营效率的综合性指标。其计算公式如下:

$$存货周转率(次数) = \frac{营业成本}{存货平均余额}$$

其中:

$$存货平均余额 = \frac{期初存货 + 期末存货}{2}$$

企业的存货周转率指标不仅是考核企业存货周转情况的指标,还与企业的获利能力直接相关。一定期间内,企业的存货周转率越高,周转次数越多,表明企业存货回收速度越快,企业的经营管理的效率越高,资产流动性越强,企业的利润就越高(在企业有利经营的条件下);反之,则表明企业存货的管理效率较低,存货周转较慢,存货占用资金较多,企业的利润、效率较低。

存货周转率也可以用周转天数来表示。其计算公式为:

$$存货周转天数 = \frac{计算期天数}{存货周转率} = \frac{存货平均余额 \times 计算期天数}{营业成本}$$

存货周转天数越少,说明企业存货变现的速度越快,存货流动性越强。

【例8】林海公司期初存货额为3 900万元,年末存货额为5 020万元,已知其年营业收入为58 520万元,其销售毛利率为30%,计算其存货周转率。

$$存货周转率(次数) = \frac{58\,520 \times (1 - 30\%)}{(3\,900 + 5\,020) \div 2} \approx 9.2(次)$$

$$存货周转天数 = \frac{360}{9.2} \approx 39(天)$$

在计算分析存货周转率指标时,应注意以下几个问题:

(1)应尽可能结合存货的批量因素、季节性变化因素等对存货的结构以及影响存货周转速度的重要指标进行分析,通过进一步计算原材料周转率、产品周转率或某种存货的周转率,从不同角度、环节找出存货管理中的问题,在满足企业生产经营需要的同时,尽可能减少经营占用资金,提高企业存货管理水平。

(2)要对存货周转率的大小作出合理的判断。一方面,存货周转率指标较低,是企业经营情况欠佳的一种迹象,它可能是由于企业存货中出现冷背残次品、存货不适应生产销售需要、存货投入资金过多等原因造成的;另一方面,存货周转率指标较高,也不能完全说明企业的存货状况很好,因为若企业存货资金投入少,可能会因存货储备不足影响生产或销售业务的进一步发展,那些采购困难的存货就容易形成储备不足的现象。此外,存货周转率提高也可能是由于企业提高了销售价格,而存货成本并未改变。分析时应注意这些情况的影响。

(六)营业周期分析

营业周期是指从取得存货开始到销售存货并收回现金为止的一段时期,即企业的生产经营周期。营业周期长短对企业生产经营具有重要影响。营业周期越短说明资产的流动性越强资产的效率越高,其收益能力也相应增强,资产风险降低。营业周期的长短还影响着企业资产规模和资产结构,周期越短,流动资产的占用相对越少;反之,则相反。因此，分析研究如何缩短企业的营业周期，对于增强资产的管理效果具有重要意义。

营业周期的长短可以通过应收账款周转天数和存货天数近似的反映出来，因此，我们可由应收账款周转天数和存货周转天数之和简化计算营业周期。即：

$$营业周期 = 应收账款周转天数 + 存货周转天数$$

【例9】林海公司相关资料如表2-5所示，试计算该企业的营业周期。

表2-5 林海公司营业周期计算

单位：万元

项 目	2016年	2017年
营业收入	46 816	63 200
应收账款平均余额	3 900	5 750
应收账款周转天数	30	32.7
营业成本	40 964	47 400
存货平均占用额	4 460	5 540
存货周转天数	39	42

该企业，2016年营业周期 = 30 + 39 = 69（天），2017年营业周期 = 32.7 + 42 = 74.7（天）。

可见，该企业营业周期相对延长了，说明2017年与2016年相比，资产的利用效率降低，资产管理效果有所下降。

当我们采用这种简化计算方法计算营业周期时，应注意下列因素可能会影响计算结果：

（1）采用营业年度或日历年度的年初、年末数简单计算平均数。营业年度的年初、年末通常是企业生产经营的淡季，应收账款和存货的数据偏低，从而使营业周期可能被缩短。而采用日历年度时，不同企业可能处于淡季，也可能处于旺季，从而使营业周期有可能被缩短，也有可能被延长。

（2）采用不同的存货计价方法时，同样的存货也会产生不同的价值，进而影响到存货周转天数，如在价格上涨的情况下采用后进先出法，则存货价值偏低，存货周转天数被低估，从而也人为地缩短了营业周期。

（3）如前所述，对于外部报表分析人而言，通常只能根据营业收入而非赊销净额计算应收账款的周转天数，这样应收账款周转天数被低估，也将导致营业周期被缩短。

二、资产利润率分析

反映资产利润率的主要指标包括：总资产利润率、流动资产利润率、固定资产利润率等。

（一）总资产利润率分析

总资产利润率也称总资产报酬率，它是企业一定期间内实现的利润与该时期企业平均资产总额的比率，反映了企业总资产的综合管理效果。其计算公式为：

$$总资产利润率 = \frac{利润总额}{平均资产总额} \times 100\%$$

式中，平均资产总额是指期初资产总额与期末资产总额的平均数。

对于公式中的利润总额则可以有多种认识。一是采用税后净利，它有利于展示资产利润率的一个重要关系式：总资产利润率 = 销售净利率 × 资产周转率，从而可进一步分析经营获利能力和资产周转速度对总资产利润率的影响，常用于杜邦财务分析体系。但是，税后净利额必然会受到资本结构的影响，使不同时期、不同企业的总资产利润率会因资本结构等因素的不同而不可比较。二是采用息税前利润额，即用税前利润加利息表示利润总额，它可以避免因资本结构不同而导致不同的利润值，从而消除资产结构影响资产利润率的现象，能够较好地体现企业资产的总增值情况，而且便于企业之间进行横向比较，但不能反映终极所有。三是采用税后净利润加利息，它既可在一定程度上反映终极所有，又剔除了资本结构因素的影响。但它将使上述重要关系式不能直接运用。由于对资产利用效果进行评价分析主要是立足于企业内部经营管理者，因此，第二种认识即将息税前利润作为分子，显然具有更重要也更现实的意义。

总资本利润率在资产结构和资产管理效果分析中具有重要意义：

(1) 总资产利润率指标集中体现了资金运动速度和资金利用效果之间的关系。资金运动越快，资产的占用总额越小而实现的业务量越大，表现为较少的资产投资能够获得较多的利润。通过对总资产利润率的分析，能使企业管理者形成一个较为完整的资产与利润关系的概念，实现资产运用与盈利挂钩，促使企业重视资产管理效果：只有合理使用资金，降低消耗，避免资产闲置、资金沉淀、资产损失浪费，方能提高总资产利润率。

(2) 在企业资产总额一定的情况下，利润的多少决定着总资产利润率的高低。如前所述，资产结构对企业盈利和资产的流动性均具有重要影响，通过总资产利润率的分析，还将促使企业重视改善资产结构，增强资产的盈利性和流动性。

(3) 总资产利润率指标还可以反映企业综合经营管理水平的高低。由于总资产利润率是一个综合性较强的指标，企业经营管理的各个方面与其相关，所以总资产利润率的高低，可以折射出企业综合管理水平的高低。企业综合经营管理水平越高，则企业各部门、各环节的工作效率和工作质量就越高，资产运用得当，费用控制严格，利润水平越高，总资产利润率也就越高；反之，则相反。

无疑，一个企业的总资产利润率越高，表明其资产管理的效益越好，企业的盈利能力也越强。当然，仅分析某一个会计年度的总资产利润率还不足以对企业的资产管理状况作出全面的评价，因为利润总额中可能包含着非正常因素，因此，我们通常应测算连续几年（如5年）的总资产利润率后，才能得到作出准确评价的信息。在此基础上再进行同行业的比较分析，以提高分析结论的准确性。至于要了解资产利润率高低变动的原因，则应进一步分析流动资产利润率和固定资产利润率。

（二）流动资产利润率分析

流动资产利润率是企业一定期间内实现的利润额与该时期企业流动资产平均占用额

的比率，反映了企业流动资产的管理效果。其计算公式为：

$$流动资产利润率 = \frac{利润总额}{流动资产平均占用额} \times 100\%$$

式中，流动资产平均余额是指期初流动资产占用额与期末流动资产占用额的平均数，利润总额则与总资产利润率中的利润总额一致。流动资产利润率也可进一步分解为：

$$流动资产利润 = 销售利润率 \times 流动资产周转率$$

显然，流动资产利润率受到销售利润率和流动资产周转速度的影响。销售利润率越高，流动资产利润率就越高；当销售利润率一定时，流动资产周转速度越快，流动资产利润率也越高。因此，流动资产利润率是反映流动资产管理效果的一个综合性较强的指标。流动资产利润率越高，说明流动资产的管理效果越好。对流动资产利润率的分析可知，销售环节盈利能力的状况对流动资产利润率有多大、怎样的影响，要增强流动资产的管理效果必须在扩大销售的同时，降低、节约成本费用；另一方面，也了解了流动资产周转速度对流动资产利润率有多大、怎样的影响，要增强流动资产管理效果还必须加速流动资产的周转，而这取决于流动资产投入及其项目结构的合理安排。资产管理效果的提高有赖于流动资产利润率的提高，而提高流动资产利润率则是一个系统工程。

（三）固定资产利润率的分析

固定资产利润率是企业一定期间内实现的利润额与该时期企业固定资产平均占用额的比率，它反映了企业固定资产的管理效果。其计算公式为：

$$固定资产利润率 = \frac{利润总额}{固定资产平均占用额} \times 100\%$$

式中，固定资产平均占用额是指期初固定资产占用额与期末固定资产占用额的平均数。需要说明的是，固定资产占用额可以是原值，也可以是净值，出于计算指标一致性的考虑，本应采用净值。但采用净值时，指标受固定资产新旧程度及企业固定资产折旧政策的影响，从而削弱了指标的可比性，因此在这里我们主张采用固定资产原值。利润总额则与总资产利润总额一致。

固定资产利润率指标也能综合性地反映固定资产的管理效果，固定资产利润率越高，固定资产的管理效果就越好。

第五节 资产披露质量分析

资产披露的方式主要是资产负债表。然而，就本书第二章分析而言，会计信息的真实与正确性受多种因素的制约，理想与现实总是存在差距。分析人员在阅读资产负债表时，也应当注意资产这个指标的若干局限性或缺陷。

一、资产的内容不完整

在会计上，资产没有涵盖能够为企业带来经济利益的全部经济资源。在现代市场经济中，控制一定数量的经济资源仍是企业生存和发展的基础，也是企业获得竞争力的基础。企业的经济资源，按存在形态可以分为硬资源和软资源两大类。硬资源就是有形资源。根据现有的研究文献，一个企业的软资源主要由四大部分组成：一是市场资源，即与市场相联系的对企业发展有价值的东西，包括商誉、品牌、销售网络和渠道等；二是人力资源，主要是人力资源的质量；三是知识产权，包括专利权、商标权、版权和著作权、专有技术、土地使用权等；四是组织管理资源，如企业文化、管理哲学和艺术等。两类资源中，软资源具有以下特点：第一，随着科技进步和社会经济发展，尤其是伴随知识经济时代的到来，软资源对企业生存和发展所起的作用和相对价值将不断上升，而硬资源的相对价值却不断下降；第二，软资源具有更好的成长性，其价值上升速度较快。

有关软资源和硬资源的这些观点，早已被经济学界所认可。然而，在会计学上和在资产负债表上看到的又是另一番景象：相对价值上升且成长性好的软资源仍被排除在会计核算系统和会计报表之外，而相对价值下降的硬资源却一直成为会计核算和报表反映的重点。因此，所谓资产的内容不完整，也是体现在对软资源的核算上。

由于更多的软资源没有在资产负债表中反映出来，所以资产负债表上的资产有时并不一定能够确切地反映一个企业的财务实力。

二、资产的计量不够真实

资产负债表上的资产都是能够用货币计量的资产，而现在还不能用货币计量的资产如多数的软资源，尚未在资产负债表上体现出来。另一方面，即使是可以用货币计量的经济资源，在计量时也未必就是真实的。因为，会计在使用货币量度进行核算时，所使用的货币量度是"面值单位"，这是不考虑物价变动对货币购买力影响的货币单位，即所谓"币值不变假设"。然而在现实中，物价总是处在变动之中，货币的购买力会随着物价的变化而变化，这就出现了矛盾——币值的现实变化与币值不变假设之间的矛盾。这个矛盾必然导致会计上的账面资产价值与其真实价值的背离。

需要强调的是，会计上的资产是建立在谨慎性原则的基础上，因此，存在着低估资产的可能性。

三、资产中包含虚资产

即使假定企业所面临的价格环境是不变的，即单项资产的历史成本就是它的现时成本，报表上的资产价值也不一定就是它的真实价值，因为报表上的资产总额是若干项目的合计数，其中有些项目并不是所谓的"资产"。如上所说，资产体现企业控制的并能带来经济利益的经济资源，而报表中的有些项目，实际上并不是什么资源，更不能为企业带来经济利益，严格地说不能称为"资产"。如报表上"长期待摊费用"项目实际上不是真正的资源，这里姑且称其为"虚资产"。这样，资产负债表上的全部资产也就分为了两部分：一部分是实资产，包括货币资产、存货、投资、固定资产和无形资产等；另一部分是虚资产。在分析资产负债表并用资产指标来判断企业的财务实力，甚至在用资产数量来界定企业规模时，要注意剔除"虚资产"。

四、资产的分类不合理

在资产负债表上，资产通常是按其流动性分为两大类，即流动资产和非流动资产。这样的分类，是以一年或一个营业周期为标准的，即能够在一年或一个营业周期内变现或耗用的资产是流动资产，包括现金、应收款项、存货等，不能在一年或一个营业周期内变现的资产是非流动资产，包括长期投资、固定资产和无形资产等。资产负债表上使用的这个标准是"理论标准"，而这个理论标准与"现实标准"还是有较大差距的。现实中，企业总是或多或少地存在超过一年收不回来的应收款项和超过一年没有销售出去的存货，这些长期化了的应收款项和存货，实际上已不是流动资产而是长期资产，但在编制报表时，会计人员通常并不严格地进行这样的区分，结果这些长期化的应收款项和存货便被不合理地列入流动资产之中，账面流动资产与实际流动资产便发生了背离。作为财务分析者，在分析企业的资产尤其是观察流动资产时，最好能将长期化的资产从账面流动资产中剔除，以确定企业流动资产的真实数量。

思考练习

一、单项选择题

1. 按照资产的变现速度及其价值转移形式不同，可将其分类为（　　）
   A. 流动资产和固定资产　　　　B. 流动资产和长期资产
   C. 流动资产和非流动资产　　　D. 短期资产和长期资产
2. 与企业资产结构相关的风险是（　　）
   A. 财务风险　　　　　　　　　B. 业务风险
   C. 经营风险　　　　　　　　　D. 收益风险
3. 在资产总额中，流动资产、长期投资、固定资产、无形资产的比值关系是 0.3：0.2：0.4：0.1，非流动资产比重为（　　）
   A. 0.7　　　B. 0.6　　　C. 0.5　　　D. 0.4
4. 若要保持资产的弹性，则在企业资产中占有比重较大的应是（　　）
   A. 流动资产　　　　　　　　　B. 固定资产
   C. 有形资产　　　　　　　　　D. 无形资产
5. 企业的有关资料为：流动负债5万元，速动比率1.5，流动比率2.5，营业成本8万元，则该年末存货周转次数为（　　）
   A. 1.2次　　　B. 1.6次　　　C. 2次　　　D. 3次
6. 以下属于资产管理比率的是（　　）
   A. 存货周转率　　　　　　　　B. 流动比率
   C. 产权比率　　　　　　　　　D. 资产负债率
7. 在计算应收账款周转率时，赊销收入净额等于（　　）
   A. 销售收入 - 现销收入

B. 销售收入－现销收入－销售退回

C. 销售收入－现销收入－销售退回－销售折让

D. 销售收入－现销收入－销售退回－销售折让－销售折扣

8. 企业在一定销售水平上，尽可能均衡无风险或少风险资产和风险资产的比重，从而达到企业总资产的风险和收益的中和，这种资产风险结构是（　　）

A. 保守型资产风险结构　　　　　　B. 中庸型资产风险结构

C. 风险型资产风险结构　　　　　　D. 无风险型资产风险结构

9. 企业在一定销售水平上，尽可能减少流动资产的比重，从而使企业总资产维持较高的收益水平的资产风险结构是（　　）

A. 保守型资产风险结构　　　　　　B. 中庸型资产风险结构

C. 风险型资产风险结构　　　　　　D. 无风险型资产风险结构

10. 一般而言，考虑到企业资产流动性和弹性的需求，以低为好的应该是（　　）

A. 非流动资产比率　　　　　　　　B. 固定资产比率

C. 流动资产比率　　　　　　　　　D. 流动比率

二、多项选择题

1. 下列说法中，正确的是（　　）

A. 存货周转率越高，说明企业存货管理得越好

B. 流动比率和速动比率之差等于现金比率

C. 企业的不同利害关系人对资产负债率的要求是不一样的

D. 有形净值债务比率比产权比率更谨慎地反映了股东权益对债权人利益的保障程度

E. 在每股收益确定的情况下，市价越高，市盈率就越高，投资风险也就越大

2. 无形资产又可进一步分类为（　　）

A. 流动资产　　　　　　　　　　　B. 金融资产

C. 长期待摊费用　　　　　　　　　D. 支出性无形资产

E. 收益性无形资产

3. 对于企业管理者而言，进行资产结构和资产管理效果分析的意义体现在（　　）

A. 有助于判断企业财务的安全性　　B. 有助于判断企业资本的保全程度

C. 有助于判断企业资产的收益能力　D. 优化资产结构和改善财务状况

E. 加速资产周转和减少资产经营风险

4. 对于企业的债权人而言，资产结构和资产效果分析有助于（　　）

A. 判断企业财务的安全性、资本保全程度

B. 判断资产的收益能力

C. 判明债权的物资保证程度或其他安全性

D. 进行相应的投资决策

E. 进行相应的信用决策

5. 采用风险型资产风险结构，将会产生的状况和采取的措施有（　　）

A. 维持大量的金融资产　　　　　　B. 拥有较高比例安全存量的存货
C. 尽可能少地拥有金融资产　　　　D. 拥有较低安全性的存货
E. 采取紧缩的信用政策
6. 采用中庸型资产风险结构，将会产生的状况和采取的措施有（　　）
A. 维持大量的金融资产　　　　　　B. 拥有较高比例安全存量的存货
C. 尽可能少地拥有金融资产　　　　D. 拥有平均安全存量的存货
E. 采取中庸的信用政策而使企业应收账款和应收票据等商业信用维持在平均水平
7. 采用保守型资产风险结构，将会产生的状况和采取的措施有（　　）
A. 维持大量的金融资产
B. 拥有较高比例安全存量的存货
C. 采取宽松的信用政策而产生大量的应收账款和应收票据等商业信用
D. 维持中等水平的金融资产
E. 拥有平均安全存货
8. 确定流动资产与固定资产的合理比例应考虑的因素有（　　）
A. 经营性质　　　　　　　　　　　B. 经营规模
C. 风险态度　　　　　　　　　　　D. 主管部门的态度
9. 利用固定资产周转率进行分析，应注意的问题有（　　）
A. 该比率的分母使用固定资产总额
B. 该比率的分母使用固定资产净额
C. 企业的固定资产一般采用市价记账
D. 企业的固定资产一般采用历史成本法记账
E. 要注意结合流动资产投资规模、周转额、周转速度来分析固定资产的利用效果
10. 反映资产利润率的主要指标有（　　）
A. 总资产利润率　　　　　　　　　B. 流动资产利润率
C. 固定资产利润率　　　　　　　　D. 短期资产利润率
E. 长期资产利润率

三、名词解释

1. 资产
2. 收益性无形资产
3. 支出性无形资产
4. 资产结构
5. 资产弹性
6. 资产的风险结构
7. 存货周转率
8. 金融资产

四、问答题

1. 资产结构分析对企业管理者的意义。
2. 资产结构对企业经营的影响。
3. 保守型资产风险结构及其优缺点。
4. 中庸型资产风险结构及其优缺点。
5. 风险型资产风险结构及其优缺点。
6. 分析存货的质量和流动性时应注意哪些问题？
7. 存货周转率越高，企业的存货状况就越好吗？

五、计算分析题

1. 资料：富达公司2013年至2017年各类资产及销售额（如表2-6所示）。

表2-6 富达公司资产及营业收入数据

单位：万元

项 目	2013年	2014年	2015年	2016年	2017年
流动资产	7 845	8 200	11 150	12 550	13 375
固定资产	1 348	1 756.5	1 646.5	1 737	1 788
总资产	12 887.5	13 563.5	15 625	17 300	18 271
营业收入	4 800	6 048	6 592.32	7 119.7	7 475.7

要求：

（1）计算富达公司流动资产及固定资产各年比率；

（2）计算收入环比增长速度；

（3）根据以上数据对富达公司进行资产类别比重分析（联系销售增长速度）。

2. 资料：某公司2017年度有关资产内容（如表2-7所示）。

表2-7 某公司2017年度有关资产数据

单位：万元

项 目	期初数	期末数
货币资金	34.2	39.04
交易性金融资产	27.55	30.256
应收账款	16.625	24.4
存货	80.75	74.176
固定资产	256.5	271.328
长期投资	16.625	13.176
无形资产	22.8	18.544
长期待摊费用	19.95	17.08
总资产	475	488

要求：计算资产结构项目比重并分析其变动状况及其合理性。

3. 资料：某公司2015—2017年资产负债表中相关资产项目数额（如表2-8所示）。

表2-8　某公司2015—2017年资产负债项目数额

单位：万元

项　目	2015年	2016年	2017年
流动资产	1 250	1 340	1 430
其中：应收账款	512	528	520
存货	480	477	485
固定资产	1 750	1 880	1 800
资产总额	4 250	4 380	4 360

已知2017年营业收入为4 800万元，比2016年增长了20%，其营业成本为3 850万元，比2012年增长了18%。此外，该公司营业收入有30%为现销，其余70%为赊销。

要求：

（1）计算出2016年和2017年的总资产周转率、固定资产周转率、流动资产周转率、应收账款周转率、存货周转率、营业周期。

（2）对该企业的资产周转状况进行评价。

4. 资料：富山公司年初流动资产占用额为680万元，年末流动资产占用额为420万元；年初存货为320万元，年末存货为220万元；该企业平均销售毛利率为30%，当年营业收入为5 000万元，分别计算其收入流动资产周转率和成本流动资产周转天数以及存货周转天数。

5. 资料：某公司年初存货为30 000元，应收账款为25 400元，年末计算的流动比率为2，速动比率为1.3，存货周转率为4次，流动资产为84 000元，其中现金类资产20 000元，本期销货成本率为80%，要求计算：

（1）该公司本年的营业额。

（2）该公司本年应收账款的平均收账期。

6. 资料：某企业为了进行主要资产项目的比重分析，特根据资产负债表制定了主要资产项目比重及其差异表（如表2-9所示）。

表2-9　主要资产项目比重及其差异

主要资产项目	期初比重/%	期末比重/%	差异/%
货币资金	6.0	7.8	1.8
交易性金融资产	8.9	1.9	-7.0
应收账款	3.2	2.2	-1.0
存货	14.7	14.4	-0.3
其他流动资产	1.9	2.1	0.2

续上表

主要资产项目	期初比重/%	期末比重/%	差异/%
长期投资	2.8	2.7	-1.0
固定资产	56.1	64.3	8.2
无形资产	3.7	2.7	-1.0
长期待摊费用	2.7	1.9	-0.8
合计	100	100	0

要求：根据以上资料，对此企业资产的项目结构变动作出分析。

7. 根据有关资料计算相关比率和数据：

已知富海公司 12 月 31 日的资产负债表的有关数据为：货币资金 5 000 万元，固定资产净值 58 800 万元，无形资产 4 000 万元，资产总计 90 400 万元，应交税费 5 000 万元，实收资本 50 000 万元；其余数据由于客观原因无法取得，其他项目还有应收账款净额、存货、应付账款、长期负债和未分配利润。但又得到以下补充资料：年末流动比率 1.5，产权比率 0.6；以营业额和年末存货计算的存货周转率 16 次，以营业成本和年末存货计算的存货周转率 11.5 次，本年毛利（营业额减去营业成本）63 000 万元。试计算：

（1）存货账户余额。

（2）应付账款账户余额。

（3）未分配利润账户余额。

第三章
负债分析

本章提要

对企业经营而言，负债是一柄双刃剑，利用得当，可使股东权益成倍增加，但若利用不当，又会将企业拖入破产的境地。本章拟在介绍传统的负债分类的基础上，分别就流动负债和长期负债对企业偿债能力的影响以及影响企业偿债能力的外部因素进行分析。

第一节 负债的定义与分类

一、负债的定义

负债是指过去的交易、事项形成的现时义务，履行该义务预期会导致经济利益流出企业。

从负债的定义可以看出，负债至少具有以下几个基本特征：

（1）负债是基于过去的交易或事项而产生的。也就是说，导致负债的交易或事项必须已发生，如购置货物或使用劳务会产生应付账款（已经预付或是在交货时支付的款项除外），接受银行贷款则会产生偿还贷款的义务。只有源于已经发生的交易或事项，会计上才有可能确认为负债。正在筹划的未来交易或事项，如企业的业务计划，不会产生负债。

（2）负债是企业承担的现时义务。由于具有约束力的合同或法定要求，义务在法律上可能是强制执行，如收到货物或劳务而发生的应付款项，即属于此类。另外，义务还可能产生于正常的业务活动、习惯以及为了保持良好的业务关系或公平处事的愿望中。如果企业定出一条方针，即产品在保质期期满以后才显现缺陷也要予以免费修理，则企业对于已经销售出的产品预期将会发生的修理费用就是该企业的负债。

这里要注意，"现时义务"不等同于"未来承诺"，如果仅仅是企业管理层决定今后某一时间购买资产，其本身并不产生现时义务。一般情况下，只有在资产已经获得时才产生义务。

（3）现时义务的履行通常关系到企业放弃含有经济利益的资产，以满足对方的要求。现时义务的履行，可采取若干种方式，如支付现金、转让其他资产、提供劳务、以其他义务替换该项义务、将该项义务转换为所有者权益等等。

（4）负债通常是在未来某一时日通过交付资产（包括现金和其他资产）或提供劳务来清偿。有时企业可以通过承诺新的负债或转化为所有者权益来了结一项现有的负债，前一种情况只是负债的展期，后一种情况则相当于用增加所有者权益来了结债务，即"债转股"。

二、负债的分类

为了便于分析企业的财务状况和偿债能力，企业的负债按其流动性，划分为流动负债和长期负债两部分。

划分流动负债和长期负债的一个标准是偿付时间。传统上，流动负债和长期负债的区分是以一年为界限的，在一年内偿付的负债归为流动负债，在一年以上偿付的负债列为长期负债。但在营业周期超过一年的情况下，以"一年"为标准的划分方式往往不能真实地反映企业的财务状况。这里所讲的"营业周期",是指企业在正常的生产经营过程中从取得存货、购买劳务一直到销售商品和劳务,最后收取货款和劳务款的这一时间跨度。通常,商业企业的经营周期较短,制造业的经营周期较长,有的超过一年。为了使经营周期较长的企业的财务状况也能得到正确反映,会计上往往以"一年或者超过一年的一个营业周期"作为划分流动负债和长期负债的界限,在一年或者超过一年的一个营业周期内偿还的负债作为流动负债,将偿还期在一年或者超过一年的一个营业周期以上的负债作为长期负债。

第二节 流动负债与短期偿债能力分析

一、流动负债的概念与分类

如前所述,流动负债是指将在一年(含一年)或者超过一年的一个营业周期内偿还的债务,按实际发生额计量的各项负债,列示于资产负债表上。

根据负债金额的确定程度不同,流动负债可划分为应付金额确定的流动负债、应付金额视经营情况而定的流动负债和应付金额须予估计的流动负债。

1. 应付金额确定的流动负债

这类流动负债一般在确认一项义务的同时,根据合同、契约或法律的规定具有确切的金额乃至确切的债权人和付款日,并且到期必须偿还。如由于购入一台机器,而按照合同确定的交易额开出承兑商业汇票,这一负债具有确定的金额、偿还日期和确定的债权人(卖方)。这类流动负债可以较为精确地计量。

2. 应付金额视经营情况而定的流动负债

这类流动负债需待企业在一定的经营期结束才能确定负债金额,在该经营期结束前,负债金额不能确定。如应交所得税、应付投资者的利润等,必须到一定的会计期间终了后才能确定应交多少所得税以及应向投资者分配多少利润。

3. 应付金额须予估计的流动负债

这类流动负债在发生时金额不能准确地计量,只能按谨慎性原则进行估计,如预计负债。

二、流动负债项目结构分析

1. 整体比较差异分析

(1) 该企业年度内流动负债增长较快,年末比年初增加了 44 908 483.46 元,增长幅度为 28.49%。

(2) 流动负债的上升,主要因为短期借款、应付账款、预收账款的增长,分别为 48 400 000 元、10 729 263.21 元和 31 024 337.80 元,增长幅度为 372.31%、164.93%

和45.29%，这些因参与生产经营而产生的负债是否合理，应结合流动资产项目进行比较分析。

(3) 该企业一年内即到期的长期负债、应付股利、未交税金、其他应付款项项目呈大幅度下降，分别为100%、67.15%、42.96%和71.06%，表明该企业信誉较好。

除此之外，还须通过分析流动负债各项目的绝对数变动差异，以揭示不同项目的变化对当期流动负债总额增长幅度（或减少幅度）的影响，从而得到较精确的负债信息，如表3-1所示：

表3-1 流动负债各项目的比较差异分析

单位：元

项 目	年初数	年末数	差异额	增（减）幅度
短期借款	13 000 000.00	61 400 000.00	48 400 000.00	372.31%
应付账款	6 505 188.9	17 234 452.12	10 729 263.21	164.93%
预收账款	68 507 291.20	99 531 629.00	31 024 227.80	45.29%
应付职工薪酬	2 539 629.39	3 357 764.08	818 134.69	32.21%
应付股利	8 514 066.06	2 796 449.90	-5 717 616.16	-67.15%
应交税费	6 492 310.94	3 703 197.12	-2 789 113.82	-42.96%
其他未交款	46 021.67	97 175.82	51 164.15	111.17%
其他应付款	4 900 488.25	14 185 843.83	-34 824 644.42	-71.06%
一年内即将到期的长期负债	3 000 000.00		-3 000 000.00	-100%
其他流动负债		26 967.61	216 967.61	
流动负债合计	15 764 996.02	202 523 479.48	44 908 483.46	28.49%

2. 流动负债项目的结构比重分析

在对流动负债各项目的绝对数变动差异进行了分析之后，为了进一步揭示影响当期流动负债变动的原因，还需从流动负债各项目比重变化的另一个侧面进行分析，以掌握当期流动负债的变动对企业短期偿债能力的影响，如表3-2所示：

表3-2 流动负债项目的比重变动分析

项 目	年初比重/%	年末比重/%	变动差异/%
短期借款	8.25	30.32	+22.07
应付账款	4.13	8.51	+4.38
预收账款	43.46	49.14	+5.68
职工薪酬	1.61	1.66	+0.05
应付利润	5.40	1.38	-4.02
应交税费	4.12	1.83	-2.29

续上表

项　　目	年初比重/%	年末比重/%	变动差异/%
其他未交款	0.03	0.05	+0.02
其他应付款	31.10	7.00	-24.10
一年内到期的长期负债	1.90		-1.90
流动负债合计	100	100	

（1）该企业流动负债的构成主要为短期借款（年初8.25%、年末30.32%）、应付账款（年初4.13%、年末8.51%）、预收账款（年初43.46%、年末49.14%）、其他应付款（年初31.10%、年末7.00%）等项目。

（2）该企业预收账款在整个流动负债中所占比重最大，而预收账款是一种特殊的结算负债，说明该企业生产经营状况良好，产品供不应求。

（3）短期借款比重由年初的8.25%上升到年末的30.32%，比重猛增22.07%，其他应付款由年初的31.10%下降到年末的7.00%，比重降低了24.10%，说明该企业举债筹措流动资金由企业间拆借，转向金融机构，企业信誉提高，债务风险降低。

3. 流动负债的具体项目分析

如同流动资产项目的分析一样，在对流动负债项目进行了增减变动和结构变化的基本分析之后，还须对流动负债各个项目的具体变动情况以及对短期偿债能力的影响作进一步分析。

从分析企业短期偿债能力的角度看，对于流动资产的具体项目，主要分析其流动性，而对于流动负债的具体项目，则应侧重把握其数量和规模。现分述如下：

（1）短期借款。短期借款是指企业向银行或其他金融机构借入的期限在一年以下的各种借款。企业借入短期借款的目的，一般是为了维持正常的生产经营活动，我国大多数企业的这一项目在流动负债总额中的所占份额较大。

分析短期借款的规模应注意以下问题：

第一，与流动资产相适应。从财务角度观察，短期借款筹资快捷，弹性较大。任何一家企业，在生产经营中都会发生或多或少的短期借款，但短期借款的目的是为了维持企业正常的生产经营活动，因此，短期借款必须与当期流动资产，尤其是与存货项目相适应。一般而言，短期借款应以小于流动资产的数额为上限。

第二，与企业当期收益相适应。经营有成效的企业并不在乎短期借款数额绝对数的高低，而应注意其产出是否大于投入，即运营效率是否高于借款利率。对此可利用财务杠杆进行分析。

（2）应付票据。应付票据是指企业因购买材料、商品等而开出、承兑的商业汇票，包括银行承兑汇票。我国票据法规定，商业汇票的偿付期限最长不得超过六个月，则此项负债在付款时间上具有法律约束力，是企业一种到期必须偿付的"刚性"债务。

（3）应付账款。应付账款是指企业因赊购材料、商品或接受劳务供应等而应付给供应单位的款项。应付账款是企业在采购业务中较普通的一项流动负债，也是一种商业信用行为，与应付票据相比，它是以企业的商业信用作保证的。

分析应付账款的规模应注意以下问题：

第一，应付账款的运营。应付账款形成于商品交易或与企业主营业务有关的劳务交易，企业的其他交易所产生的欠款不得采用应付账款的形式。表面上看，企业利用商业信用，大量赊购，推迟付款，有"借鸡生蛋"之利，但隐含着加大筹资成本、丧失企业信誉的风险。因此，应谨慎处理应付账款的事物。

第二，应付账款的计价。在赊销方式下，卖方企业为了鼓励购买者早日归还欠款，往往提供现金折扣，如"2/10，$n/30$"，即卖方给予买方企业 10 日内付款 2% 的折扣，超过 10 日，则须全额支付，最长信用期是 30 日。对此，会计上有两种方法选择：总价法和净价法。一般情况下，购买方企业应当采用净价法。

(4) 预收账款。预收账款是指企业按照销售合同约定，在交付商品前向购货单位预先收取的部分或全部货款的一种信用方式。分析时应注意：

第一，"良性"债务。一般而言，预收账款是一种"主动"的债务，它表明收款企业的产品结构和销路较好，生产的产品供不应求，也意味着该企业未来具有较好的盈利能力和偿债能力。

第二，实物偿债。预收账款是一种特殊的债务，其在偿付时不是以现金支付，而要以实物（存货）支付。

第三，违规挂账。在实际工作中，一些企业违反财务制度，往往利用预收账款项目调整企业的当期损益，抽逃流转税等。对此，应严加关注和防范。

(5) 应付职工薪酬。应付职工薪酬是指企业应付给职工的工资总额。企业职工工资总额包括计时工资、计件工资、奖金、津贴和补贴等。

应付福利费是指企业根据规定可以在成本费用中用于职工福利方面的开支。现行制度规定，职工福利费按企业工资总额的 14% 比例控制。这项福利基金是为解决职工的基本福利而预提的，属于企业职工所有，因而是企业的一项负债。

(6) 应付利润。应付利润是指企业期末付给投资者的投资利润，若是股份有限公司称之为应付股利。企业年度终了进行利润分配后，应付给投资者的利润，在投资者领取之前，形成了企业的一项流动负债。

值得注意的是，股份有限公司可采用的股利分配形式有现金股利与股票股利。而股票股利实质是股东权益结构调整的重大财务决策，不涉及现实负债问题，所以，资产负债上反映的应付利润指的是企业应付未付的现金股利。

(7) 未交税金与其他应交款。未交税金是指企业应向国家税务机关交纳而尚未交纳的各种税金，包括增值税、营业税、消费税、资源税、城市维护建设税、土地使用税、车船使用税、房产税、企业所得税、固定资产投资方向调节税等。

其他应交款是指企业应向国家有关部门缴纳而尚未缴纳的各种款项，如教育费附加、矿产资源补偿费等。

上述两项负债是企业应向国家和社会承担的义务，具有较强的约束力。

(8) 其他应付款。其他应付款是指企业应付、暂收其他单位或个人的款项，应付租入固定资产、包装物的租金，存入保证金等。

应注意的问题：其他应付款既为"其他"，则资产负债表中该项目的数额与主营业务的债务相比不应过大，且时间也不宜过长，否则，其他应付款项目中就可能隐含有企业之间的非资金拆借、转移营业收入等违规挂账行为。

三、资产的流动性对短期偿债能力的影响

（一）资产的流动性的含义

资产的流动性是指企业资产变换为现金的速度，是资产的一个重要特征。能迅速变为现金资产，其流动性强；不能或不准备变换为现金的资产，其流动性弱。在资产负债表中，资产通常按照流动性分类，将流动性强的资产称为流动资产；将流动性弱的资产称为长期资产或非流动资产。财务报表中这种分类的目的就是为了便于报表使用者了解和分析资产的变现能力和偿债能力，所以，企业的资产负债表为分析资产的流动性和偿债能力提供了基础。

从理论上看，企业的全部资产都是有价值的，均能够变换为现金。然而，实践中有些资产是难以或不准备迅速变为现金的，如厂房建筑物、机器设备、运输车辆、土地使用权、商标权等。这些资产一般为企业的劳动资料或收益能力，往往在相对较长的时期内一直使用，不能或不准备变换为现金，因此，这些资产在一定时间内价值变动不大，会计上将这类资产称之固定资产、无形资产等。固定资产和无形资产并非不流动，而只是流动性较慢，变现能力较弱。根据流动资产与非流动资产的这种不同特性，企业采取不同的融资策略，即流动资产一般较多地采用负债融资，而非流动资产一般较多地采用主权资本融资。不同的资产采用不同的融资方法，是企业财务管理的一个重要特点，也是财务分析的一个重点。

总之，资产的流动性为企业财务报表信息的披露、融资方法的选择、资产管理的分析等方面提供了理论依据。

（二）资产的流动性对企业短期偿债能力的影响

资产流动性分析，是指通过对资产的变现能力以及资产与负债之间的有机联系进行分析，从而判断企业的偿债能力及资产质量的一种分析方法。企业的偿债能力按其紧迫性分为短期偿债能力和长期偿债能力。

短期偿债能力，是指企业在短期（一般为一年）内偿还债务的能力。短期偿债能力对企业至关重要，如果企业无法保持一定的短期偿债能力，则意味着不仅不能满足短期债权人的要求，在偿还长期债务方面也存在问题。即使是一个盈利企业，也会面临由于资金调度不畅，不能偿还到期债务而破产的风险，如"蓝字"破产。

在分析企业的短期偿债能力时，企业资产的流动性问题十分突出。在权责发生制原则下，企业有盈利但不足以说明就具有短期偿债能力，这是因为偿还到期债务要以货币资金支付，而企业的利润与企业实际持有的现金有一定差距。也就是说，一个企业可以有很高的利润，但如果缺乏可供支配的现金，就没有能力偿还到期债务；反之，一个企业也可以有亏损，但只要它实际持有一定量现金，即说明其具有相应的短期偿债能力。因此，企业短期偿债能力的强弱往往表现为资产变现能力的强弱。

四、短期偿债能力的比率分析

如前所述，分析企业短期偿债能力需要对流动资产与流动负债之间的关系进行判断，对此采用比率分析法较为有效。此类比率主要有：流动比率、速动比率和现金比率。

（一）流动比率

流动比率，是指一定时期内企业的流动资产除以流动负债的比率，是衡量企业短期流动性方面最常用的比率之一，用以说明企业用其流动资产偿还到期债务的保障程度。其计算公式如下：

$$流动比率 = 流动资产 \div 流动负债$$

由于流动资产中存货有存在潜亏的可能，应收账款也存在坏账的风险，且这些项目的变现性较弱，因此，一般认为流动比率达到2∶1，企业财务状况才比较稳妥可靠。ABC公司的流动比率计算如表3-3所示：

表3-3 流动比率计算

项 目	年 初	年 末
流动资产/元	189 894 118.64	524 807 353.40
流动负债/元	157 614 996.02	202 523 479.48
流动比率	1.20	2.59

由上可知，该企业年初流动比率偏低，为1.2，偿债压力较大。年末流动比率明显提高，为2.59，表明短期偿债能力有较大增强。

流动比率也有局限性，使用时应注意：

（1）较高的流动比率仅仅说明企业有较多的可变现资产用来还债，但并不足以表明有足够的现金来还债。因为，较高的流动比率有可能是由于存货的积压或应收账款的呆账造成的，在此情况下，如果现金不足，仍会出现偿债困难。

（2）从合理利用资金的角度而言，各行各业、各不同企业应根据自身的情况和行业特点，确定一个流动比率的最佳点。例如存货周转较快、结算资产较好的企业，其流动比率可以小于2，既能满足偿债需要，又使该比率不致过高。因为流动比率过高，往往也说明企业在资金使用上不尽合理，应将其多余的资金用于收益性较好的投资或其他方面。

（3）当企业用流动资产偿还流动负债或通过增加流动负债来购买流动资产时，流动比率计算公式的分子与分母将等量地增加或减少，并造成流动比率本身的变化。流动比率的这一特点，使得企业管理当局有可能在该比率不理想时，通过年末突击性偿还短期负债，下年初再举借新债等手段粉饰其流动比率的状况。

（4）流动资产的长期化问题。理论上说，流动资产是指能够在一年内变现或耗用的资产。现实地看，资产负债表上的流动资产总有一些实际上是不可能在一年变现的已经"沉淀"了一年以上，如长期积压的存货和长期挂账的应收款项等，为使流动比率能如实反映企业的偿债能力，对于已经被长期化的那部分流动资产，最好是在计算流动比率时扣除。

（5）流动资产中虚资产的问题。在资产负债表的流动资产部分，有一些项目如待摊费用等，实际是虚资产，已经不能用于偿还债务，计算流动比率时最好也要扣除。考虑以上两点，账面的流动比率就有可能高估企业的短期偿债能力。换句话说，实际的短期偿债能力可能并没有按账面数字计算的流动比率所反映的那样高。

（6）流动比率还会掩盖流动资产或流动负债的内部结构性矛盾，这也是流动比率指标的又一个缺陷。流动比率高，可能是存货积压或滞销的结果，也可能是应收账款大量挂账和三角债的结果，甚至还可能是拥有过多的现金而未很好地加以利用的缘故，这些都会影响企业的正常经营和获利能力。

（7）流动资产的变现时间结构与流动负债的偿还时间结构很难做到一致，即使流动比率较高，有时也难以满足偿付流动负债的需要。为弥补流动比率的这一缺陷，财务人员还必须注意观察速动比率和现金比率等指标。因此，即使一个企业有一个较高的流动比率，也不要就此认为企业的短期偿债能力就一定好。这个道理说明，财务分析人员不能过分相信单纯依据资产负债表计算的财务指标。对流动比率指标如此，其他财务指标同样如此。

实际上，流动比率是受多种因素影响的，一成不变的理想标准是不存在的。在不同国家、同一国家的不同经济发展时期、同一时期的不同行业或企业之间，流动比率的合理标准是不同的，不存在通用的标准流动比率。从国别来看，在财务报表上，日本和韩国企业的流动比率较高而美国企业较低，原因是日本的企业更多地依靠短期贷款，并可以续贷，以满足流动资产和长期资本占用的需要。从时期看，20世纪60年代中期以前，美国企业界人士认为合理的最低流动比率是2：1，并有许多企业的流动比率保持在这个水平上或者更高。大约从60年代中期以后，许多企业的流动比率下降到略低于2：1。今天，大多数企业都没有使流动比率高于2：1。这个观点并不是说流动比率越低越好。每个企业，都应当结合本企业的具体情况分析确定理想的流动比率。在确定合理的流动比率时，以下两个方面是应当考虑和注意的：

第一，流动资产的实际变现能力。如果流动资产都是优良的，即不存在不良的资产，则流动资产的变现能力强，合理的流动比率值就可以低于不良流动资产较多的企业。

第二，流动负债的时间结构。流动负债都是有偿还时间的，如果各项流动负债的加权平均偿还时间小于各项流动资产的预期加权平均变现时间，则流动比率的实际数值可以比还债迫切的企业低些。

（二）速动比率

速动比率，是指一定时期内企业的速动资产除以流动负债的比率。速动资产指现金和易于变现、几乎可以随时用来偿还债务的那些流动资产，一般由货币资金、短期投资、应收票据、应收账款等构成，但不包括存货、待摊费用。存货的流动性较差，其变现要经过销货和收款两个环节，所需的时间较长；而待摊费用本身是费用的资本化，一般不能变现。因此，用流动资产扣除存货等流动性较差项目计算出来的速动比率，代表着直接的偿债能力。速动比率的计算公式如下：

$$速动比率 = 速动资产 \div 流动负债$$

速动比率与流动比率相比，在对短期偿债能力的分析考核上更加稳妥可信。一般认为，速动比率等于或稍大于1比较合适。ABC公司的速动比率计算如表3-4所示：

表3-4 速动比率计算

项目	年初	年末
速动资产/元	150 056 701.79	433 800 833.41
流动负债/元	157 614 996.02	202 523 479.48
速动比率	0.95	2.14

由上表可知，该企业年初速动比率为0.95，比较正常，说明其流动资产的结构比重较好，而年末速动比率为2.14，说明该企业还有进一步开发资金潜力和更多获利投资的机会。

使用该指标时，一方面也应注意企业管理当局人为地加以粉饰，以及即期的偿债能力（现金持有量）问题。另一方面，对于判断速动比率的标准不能绝对化，对不同行业、不同企业要作具体分析，如零售企业大量采用现金结算，应收账款很少，因而允许保持低于1的速动比率。

实际分析时，该指标还会受到速动资产计算方法的影响。速动资产有两种确定方法：

一是减法，即：速动资产 = 流动资产 - 存货 - 待摊费用，我国企业财务分析通常采用这种方法。

二是加法或保守法，即：速动资产 = 现金 + 短期可上市证券 + 应收账款净额，美国多数企业财务分析采用这种方法。一般认为，速动比率的标准数值或合理标准是1，这也是对保守的速动比率而言的。

两种方法的计算结果有时会有较大差别。因为保守的速动资产扣除了数额较大的预付货款和其他流动资产。就我国企业的资产负债来说，这些被扣除的其他流动资产包括其他应收款、待摊费用等。这些项目的合计数字，在有些企业会很大，在流动资产中占有相当的比重。

根据稳健原则的要求，保守的速动比率更适宜。但是，从我国目前的情况看，由于三角债普遍，企业中相当一部分应收款项是难以在短期内收回或变现的，这部分长期挂账的应收账款作为速动资产是合理的，在计算速动比率时，需要对应收账款的结构进行具体分析，扣除那些长期挂账的被长期化了的应收账款。

一般认为，企业的速动比率至少应维持在1，但这个比例并不是绝对的，各行业和企业之间应有所差别，有的行业或企业应超过1，尤其是那些长期化了的速动资产占较大比重的企业，而有的行业或企业则可以低于1，假如这个行业或企业资金流动性和变现能力较好的话。例如，一家小规模的零售商业企业只进行现金销售而没有应收账款，就应允许它有一个低于1的速动比率，这对其正常经营和理财不会有不利影响。

速动比率和流动比率的关系取决于存货的变化方向和变化速度。或两个比率同方向和同比例变化，或同方向不同比例变化，或按不同方向变化。如果一家企业流动比率过高，而其速动比率较低，则往往说明该企业有大量存货。

（三）现金比率

现金比率，是指一定时期内企业的现金以及现金等价物除以流动负债的比率。现金指企业的货币资金，现金等价物指有价证券（一般为短期投资和短期应收票据）。它代表了企业随时可以偿债的能力或对流动负债的随时可支付程度。其计算公式为：

$$现金比率 = （货币资金 + 有价证券） \div 流动负债$$
$$= （现金 + 现金等价物） \div 流动负债$$

速动比率已将存货、待摊费用等变现能力较差的流动资产予以剔除，但速动资产中的应收账款有时也会因客户倒闭、抵押等情况使变现能力受影响，甚至出现坏账，最终减弱企业的短期偿债能力。尤其在企业一旦面临财务危机时，即使有较高的流动比率和速动比率，也无法满足债权人的要求。因此，最稳健或者说保守的方法是采用现金比率来衡量企业的短期偿债能力。

现金比率只把现金及其后备来源即可随时转换为现金的有价证券与流动负债对比，能够彻底克服流动资产的长期化和不良化所带来的高估企业的偿债能力的问题，因而可以更好地反映企业的即期偿债能力。一般情况下，当企业财务发生困难时现金流动比率指标就会显得十分重要。在某些行业现金比率总是很重要，这些行业的存货和应收账款的期间相当长，而且经营活动又具有较强的投机性和风险性。对于这类企业，应当重视观察分析其现金比率。

一般的说，现金比率越高，短期债权人的债务风险就越小。但是，如果这个指标很高，也不一定是好事，可能反映企业不善于利用现有现金资源，没有把现金投入到经营中以赚取更多的收益。因此，在对这个指标下结论之前，应充分了解企业的情况。但有一点是肯定的，过低的现金比率多半反映出企业目前的一些应付的账单都存在支付上的困难。

在多数企业，现金比率总是低于其速动比率。但是，二者的变化方向和变化速度有时并不一致，其主要原因是应收账款和应收票据等应收款项和流动性的递延项目。这里的情况类似于速动比率与流动比率的关系。

（四）流动比率、速动比率和现金比率的相互关系

流动比率、速动比率与现金比率是反映企业短期偿债能力的主要指标，但它们各自的作用力度有所不同，三者之间的相互关系可用图3-1表示：

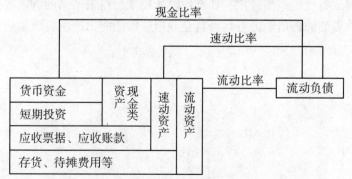

图3-1 流动比率、速动比率和现金比率相互关系

第一，以全部流动资产作为偿付流动负债的基础，所计算的指标是流动比率。它包括了变现能力较差的存货和不能变现的待摊费用，若存货中存在超储积压物资时，会形成企业短期偿债能力较强的假象。

第二，速动比率以扣除变现能力较差的存货和不能变现的待摊费用作为偿付流动负债的基础，它弥补了流动比率的不足。

第三，现金比率以现金类资产作为偿付流动负债的基础，但现金持有量过大会对企业资产利用效果产生负作用，这一指标仅在企业面临财务危机时使用，相对于流动比率和速动比率来说，其作用力度较小。

五、影响短期偿债能力的其他因素

分析企业短期偿债能力还应注意未在财务报表上充分披露的如下因素：

（一）准备变现的长期资产

企业依据本身的经营战略往往在特定时期准备将一些长期资产（如长期投资、固定资产、无形资产）变现，因此，无疑会增强企业以后会计期间资产的流动性。分析时应谨慎处理。

（二）良好的企业商业信用

良好的企业商业信用可以使企业与有关金融机构建立长期稳定的信贷关系，企业可按规定在有效期内向银行拆借资金，用于日常经营活动；或者具备发行企业股票或企业债券的能力，增强企业资产的流动性。

（三）承担担保责任和已贴现的商业汇票引起的债务

承担担保责任和已贴现的商业汇票引起的债务，会计上称之为"或有负债"。根据我国《票据法》规定，债务担保人负有连带偿债责任。一旦被担保人无法偿还债务，就交由担保人偿付。可见，对担保人而言，提供担保时就形成了对金融机构的或有负债，此项或有负债最终是否转变为一笔实际的负债，取决于到期时被担保人能不能偿还债务，此项或有负债也只有在被担保人到期偿还债务后才消失。目前，我国企业互为债务担保的很多，而由此造成企业破产的情况也时有发生，如郑州亚细亚集团。另外，企业已向银行贴现的商业汇票，银行仍对企业拥有资金追索权，即如果票据到期出票人无力还款给贴现银行，银行将向贴现人收取款项。因而，企业承担担保责任和已贴现的商业汇票引起的债务必然会减弱企业的短期偿债能力。对此，应在会计报表附注中加以披露。

（四）未作记录的或有负债

未作记录的或有负债范围较广，如有纠纷的税款、尚未了结的诉讼案件、有争议的财产纠纷、大件商品的售后服务等均会对企业短期偿债能力产生负面影响。

第三节 融资结构与长期偿债能力分析

一、长期负债

长期负债是指偿还期在一年或者超过一年的一个营业周期以上的负债，包括长期借款、应付债券和长期应付款。长期负债作为企业一项义务，结算期较长，因而成为企业筹集（融通）资金的一种重要方式。长期负债除具有负债的共同特征外，与流动负债相比，还具有债务金额大、偿还期限长、可以分期偿还等特点。

一般的，企业为了满足生产经营的需要，特别是为了拓展企业规模，有必要购建大型机械设备、地产、增建或扩建厂房等。这些都需要企业投入大量的需长期占用的资金，而企业所拥有的生产经营资金是难以满足这种需要的，如果等待用企业内部形成的资本积累再去购置，则可能丧失企业发展的有利时机，因此需要筹集长期资金。筹集长期资金的方式主要有两种：一是由投资者投入的新的资本（或由股东追加投资，增发新股）；另一种是举借长期负债，即通常所说的"举债经营"，主要有签发长期应付票据、发行企业债券以及向银行或其他金融机构举借长期借款。融资租入固定资产应付款也属于长期负债。站在投资者（或股本）的立场上，与增加投入资本相比，举借长期负债有以下几个优点：

（1）举借长期负债不影响企业原有的资本（或股权）结构，有利于保持原有投资者（或股东）控制企业的权力。作为股份公司，一般也不会影响股票价格。如果增发股票将会稀释每股收益额，从而导致股票价格的下跌。

（2）举借长期负债可以增加投资者（或股东）所得的盈余。长期债权人在企业的经营决策中通常没有表决权，不论企业经营状况如何，他们都将按固定的利率获取利息，不参与企业剩余利益的分配。所以，如果企业经营获得的投资利润高于长期负债的固定利率，剩余利益将全部归投资者（或股东）所有。

（3）在缴纳所得税时，长期负债上的利息支出除资本化以外，其余可以作为正常的经营费用从利润总额中扣减。但股利则只能从税后利润中支付，不能作为纳税扣减项目。

当然，举借长期负债也有其不足之处，主要表现在：

（1）长期负债利息是企业必须定期支付的固定费用，如果举债经营的投资报酬率低于长期负债的资金成本率（即利率），将会带来减少投资者（或股东）利益的风险。同时，如果企业经营不善，市场情况恶化，这笔固定的利息费用就会成为企业财务上的负担。而利润（或股利）的支付可以根据企业经营的好坏，效益好则多分配，不好则可以少分配甚至不分配。

（2）长期负债一般都有明确的到期日，企业必须为债务的偿还作好财务安排，安排现金流出。在长期债务的契约中往往还包含限制企业财务决策的条款（如规定负债与产权的比率）。所有这些，都影响到企业财务的灵活性。而采用增加资本或增发股票的方式筹措长期资本，则没有到期日，不需要到期偿还（除非企业进行清算）资本（或股本）。

（3）债权人对企业财产享有优先求偿权，如果企业因资金周转困难而无法定期支付利息或按期偿还本金，债权人的求偿权可能迫使企业破产清算。因此，举债经营通常给企业带来较大的财务风险。它要求企业在债务的偿还日期逼近时具有较大的财务弹性，即财务适应性。

考虑到举债经营的优点与不足，企业应进行合理的财务决策，适度举债。一方面，要保证举债经营的投资报酬率高于长期负债的利率；另一方面，举债的程度应与企业的资本结构和偿债能力相适应。

二、融资结构的含义与分类

（一）融资结构的含义与分类

融资结构也称资本结构，它是指企业在筹集资金时，由不同渠道取得的资金之间的有机构成及其比重关系。

企业筹集资金源的多元化产生了融资结构问题，一般而言，企业可以向债权人融资（负债融资）或向投资人融资（主权资本融资），而负债融资与主权资本融资的不同性质又决定了企业一定的融资结构。在企业融资中保持一定的主权资本是企业经济实力和承担风险能力的基础，而保持一定的借入资本则是企业灵活调节资金余缺和增加所有者权益的前提。

不同的融资结构，其资金成本和财务风险是各不相同的。资金成本是指企业为获取某类资本所要付出的代价，如向银行借款的利息费用、发行股票的发行费用和支付股利。财务风险是指企业由于筹措资本对资金的供应者承担义务而可能发生的风险。一般而言，负债融资的资金成本较低，只需支付利息，且利息费用可以在税前支付，但财务风险较高，即不论企业经营状况如何，到期时须还本付息；而主权资本融资的财务风险较低，企业对投资者的投资可以在续存期间永久使用，股利的支付不是固定的，视企业经营而定，利润少就少分，无利润可以不分，但其资金成本较高，利润全归投资者所有，且股利不得从税前扣除。最佳的融资结构应是资金成本最低而财务风险最小的融资结构。事实上，这种融资结构是不存在的，低资金成本往往伴随着高财务风险，而低财务风险又与高资金成本相联系。企业应在资金成本与财务风险之间选择最适合自身生存和发展的融资结构。

实践中存在三种融资结构类型：

1. 保守型融资结构

保守型融资结构，是指在资本结构中主要采取主权资本融资，且在负债融资结构中又以长期负债融资为主。在这种融资结构下，企业对流动负债的依赖性较低，从而减轻了短期偿债的压力，财务风险较低；与此同时，由于主权资本融资和长期负债融资的成本较高，又会增大企业的资金成本。可见，这是一种低财务风险、高资金成本的融资结构。

2. 中庸型融资结构

这是一种中等财务风险和资金成本的融资结构。在这种结构下，主权资本融资与负债融资的比重主要根据资金的用途来确定，用于长期资产的资金由主权资本融资和长期负债融资提供，而用于流动资产的资金主要由流动负债融资提供。同时，还应使主权资本融资与负债融资的比重保持在较为合理的水平上。

3. 风险型融资结构

风险型融资结构，是指在资本结构中主要（甚至全部）采用负债融资，流动负债也被大量长期资产所占用。显然，这是一种高财务风险、低资金成本的融资结构。从实践上看，只有特殊行业的企业，在特定的条件下，才会采用风险型融资结构。

（二）融资结构分析的目的及其对长期偿债能力的影响

长期偿债能力，是指企业所具有的偿还长期（一般为一年以上）债务的能力。长期偿债能力差，则意味着财务安全程度和稳定程度较差，不仅不能满足长期债权人的要求，也会影响投资者的信心。

在分析企业的长期偿债能力时，融资结构问题十分重要。不同利益主体对财务报表的使用目的不同，使融资结构分析的侧重点及其作用也有所差异：

（1）对企业债权人而言，融资结构分析的主要目的是判断其自身债权的偿还保证程度，即确认企业能否按期还本付息。在市场经济条件下，企业面临各种风险，这就要求企业必须拥有一定的主权资本，以承担经营亏损，应付意外情况。所有者权益是一种剩余权益，一般而言，所有者权益在企业资本结构中所占比例越高，对债权人的债权保障程度就越高；反之，则相反。在企业停业清算或破产清算时，债权人对企业资产具有优先偿还权，并且，债权人的报酬率是固定的，企业调整融资结构不会引起其利益的变动，而只会改变债权人所面临的风险。因此，债权人希望融资结构中的所有者权益比重越大越好。

（2）对企业投资人而言，融资结构分析的主要目的是判断自身所承担的终极风险与可能获得的财务杠杆利益，以确定投资决策。其原因是：第一，企业所有者是企业的终极风险承担者，企业的资产只有先偿还债务后，其剩余部分才归所有者所有，因而投资者十分关心其投入资本能否保全；第二，由于企业的借款利息费用数额固定，且税前支付，当企业的资本利润高于利息成本时，投资者就能够通过财务杠杆作用获得杠杆利益，即利用负债融资获取高收益的两种选择：转移资本或追加资本，以使自身既承担较小的投资风险，又可获得较高的投资收益。

（3）对企业经营者而言，融资结构分析的主要目的是优化融资结构和降低融资成本。第一，优化融资结构，表现为吸收更多的主权资本，提高企业承担财务风险的能力。融资结构分析的基本作用就是明确划分资金的不同来源，揭示各种资金的不同性质。所有者权益作为企业对外清偿债务、承担风险的后盾，是企业保持良好财务形象的基础，只有保持良好的财务形象企业才能获得源源不断的投资和贷款；第二，企业在提高承担财务风险能力的同时，还应讲求融资效益，尽量降低企业融资成本。由于负债融资的成本一般低于主权资本融资，而主权资本融资风险又低于负债融资，企业也因此面临两种选择。对此,融资结构分析的最终目的便可归结为:如何确定和保持最佳融资结构,使企业的综合财务风险最低,而相应的融资成本也最低。

(4) 对政府宏观经济管理部门而言,融资结构分析的主要目的是判断企业是否可以进入有限制的领域进行经营或财务运作。政府有关经济管理部门为保证经济协调运转,维护市场秩序,通常会对企业的经营与理财活动制定各种规则,其中一些规则就与企业的融资结构相关,如企业若想发行债券或成为上市公司,在其资产总额中必须保持一定数额的所有者权益。

(5) 对经营往来企业(企业的购货单位和供货单位)而言,融资结构分析的主要目的是判断其业务往来企业是否有足够的支付能力和供货能力,以确定是否继续与其发生业务往来。供货单位分析着眼点为该企业在购入商品后,能否及时、足额地支付货款;而购货单位则主要通过融资结构分析该企业的财务信用是否良好,财务状况是否稳定,能否保证其正常的生产经营,从而保障购货单位进货渠道的通畅和生产经营顺利进行。

综上所述,一定的融资结构对企业的不同利益主体而言,意义各异,而融资结构对企业长期偿债能力影响显得尤为突出。

(三) 负债结构的分析

结构分析主要是分析负债的长期化程度。长期化程度越低,说明企业短期还债的压力和财务风险就越大。如果企业的现金储备不足,较高的短期负债率便是威胁企业生存的重大因素,国内外多次金融危机的教训就说明了这一点,而这个教训对企业也是适用的。因此,一个资本结构优化的企业,不仅应当保持适度的负债规模和负债经营水平,而且还应当通过不断降低短期负债的比重使企业负债结构合理化。

在借助资产负债表观察企业负债的长期化程度时,还应注意预计负债的作用。一方面,应根据所掌握的新证据对相关或有事项和预计负债发生的可能性重新进行估计,关注那些可能发生变化(增大或减小)的或有事项和预计负债;另一方面,诸如未决诉讼和产品质量保证,有些可能就是长期化的。现实中,多年未决的官司很常见,产品质量保证,往往也需要跨几个年度。

(四) 产权结构分析

在会计学上,产权仅仅代表财务资本所有者在企业中应享有的权益,理想的利益相关者不仅要求企业保持适度的产权规模,以保障正常的偿债能力和理想的获利能力,而且还期望企业有一个合理有效的产权结构,以确保财务结构的稳定性和建立有效的企业治理结构。进行产权结构分析,重点是观察"某类投资者的实收资本占全部实收资本的比重",借助这个指标可以观察企业产权结构的集中化程度以及企业治理制度的有效性。从历史和现实看,产权高度集中或产权主体单一化的企业,通常是所有者主导企业治理。

(五) 融资结构弹性分析

1. 融资结构弹性

融资结构弹性是指企业融资结构随着经营和理财业务的变化,能够适时调整和改变的可能性。一般而言,融资结构一旦形成就具有相对的稳定性,但这种稳定性并不排斥调整的可能。

按照融资弹性的不同,可把融资分成三类:①弹性融资。即可以随时清欠、退还和转换的融资,主要指流动负债融资、企业的未分配利润;②刚性融资。即不能随时清欠、退还和转换的融资,主要是指主权资本融资;③半弹性融资。即介于以上两种类型之间的融资,主要指长期负债融资,可视具体情况分别划入弹性融资(如可提前收兑的企业债券)和刚性融资(如融资租赁的固定资产等)。

企业保持融资结构的一定弹性是必要的,这样,当成本更低、条件更优惠的融资方式出现时,便可迅速实现转换。实践中,企业应力求在一定的融资成本与风险下,寻求弹性最大的融资结构。

2. 融资结构调整

企业在筹措资金时,不仅要考虑融资总量,也要注意分析融资结构是否合理。由于企业环境的变化,融资结构是否合理不是表现为一种静态的结构合理性,而是表现为一种动态的结构调整过程。这种融资结构的合理性可以通过融资存量调整和流量调整来改变。

(1) 存量调整。存量调整是在企业现有资产规模下对现存自有资本和负债进行结构上的相互转化。这种调整主要是在负债比例过高时采用,具体表现为两种类型:第一,直接调整,即将企业的可转换债券、优先股等可转换证券按规定的转换比例转换为普通股股票,从而增加股本,减少负债;第二,间接调整,即先将某类融资收缩,然后,将相应数额的融资量扩充到其他类融资中,如先偿还短期债务,再贷入长期负债,以进行流动负债与长期负债的期限搭配、利率搭配的调整。

(2) 流量调整。流量调整是通过追加或缩小企业现有资产数量,以实现原有融资结构的合理化调整。这种调整通常适用于以下情况:第一,资产负债比例过高时,为改变不佳财务形象,提前偿还旧债,伺机举借新债,或增资扩股,加大主权资本融资;第二,资产负债比例过低且企业效益较好时,为充分发挥财务杠杆效用,可追加贷款。若企业生产规模缩小,效益下滑,可实施减资措施,如企业可将市场流通的股票购回并注销。

3. 融资结构弹性分析

在资产负债表中,其负债及所有者权益一方的结构,不仅涵盖了财务风险和资金成本的高低,也包括了融资弹性的大小。

(1) 融资结构弹性的总体分析。融资结构弹性的总体分析是整体判断企业在不同时期的弹性融资与融资总量的变化情况。其计算公式为:

$$融资结构弹性 = (弹性融资 \div 融资总量) \times 100\%$$

仍以 ABC 公司为例,其分析方法如表 3-5 所示:

表 3-5　融资结构弹性总体分析

单位：元

项	目	年初数	年末数	变动差异
弹性融资	流动负债	157 614 996.02	20 523 479.48	44 908 483.46
	长期借款	14 000 000.00	4 000 000.00	-10 000 000.00
	未分配利润		69 434 270.15	69 434 270.15
	弹性融资合计	171 614 996.02	275 957 749.63	104 342 753.61
非弹性融资	长期应付款	201 199.06	978 580.98	777 381.92
	股本	65 700 000.00	110 700 000.00	45 000 000.00
	资本公积	35 327 147.05	333 840 443.65	298 513 296.60
	盈余公积			
	非弹性融资合计	101 228 346.11	445 519 024.63	344 290 678.52
总融资	融资合计	272 843 342.13	721 476 774.26	448 633 432.13
弹性	融资结构弹性	62.90%	38.25%	24.65%

从表中可以看出，ABC 公司的融资结构弹性从年初的 62.90% 下降到年末的 38.25%，融资结构弹性减少了 24.65%，这意味着该企业调整融资结构的灵活度下降较大，可用于随时清欠、转换、转让的资金相应不足。

（2）融资结构弹性的结构分析。融资结构弹性的结构分析是根据不同弹性的融资，分别计算分析企业在不同时期占总弹性融资比重的变化情况，以了解企业融资结构弹性的内部结构变化。结构分析可以揭示融资结构弹性的强度，也就是弹性大的融资所占比重越大则弹性强度越大，反之亦然。

在弹性融资中，流动负债的弹性最大，因为流动负债不仅能随时清欠、转让，而且其物质基础即流动资产的流动性最强，变现最快，从而为清欠和回购长期证券提供了资金来源；与此不同的是，长期负债（长期借款）即使能够随时清欠、转让，但由于其相应的资产通常为长期资产，变现能力较弱，制约了长期负债的弹性；未分配利润只是企业临时可用的资金，不可以转换为其他类型的资金，当然，它的弹性较小。其计算公式为：

某类弹性融资强度 =（某类弹性融资 ÷ 弹性融资总额）× 100%

根据以上原理，编制 ABC 公司融资结构弹性的结构分析表如表 3-6 所示：

表 3-6　融资结构弹性的结构分析

项 目	年初比重/%	年末比重/%	变动差异/%
流动负债	91.84%	73.39%	-18.45%
长期负债（长期借款）	8.16%	1.45%	-6.71%
未分配利润		25.16%	25.16%
弹性融资总额	100%	100%	

由表3-6可知，ABC公司的融资结构弹性发生了以下变化：弹性最强的流动负债融资的比重年末比年初降低了18.45%，下降较大，这是由于弹性相对较弱的长期借款下降（-6.71%）与未分配利润大幅度上升（+25.16%）两项比重综合作用的结果（6.71% - 25.16% = -18.45%），其中，尤以弹性较小的未分配利润上升影响最大。所以，该企业融资结构的弹性强度也在减弱。

三、长期偿债能力比率分析

如前所述，长期偿债能力表明企业对债务的承担能力和偿还债务的保障能力。对于长期负债，企业可以长期使用，在西方国家往往将其视为长期资本的一部分。企业举借长期负债有利于扩大企业的生产经营和发展，但同时也加大了企业的资金成本与财务风险。长期偿债能力的分析一般常用如下指标。

（一）资产负债比率

资产负债比率也称负债比率，是企业全部负债总额与全部资产总额的比率，表示在企业全部资金来源中，从债权人方面取得数额的所占比重。该指标用于衡量企业利用负债融资进行财务活动的能力，也是显示企业财务风险的重要标志。其计算公式如下：

$$资产负债比率 = （负债总额 \div 资产总额）\times 100\%$$

在资产负债率的计算中，可转换债券应当计算在内，至于少数股东权益是否也作为负债计算在内，西方企业的做法不一。在应用资产负债率时，应当充分考虑资产中的虚资产和不良资产的影响。虚资产和不良资产的存在，事实上将会夸大企业的偿还能力。

资产负债率体现了债权人对企业资产的贡献水平，也体现了企业在清算时债权人利益的保障程度。因此，站在债权人的立场上，资产负债率越低越好。资产负债率低，则资产中的权益部分的比例就大，企业的财务实力就强，债权人的财务风险就小。如果资产负债率过高，则企业的风险主要由债权人承担，债权人款项的安全程度小，这是债权人最关心的问题。

其次，从投资者或者股东的立场看，企业举债的目的是获利。举债资本和投资者提供的资本在企业经营中发挥着同样的作用，所以，股东所关心的总是全部资本利润率是否超过举债的成本率，有两种情况：

第一种情况：如果总资产报酬率大于债务资金成本率，则举债给投资者扩大了利益（如表3-7所示）。

表3-7

资本及构成	金额/元	利润或成本率	利润或成本/元
总资产	1 000 000	15%（报酬率）	150 000
其中：负债	600 000	10%（利息率）	60 000
产权	400 000	22.5%（利润率）	90 000

表3-7显示，举债对投资者带来了好处，并且是多重的。一是可能解决了企业的资金短缺问题；二是提高了投入资本的使用效益；三是在付出有限代价的情况下保持了

对企业的控制权。实际上，负债经营的目的就在这几个方面。

第二种情况：如果总资产报酬率小于债务资金成本率，则对投资者就不利了（如表3-8所示）。

表3-8

资本及构成	金额/元	利润或成本率	利润或成本/元
总资产	1 000 000	8%（报酬率）	80 000
其中：负债	600 000	10%（利息率）	60 000
产权	400 000	5%（利润率）	20 000

表3-8的数据说明，由于举债的成本水平高于总资产报酬率，使举债后投资者的投资报酬率降低了，额外的举债成本实际上用投资者的利润来弥补。在举债成本过高时，站在投资者的立场上，就应当减少负债，以求降低损失。当然，企业经营者在举债时还有自己的考虑，有时举债并不纯粹是出于增加更多的收益。

然而，即使是在第一种情况下，企业也不能无限制地举债，因为当资产负债率超过一定的界限时，银行或其他债权人会认为风险太大而停止对企业的放债。究竟多大的资产负债率对企业是适宜的？换句话说，什么样的负债经营规模是适度的？有的观点声称50%是资产负债率的标准值。并认为：

当资产负债率在0与50%之间变化时，属于"绿灯区"，表明企业财务状况处于良好状态，经营收益比较好，投资比较安全，偿债能力较强，对债权人比较安全，对投资者有较好的收益。

当资产负债率在50%与100%之间变化时，属于"黄灯区"，表明企业负债较重，企业大部分或全部的资产是负债形成的。这类企业的经营和财务风险较大，对投资者和债权人都不利。当企业处于"黄灯区"时，要向企业发出警报，使其改善企业的财务状况，以避免资不抵债情况的发生。

当资产负债率超过临界点，大于100%时，企业便进入"红灯区"，财务状况恶化，有可能破产、倒闭。当企业财务状况处于"红灯区"时，应对企业经营理财活动中存在的问题进行分析，找出亏损源，采取积极的对策。

50%是一个美国的经验数值。众所周知，美国是证券或股票市场高度发达的国家，许多企业能够通过发行股票来融资，这是美国企业能够将资产负债率保持在50%或以下的重要条件。这个情况在中国或证券市场还不甚发达的其他国家很难实现或维持。实际上，即使是在证券市场发达的国家，适度的资产负债率水平或适度的负债经营规模也要综合考虑若干因素来确定。所考虑的因素至少有以下方面：

（1）经济周期。从经济发展的不同阶段看，资产负债率与经济景气成正相关关系。经济景气时，企业面临的经济环境与市场条件比较有利，产品销路好，举债可以增加企业的发展能力和盈利能力；反之，经济不景气时，产品销路下降，银根紧缩，举债容易增加风险和债务危机。

（2）行业性质。由于各行业的具体情况不同，因此其负债能力也有差别。从行业方面看，企业负债率的差别主要有以下原因：

一是资产流动性。一般而言，资产流动性较强的行业，其周转能力和变现能力较强，可容许的资产负债率的适度规模也较大。如美国零售行业的资产负债率约为60%，而制造业企业的资产负债率则一般在50%左右。

二是资金密集度。属于资金密集型的行业，由于其资金利润率相对高，所以较之劳动密集型的行业，适度的负债规模较大。例如美国飞机制造业的资产负债率约为68%，而医药制造业的这一比率则约为40%。

三是行业成熟度。一般而言，属于发展速度快的新兴行业，资产负债率可以高一些，而已经进入成熟或衰退的行业，则应逐步降低资产负债率。

（3）资金市场。直接融资市场比较发达时，企业的资产负债率可能较低；间接融资市场发达时，企业的资产负债率可能较高些。如日本企业资产负债率高的主要原因之一就是其资本市场发展较为缓慢，企业主要依靠银行间接融资所致。

（4）企业介入直接资本市场的程度。一般情况下，上市公司直接介入资本市场，因此其资产负债率也低于非上市公司。

（5）企业经济效益水平。获利能力越强，财务状况越好，变现能力越强的企业，就越有能力负担财务上的风险，可容许的适度负债水平也可以高些。

（6）文化传统和理财风险态度。在一个崇尚稳健和保守的文化环境中，一般不会过多地举债而增加财务风险。此外，经济学将人对风险的态度分为三种类型，即所谓风险偏好、风险中性和风险厌恶。负债的规模，无疑与企业经营者的风险态度有关，实际上也就是与举债者的心理素质有关。

对企业来说，应当根据自身的实际情况，研究确定自身可容许的适度的负债规模，以防范财务风险和财务危机。

企业的过度负债是由于预算软约束的经济体制和资本市场不发达造成的。据此分析，降低资产负债率和优化资本结构的主要措施有：

（1）通过深化经济体制改革，建立健全社会主义市场经济体制，强化企业的预算约束，减弱企业资金扩张和过度负债的欲望和冲动，使企业能够自主经营、自负盈亏，使企业真正确立起负债经营的风险意识。

（2）通过深化企业产权体制改革，完善企业法人治理结构，在企业内部建立起负债经营的自我约束体制，通过企业的自我约束，有效地控制负债规模。

（3）大力发展和逐步完善直接资本市场，使更多的有发展前景的企业能够通过发行股票等直接融资方式解决发展中的资金问题，这是解决企业负债水平偏高的最根本的途径。

（二）所有者权益比率和权益乘数

所有者权益比率（在股份有限公司称之为股东权益）是企业所有者权益总额与资产总额之比，表明主权资本在全部资产中所占的份额。其计算公式为：

所有者权益比率＝（所有者权益总额÷全部资产总额）×100%

所有者权益比率与资产负债比率之和应该等于1。因此，这两个比率是从不同的侧面来反映企业的长期资金来源。所有者权益比率越大，资产负债比率就越小，企业的财务风险就越小；反之，则相反。

所有者权益比率的倒数，称作权益乘数，反映企业的资产总额是所有者权益的多少倍。该乘数越大，说明投资者投入的一定量资本在生产经营中所运营的资产越多。可以用下列公式表示：

权益乘数＝全部资产总额÷所有者权益总额

ABC公司所有者权益比率及权益乘数的计算如表3-9所示：

表3-9 所有者权益比率权益及权益乘数计算

项 目	年 初	年 末
资产总额/元	272 843 342.13	721 476 774.26
所有者权益总额/元	101 027 147.50	513 974 713.80
所有者权益比率	37.03%	71.24%
权益乘数	2.70	1.40

（三）产权比率

产权比率，也称负债与所有者权益比率，是企业负债总额与所有者权益总额之比。其计算公式为：

产权比率＝（负债总额÷所有者权益总额）×100%

产权比率实际上是资产负债比率的另一种表示形式，只是表达得更为直接、明显，更侧重于揭示企业财务结构的稳健程度，以及所有者权益对偿债风险的承受能力。产权比率越低，表明企业的长期偿债能力越强，债权人承担的风险越小。但如果这个比率过低，所有者权益比重过大，则意味着企业有可能失去充分发挥负债的财务杠杆作用的大好时机。

ABC公司产权比率的计算如表3-10所示：

表3-10 产权比率计算

项 目	年 初	年 末
所有者权益总额/元	101 027 147.05	513 974 713.80
负债总额/元	171 816 195.08	207 502 060.46
产权比率/%	170.07	40.37

（四）有形净值债务比率

有形净值债务比率，是指将无形资产、长期待摊费用从所有者权益中予以扣除，从而计算企业负债总额与有形净值之间的比率。该指标实际上是一个更保守、谨慎的产权比率。其计算公式：

有形净值债务比率＝负债总额÷[所有者权益－（无形资产＋长期待摊费用）]×100%

所有者权益代表了企业的净资产，而它减去无形资产和长期待摊费用后被称为有形资产。之所以进一步考察负债对有形资产的比例关系，是因为无形资产的价值具有很大的不确定性，而长期待摊费用本身就是企业费用的资本化，它们往往不能用于偿债。因而，在企业陷入财务危机或面临清算等特别情况下，运用该指标更能反映债权人利益的保障程度，比率越低，保障程度就越高，企业有效偿债能力也就越强；反之，则相反。

ABC 公司的有形净值债务比率计算如表 3-11 所示：

表 3-11 有形净值债务比率计算

项目	年初	年末
有形资产总额/元	78 560 200.29	459 307 559.26
负债总额/元	171 816 195.08	207 502 060.46
有形净值债务比率/%	218.71	45.18

由表中数据可知，该公司年初有形净值债务比率为 218.71%，且比产权比率的 170.07% 高出 48.46%，长期债权人面临的风险较大，年末有形净值比率明显下降，为 48.18%，表明债权人承担的风险减弱，而投资人承担的风险大大提高，该指标与产权比率的 40.37% 相比，差距不大，尚可接受。

（五）利息保障倍数

利息保障倍数又称已获利息倍数，是企业息税前利润（利息费用加税前利润）与所支付的利息费用的倍数关系。该指标测定企业以获取的利润承担借款利息的能力，是评价债权人投资风险程度的重要指标之一。其计算公式为：

利息保障倍数 =（税前利润 + 利息费用）÷ 利息费用

利息保障倍数是从企业的效益方面考察其长期偿债能力的，利息保障倍数越高，表明企业对偿还债务的保障程度就越强，而拥有较高的、稳定的利息保障倍数的企业，通常可以比较容易地进行债务融资，甚至在其资产负债比率相对偏高的情况下也是如此。

运用指标进行分析评价时，应注意以下问题：

（1）利息费用的计算。公式中的利息费用一般取企业当期损益表中的财务费用，但此数并不准确，因为借款利息费用应包括计入当期损益（财务费用）和予以资本化两部分，且当期财务费用项目不仅仅只有利息费用，还包括汇兑损益、利息收入等内容。因此，计算利息费用应尽量通过有关账簿取得准确数据。

（2）利息费用的实际支付能力。由于到期债务是用现金支付的，而企业的当期利润是依据"权责发生制"原则计算出来的，这意味着企业当期可能利润很高，但不一定具有支付能力。所以，使用这一指标进行分析时，还应注意企业的现金流量与利息费用的数量关系。

（六）营运资金与长期负债比率

营运资金与长期负债比率，是指企业的营运资金（即流动资产 - 流动负债）与长期负债的比例关系。其计算公式为：

营运资金与长期负债比率 =（流动资产 - 流动负债）÷ 长期负债

长期负债会随着时间的推移延续不断地转化为流动负债，即一年内到期的长期负债。因此，流动资产除了要满足偿还流动负债的要求，还须有能力偿还长期负债。一般而言，保持长期负债不超过营运资金较为理想，营运资金与长期负债比率越高，不仅表明企业的短期偿债能力较强，而且预示着企业未来偿还长期债务的保障程度也越强。但该指标在一定程度上受企业筹资策略的影响，因为在资产负债比率一定的情况下，保守的做法，是追求财务稳定性，更多地筹措长期负债；而激进的做法，是追求资本成本的节约，更多地用流动负债来筹资。

ABC公司营运资金与长期负债比率的计算如表3-12所示：

表3-12 营运资金与长期负债比率

项 目	年 初	年 末
营运资金/元	32 279 122.62	322 283 873.92
长期负债/元	14 201 199.06	4 978 580.98
营运资金与长期负债比率/%	2.27	64.73

由表3-12得知，该指标年末比年初有大幅度的增长，其主要原因一方面是由于年末营运资金猛增，另一方面是长期负债年末迅速下降，二者综合作用使该公司营运资金对长期负债的保障程度在不断改善和提高。但该指标是否合理，还要与同行业水平相比较方能判断。

（七）长期负债比率

长期负债比率，是指企业的长期负债与负债总额之间的比例关系，用以反映企业负债中长期负债的份额。其计算公式为：

$$长期负债比率 = （长期负债 \div 负债总额） \times 100\%$$

长期负债比率的高低可以反映企业借入资金成本的高低，同时，也可反映企业筹措长期负债资金的能力。相对而言，长期负债具有期限长、成本高、风险性低、稳定性强的特点。在资金需求量一定的情况下，提高长期负债比率，就意味着企业对短期借入资金依赖性的降低，从而减轻企业的当期偿债压力。

ABC公司长期负债比率的计算如表3-13所示：

表3-13 ABC公司长期负债比率

项 目	年 初	年 末
长期负债/元	14 201 199.06	4 978 580.98
负债总额/元	171 816 195.08	207 502 060.46
长期负债比率/%	8.27	2.40

由上表可知，该公司债务融资中长期负债所占比重很小，且年末比年初又有下降的趋势，表明该公司对流动负债的依赖性较大，虽然可以节约一定的资金成本，但短期偿债压力较大，可适当提高长期负债比率。

四、影响长期偿债能力的其他因素分析

(一) 资产价值的影响

资产负债表上的资产价值主要是以历史成本为基础确认计量的,这些资产的账面价值与实际价值往往有一定的差距。

1. 资产的账面价值可能被高估或低估

如前所述,资产的账面价值是历史数据,而市场处于不断变化之中,某些资产的账面价值已不能完全反映其实际价值,如企业处于城市中心地段的厂房会发生大幅度增值,而一些技术落后的设备其账面价值又会大大低于市场价值。

2. 某些入账的资产毫无变现价值

这类项目包括短、长期待摊费用以及某些人为制造的应收账款、存货等,前者已作为费用支出,只是因为会计上的配比原则才作为资产保留在账面上,而后者是"粉饰"的结果,这类资产的流动性几乎等于零,对于企业的偿债能力毫无意义。

3. 尚未全部入账的资产

按照现行会计制度,企业的资产并非全部在资产负债表中得到反映,一些非常重要的项目往往未被列作资产入账。例如,企业自行开发的、成本较低而计入期间费用的商标权、专利权等,其商用价值是不容忽视的。又如,一些企业的衍生金融工具是以公允价值披露在财务附注中的,这种揭示有助于使用者分析与之相关的企业的重大盈利机会或重大潜在风险。

(二) 长期经营性租赁的影响

当企业急需某项设备而又缺乏足够的资金时,可以通过租赁方式解决。财产租赁有融资租赁与经营租赁两种形式。融资租赁的设备可视同企业的自有资产,相应的租赁作为长期负债处理;而企业经营租赁的设备则不包括在固定资产总额中,如果该设备被长期占用,形成了一项长期固定的租赁费用,则实际上是一种长期筹资行为,但其租赁费用又不能作为长期负债处理,因此,需要偿还的债务和用偿债保障的资产两方面都出现了特殊情况,若被忽略就会对企业的长期偿债能力产生负面影响。

(三) 或有事项和承诺事项的影响

或有事项,指企业现存的一种状态或处境,其最终结果是否发生损失或收益,依其未来不确定事项是否发生而定。按照会计上的谨慎性原则,企业应尽量预计可能发生的损失和负债,而不得预计可能发生的收益和资产(如预计合同方的违约罚款收入)。目前,我国会计制度中尚未规定对或有事项的会计处理,只是要求在表外披露已贴现的应收票据及其他企业的贷款担保,视为或有负债;此外,中国证监会要求股份公司在招股说明书中披露或有负债及重大未决诉讼事项。

承诺事项,指企业由具有法律效力的合同或协议的要求而引起义务的事项,例如,与贷款有关的承诺、信用证承诺、售后回购协议下的承诺。在未来的特定期间内,只要达到特定条件,即发生资产减少或负债增加。由此可见,无论是或有事项,还是承诺事项,均有可能减弱企业长期偿债能力,必须对此严加观察和分析,以防患于未然。

此外,国家信贷政策的调整,全球性或区域性经济发展状况等对长期偿债能力均有

影响。只是这些影响大都难以进行准确的定量分析，其分析的准确性较多地依赖于分析人员的专业判断。

思考练习

一、单项选择题

1. 甲企业的流动比率为 0.9，如用银行存款偿还应付账款，则对流动比率的影响是（　　）
   A. 提高　　　　　　　　　　　B. 保持不变
   C. 下降　　　　　　　　　　　D. 提高或下降不一定

2. 根据流动资产的特性，企业可采取不同的融资策略，一般较多地采用（　　）
   A. 主权资本融资　　　　　　　B. 短期负债融资
   C. 长期负债融资　　　　　　　D. 主权资本与负债结合的融资

3. 在权责发生制下，企业有盈利对短期偿债能力的影响是（　　）
   A. 很强　　B. 较强　　C. 较差　　D. 难以作出判断

4. 在计算速动比率时，之所以要扣除存货项目，是由于（　　）
   A. 存货的价值变动较大　　　　B. 存货的数量不易确定
   C. 存货的质量难以保证　　　　D. 存货的变现能力较差

5. 当被担保人无法偿还金融机构的债务时，担保人就形成了对金融机构的（　　）
   A. 或有承诺　　B. 或有收益　　C. 或有资产　　D. 或有负债

6. 下列有关流动比率和流动资产比率论述正确的是（　　）
   A. 流动比率越高的企业，其流动资产比率也越高
   B. 流动资产比率越高的企业，其流动比率也越高
   C. 二者都是越大越好
   D. 流动资产比率一定小于 1，流动比率可能大于 1，也可能小于 1

7. 存量调整是在企业现有资产规模下对现存自有资本和负债进行结构上的相互转化，采用这种调整主要视负债比例是否（　　）
   A. 过低　　B. 较低　　C. 过高　　D. 较高

8. 企业筹集资金渠道多元化产生的问题是（　　）
   A. 融资结构问题　　　　　　　B. 长期偿债能力的比率分析问题
   C. 融资分析问题　　　　　　　D. 短期偿债能力的比率分析问题

9. 对企业长期偿债能力进行分析时，与资产负债率之和等于 1 的比率是（　　）
   A. 权益乘数　　　　　　　　　B. 利息保障倍数
   C. 所有者权益比率　　　　　　D. 有形净值债务比率

10. 企业期末存货估价偏高，会使资产负债率（　　）
    A. 降低　　　　　　　　　　　B. 提高
    C. 不变　　　　　　　　　　　D. 可能提高，也可能降低

二、多项选择题

1. 企业的资产负债比率究竟为多少最好,并没有一个绝对的标准,进行分析评价时,通常要结合考虑的因素是（　　）
   A. 同行业的平均水平　　　　　　B. 同地区其他企业的平均水平
   C. 同行业的先进水平　　　　　　D. 本企业的前期水平
   E. 本企业的预算水平

2. 保守型融资结构是（　　）
   A. 低资金成本的融资结构　　　　B. 高资金成本的融资结构
   C. 低财务风险的融资结构　　　　D. 高财务风险的融资结构
   E. 中财务风险的融资结构

3. 风险型融资结构是（　　）
   A. 低财务风险的融资结构　　　　B. 中财务风险的融资结构
   C. 高财务风险的融资结构　　　　D. 低资金成本的融资结构
   E. 高资金成本的融资结构

4. 政府有关经济管理部门对企业的融资结构进行分析的主要目的,是为了判断企业是否可以进入一些有限的领域。这些领域有（　　）
   A. 生产活动　　　　　　　　　　B. 经营活动
   C. 投资活动　　　　　　　　　　D. 资金筹措活动
   E. 公益活动

5. 企业经营者进行融资结构分析的主要目的有（　　）
   A. 洞察投资风险　　　　　　　　B. 了解支付能力和供货能力
   C. 掌握企业的市场价值　　　　　D. 优化融资结构
   E. 降低融资成本

6. 偿债能力比率包括（　　）
   A. 现金　　　　　　　　　　　　B. 利息保障倍数
   C. 速动比率　　　　　　　　　　D. 产权比率
   E. 流动资产周转率

7. 融资结构的合理性可以通过调整方法来确认,其调整对象包括（　　）
   A. 存量调整　　　　　　　　　　B. 流量调整
   C. 变量调整　　　　　　　　　　D. 经营调整
   E. 生产调整

8. 融资结构的流量调整是指调整企业现有资产的数量,常用的方法有（　　）
   A. 缩小　　　　　　　　　　　　B. 追加
   C. 清查　　　　　　　　　　　　D. 重新评估
   E. 以上方法均不正确

9. 衡量长期偿债能力的指标有（　　）
   A. 资产负债率　　　　　　　　　B. 所有者权益比率
   C. 产权比率　　　　　　　　　　D. 有形净值债务比率

E. 利息保障倍数
10. 关于融资结构调整，下列叙述正确的是（　　）
A. 存量调整不改变现有资产规模　　B. 流量调整不改变现有资产规模
C. 流量调整改变现有资产规模　　　D. 存量调整改变现有资产规模
E. 存量调整表现为两种类型：直接调整与间接调整

三、名词解释
1. 流动比率
2. 速动比率
3. 或有负债
4. 营运资金
5. 融资结构
6. 资金成本
7. 产权比率
8. 融资结构的弹性

四、问答题
1. 进行短期偿债能力分析的意义是什么？
2. 流动比率的局限性是什么？
3. 简述企业不同的融资结构对资金成本与财务风险的影响。
4. 怎样进行融资结构的存量调整？
5. 怎样进行融资结构的流量调整？
6. 对企业长期偿债能力分析的指标有哪些？
7. 利用利息保障倍数进行分析时应注意问题是什么？

五、计算分析题
1. 某企业某年末资产负债表（假定全部数据均在表 3-14 中）。

表 3-14　资产负债

单位：万元

资产	年初数	年末数	负债及所有者权益	年初数	年末数
货币资金	1 000	960	短期借款	2 000	2 800
应收账款	?	1 920	应付账款	1 000	800
存货	?	4 400	预收账款	600	200
待摊费用	0	64	长期借款	4 000	4 000
固定资产	5 792	6 400	所有者权益	5 680	5 944
总计	13 280	13 744	总计	13 280	13 744

补充资料:
(1) 年初速动比率为0.75,年初流动比率为2.08;
(2) 该企业所在行业的平均流动比率为2;
(3) 该企业为摩托车生产厂家,年初存货构成主要为原材料、零配件,年末存货构成主要为库存商品(摩托车)。

要求:
(1) 计算该企业年初应收账款、存货项目的金额;
(2) 计算该企业年末流动比率,并作出初步评价;
(3) 分析该企业流动资产的质量,以及短期偿债能力。

2. 资料:某企业负债融资和主权资本融资的情况(如表3-15所示)。

表3-15 负债融资和主权资本融资

项目	年初数/万元	年末数/万元	增(减)幅度	年初比重	年末比重	变动差异
流动负债	15 715.6	21 182.4	34.79%	57.6%	29.36%	-28.24%
长期负债	1 527.9	678.1	-55.62%	5.6%	0.94%	-4.66%
股东权益	10 040.5	50 286.5	400.84%	36.8%	69.7%	32.9%
合计	27 284	72 147	164.43%	100%	100%	

要求:从此表中我们可得到关于资产总额及融资结构的什么结论?

3. 资料:某企业2017年度资产负债表(如表3-16所示)。

表3-16 资产负债

2017年12月31日　　　　单位:万元

资产	期末数	负债及所有者权益	期末数
一、流动资产		一、流动负债	
货币资金	120	短期借款	170
交易性金融资产	70	应付账款	120
应收账款	95	⋮	
存货	160	流动负债合计	320
其他流动资产	10	二、长期负债	
流动资产合计	455	⋮	
二、长期投资		长期负债合计	470
长期投资	300	三、股东权益	
长期投资合计	300		
三、固定资产		股本	90
⋮			

续上表

资　产	期末数	负债及所有者权益	期末数
固定资产合计	410	资本公积	270
四、无形及其他资产	85	盈余公积	40
		⋮	
		所有者权益合计	460
资产合计	1 250	负债及所有者权益合计	1 250

要求：计算流动比率、速动比率、流动资产比率、产权比率、营运资金与长期负债比率及有形净值债务比率等财务指标。

第四章
所有者权益分析

本章提要

分析所有者权益，一是要站在股东的立场，对企业经营者履行职责的情况进行分析和评价，如以保值增值率为主要指标的财务效益指标体系，借以评价企业目标的实现情况；二是要站在企业外部，尤其是站在潜在的投资人立场和债权人角度，分析企业的投资报酬指标情况，并根据企业的股利政策选择倾向分析结果评价企业行为，预测企业前景。本章在介绍所有者权益内容的基础上，着重分析资本保值增值率、投资报酬率和股利政策。

第一节　所有者权益的分析对象

一、所有者权益的定义

对于任何企业而言，其资产形成的资金来源不外乎两个群体：一是债权人，二是所有者。债权人对企业资产的要求权形成企业的负债，所有者对企业资产的要求权形成企业的所有者权益。因此，所有者权益实质上是指所有者在企业资产中享有的经济利益，其金额为资产减去负债后的余额。

从会计角度看，所有者权益包括实收资本、资本公积、盈余公积和未分配利润。一般而言，实收资本和资本公积是由所有者直接投入的，如所有者的投入资本、资本溢价等；而盈余公积和未分配利润则是企业在生产经营过程中实现的利润留存在企业形成的，因此，盈余公积和未分配利润又被称为留存收益。

对所有者权益的分析，不仅可以分析企业资本来源，揭示企业法定资本，还可以揭示企业利润分配政策和公积金的使用等，有助于向投资者、债权人等提供有关资本来源、净资产的增减变动、分配能力等与其决策有用的信息。

由于企业资本的来源及其运用受企业组织形式、相关法律的约束较多，因此，对于所有者权益的分析，不同类型的企业有所不同。比如公司制企业与非公司制企业就有不同，公司制企业中，股份有限公司与有限责任公司又有所不同，按照公司法的规定，股份有限公司可以通过发行股票筹集资本，并对利润分配、财务会计报告的提供、减资等作了特别规定，而有限责任公司就不能通过发行股票筹集资本，等等。

二、所有者权益的内容

（一）实收资本

实收资本是指投资者按照企业章程或合同、协议的约定，实际投入企业的资本。投资者设立企业首先必须投入足够的资本，这是由我国有关法律所规定的。

我国《民法通则》规定，设立企业法人必须有必要的财产；我国《企业法人登记管理条例》规定，企业申请开业，必须具备符合国家规定并与其生产经营和服务规模相适应的资金数额；我国《公司法》规定，在有限责任公司中，以生产经营或商品批发为主的，其注册资本不得少于50万元，非上市股份有限公司注册资本的最低限额为1 000万元等。

这里出现三个概念：一是注册资本，二是实收资本，三是投入资本。它们三者之间是什么关系呢？注册资本是企业在工商登记机关登记的投资者缴纳的出资额。我国设立企业采用注册资本制，投资者出资达到法定注册资本的要求是企业设立的先决条件，而且根据注册资本制的要求，企业会计核算中的实收资本即为法定资本，应当与注册资本相一致，企业不得擅自改变注册资本数额或抽逃资金。投入资本是投资者实际投入到企业的资金数额，一般情况下，投资者的投入资本，即构成企业的实收资本，也正好等于其在登记机关的注册资本。但是，在一些特殊情况下，投资者也会因种种原因超额投入（如溢价发行股票等），从而使其投入资本超过企业注册资本，在这种情况下，企业进行会计核算时，就不应将投入资本超过注册资本的部分作为实收资本核算，而应单独核算，计入资本公积。在国外，不少国家将其称之为"额外投入资本"或者"超面额缴入资本"等。分析时应加以区别。

根据我国有关法律的规定，投资者投入资本的形式可以有多种，如投资者可以用现金投资，也可以用非现金资产投资，符合国家规定比例的，还可用无形资产投资。

（二）资本公积

1. 资本公积的含义

资本公积是投资者或者他人投入到企业中、所有权归属于投资者，并且金额超过法定资本部分的资本或者资产。资本公积从形成来源上看，它不是由企业实现的利润转化而来的，从本质上讲应属于投入资本范畴，与留存收益有着根本区别，因为后者是由企业实现的利润转化而来的。基于此，在分析资本公积时，关键的一点是要将其与收益项目区分开来。

与此同时，资本公积尽管属于投入资本范畴，但它与实收资本又有所不同。实收资本一般是投资者投入的、为谋求价值增值的原始投资，而且属于法定资本，与企业的注册资本相一致，因此，实收资本无论是在来源上，还是金额上，都有比较严格的限制；资本公积在金额上则并没有严格的限制，而且在来源上也相对比较多样，它可以来源于投资者的额外投入，也可以来源于除投资者之外的其他企业或个人，如接受捐赠的资产等。

2. 资本公积形成的来源

由于资本公积是所有者权益的有机组成部分，而且它通常会直接导致企业净资产的增加，因此，资本公积信息对于投资者、债权人等会计信息使用者的决策十分重要。为了避免虚增净资产，误导决策，有必要明确资本公积形成的主要来源。资本公积形成的来源按其用途主要包括两类：

一类是可以直接用于转增资本的资本公积，它包括资本（或股本）溢价、接受现金捐赠、拨款转入、外币资本折算差额和其他资本公积。其中，资本（或股本）溢价，是指企业投资者投入的资金超过其在注册资本中所占份额的部分，在股份有限公司称之为股本溢价；接受现金捐赠，是指企业因接受现金捐赠而增加的资本公积；拨款转入，是指企业收到国家拨入的专门用于技术改造、技术研究等的拨款，按规定转入资本公积的部分，企业应按转入金额入账；外币资本折算差额，是指企业因接受外币投资所采用的汇率不同而产生的资本折算差额；其他资本公积，是指除上述各项资本公积以外形成的资本公积，以及从资本公积各准备项目转入的金额，其中包括债权人豁免的债务。

另一类是不可以直接用于转增资本的资本公积，它包括接受捐赠非现金资产准备和股权投资准备等。其中，接受捐赠非现金资产准备，是指企业因接受非现金资本捐赠而增加的资本公积；股权投资准备，是指企业对被投资单位的长期股权投资采用权益法核算时，因被投资单位接受捐赠等原因增加资本公积，从而导致投资企业按其持股比例或投资比例计算而增加的资本公积。

3. 资本公积的用途

根据我国《公司法》等法律的规定，资本公积的用途主要是用来转增资本（或股本）。前已述及，资本公积从本质上讲属于投入资本的范畴，由于我国采用注册资本制度等原因导致了资本公积的产生，所以，将资本公积转增资本可以更好地反映投资者的权益。

应该讲，资本公积转增资本既没有改变企业的投入资本总额，也没有改变企业的所有者权益（净资产）总额，应不会增加企业的价值，那么，将资本公积转增资本还有何意义呢？它有何经济影响呢？一种解释是，资本公积转增资本可以改变企业投入资本的结构，体现企业稳健、持续发展的潜力，因为企业实收资本一般不会用于投资者的分配或者用于弥补亏损，即使是在企业破产的情况下，它也将被优先分配给债权人；另一种解释是，对于股份有限公司而言，它会增加投资者持有的股份，从而增加公司股票的流通量，进而可以激活股价，提高股票的交易量和资本的流动性。

为了确保转增的资本公积体现出经济价值，避免虚增资本，对于企业接受的非现金资产的捐赠，以及企业对长期股权投资采用权益法时，因被投资单位接受捐赠等原因增加的资本公积，企业按其投资比例计算增加的资本公积。考虑到这些资本公积的增加，并非是现金的增加，所以在价值的确定上，往往是公允价值。但在目前我国市场发展尚不充分的情况下，公允价值较难取得，尤其是在许多资产尚不存在活跃市场的情况下。考虑到这些资本公积入账价值的不确定性，从稳健性原则出发，我国对于上述两项资本公积项目，首先将其计入"接受捐赠非现金资产准备"和"股权投资准备"科目，在相关资产处置之前，不得用于转增资本。

（三）留存收益

1. 留存收益的组成及其用途

留存收益是指企业从历年实现的利润中提取或形成的留存于企业的内部积累。留存收益来源于企业在生产经营活动中所实现的净利润，它与实收资本和资本公积的区别在于，实收资本和资本公积来源于企业的资本投入，而留存收益则来源于企业的资本增值。

留存收益的目的是保证企业实现的净利润有一部分留存在企业，不全部分配给投资者，这样，一方面可以满足企业维持或扩大再生产经营活动的资金需要，保持或提高企业的获利能力；另一方面可以保证企业有足够的资金弥补以后年度可能出现的亏损，也保证企业有足够的资金用于偿还债务，保护债权人的权益。基于此，对于留存收益的提取和使用，除了企业的自主行为外，往往也有诸多法律上的规定和限制，例如我国规定企业必须根据净利润提取法定盈余公积和法定公益金。

2. 盈余公积的组成及其用途

一般企业和股份有限公司的盈余公积主要包括：

（1）法定盈余公积。它是指企业按照规定的比例从净利润中提取的盈余公积，如根据我国《公司法》的规定，有限责任公司和股份有限公司应按照净利润的10%提取法定盈余公积，计提的法定盈余公积累计达到注册资本的 50% 时，可以不再提取。对于非公司制企业而言，也可以按照超过净利润 10% 的比例提取。

（2）任意盈余公积。它是指企业经股东大会或类似机构批准，按照规定的比例从净利润中提取的盈余公积。它与法定盈余公积的区别在于其提取比例由企业自行决定，而法定盈余公积的提取比例则由国家有关法规规定。

（3）法定公益金。它是指企业按照规定的比例从净利润中提取的用于职工集体福利设施的公益金。根据我国《公司法》的规定，有限责任公司和股份有限公司应按照净利润的 5%～10% 提取法定公益金。法定公益金用于职工集体福利设施时，应当将其转入任意盈余公积。

企业提取的盈余公积主要有以下几个方面的用途：

（1）弥补亏损。根据企业会计制度和有关法规的规定，企业发生亏损，可以用发生亏损后五年内实现的税前利润来弥补。当发生的亏损在五年内仍不足弥补的，应使用随后所实现的所得税后利润弥补。通常，当企业发生的亏损在所得税后利润仍不足弥补的，可以用所提取的盈余公积来加以弥补，但是，用盈余公积弥补亏损应当由董事会提议，股东大会批准，或者由类似的机构批准。

（2）转增资本（股本）。当企业提取的盈余公积累积比较多时，可以将盈余公积转增资本（股本），但是必须经股东大会或类似机构批准。而且用盈余公积转增资本（股本）后，留存的盈余公积不得少于注册资本的 25%。

（3）发放现金股利或利润。在特殊情况下，当企业累积的盈余公积比较多，而未分配的利润比较少时，为了维护企业形象，给投资者以合理的回报，对于符合规定条件的企业，也可以用盈余公积分派现金利润或股利。因为盈余公积从本质上讲，是由收益形成的，属于资本增值部分。

3．未分配利润的形成和用途

未分配利润是企业实现的净利润经过弥补亏损、提取盈余公积和向投资者分配利润后留存在企业的、历年结存的利润。未分配利润通常用于留待以后年度向投资者进行分配。由于未分配利润相对于盈余公积而言，属于未确定用途的留存收益，所以，企业在使用未分配利润上有较大的自主权，受国家法律法规的限制比较少。

第二节 股东权益保障分析

一、资本金制度

资本金制度是规范和约束公司及其投资者行为的法律规范。

（一）资本金的概念与意义

资本金是企业投资者创办企业时投入企业的本钱。它是企业得以存在的基础。资本金的作用可归纳如下：

1. 资本金是企业设立和从事经营活动的前提

企业资本金是企业从事生产经营活动的物质基础，有了这个物质基础，企业才可能从事正常的经营活动和承担相应的法律责任，保障债权人及社会公众的权益。资本金也是国家维护社会经济秩序的手段。没有资本金，企业就不可能设立。

2. 资本金是企业对外借债的基础

资本金的多少从一定程度上反映了企业实力的大小，它决定了企业对外借债的能力，资本金越多，企业承担负债的能力就越强。

3. 资本金有利于保障投资者的权益

资本金可以明确企业的产权关系，使投资者权益受到法律的保护。有了资本金，才能在资本保全的基础上正确核算企业的盈亏，为促进企业实现自负盈亏、自主经营、自我发展、自我约束创造物质条件。

(二) 资本金制度分类

财务上的资本金是指企业的实收资本，它与法律上的资本金——注册资本不尽相同。注册资本是企业在工商行政管理部门登记的注册资本，在注册资本登记管理上，世界流行的模式主要有如下三种：

1. 实收资本制

实收资本制，又称法定资本制，它要求在企业设立时，必须确定资本金总额并一次缴足，否则不得设立。在实收资本制度下，企业的实收资本等于注册资本。企业要增减资本，都必须修改公司章程，并在工商行政管理部门重新办理登记手续，企业增减资本的灵活性低。实收资本制主要在属于成文法系的国家使用，如欧洲大陆国家。

2. 授权资本制

授权资本制，虽然要求企业在公司章程中确定资本金总额，但是并不要求在企业设立时一次缴足全部资本，只要缴纳了第一期出资额，企业即可成立。剩余未缴资本金，则授权董事会在公司成立之后分期到位。在该种制度下，允许实收资本与注册资本不一致，企业增减资本灵活。授权资本制主要在属于非成文法系的国家使用，如英美等国。

3. 折衷资本制

折衷资本制是介于实收资本制和授权资本制之间的一种资本金制度，它要求在企业设立时，应确定资本金总额，并规定首期出资额或比例以及缴足资本金总额的最长期限。该种资本金制度筹资灵活性虽不如授权资本制，但高于实收资本制，法律约束力则低于实收资本制和高于授权资本制。我国对外商投资企业就是实行折衷资本制。

(三) 资本金管理原则

资本金制度是国家围绕资本金的筹集、管理以及投资者责权利等方面所作的法律规范。从筹资行为看，资本金制度是公司与投资者之间签约的基本规范，主要体现在一国《公司法》及相应的法规制度中。

资本金制度的建立，集中体现在资本确定、资本充实、资本不变和资本保值增值四项管理原则上。

(1) 资本确定原则。资本确定原则要求公司章程中必须明确规定公司的资本总额。

(2) 资本充实原则。资本充实原则要求投资者应按既定的资本规模缴入资本，并保证所投资资本是殷实、不折不扣的。具体要求公司不得折价发行股票，公司企业必须按规定的比例提取一定公积金，以保持原有资本的安全与充实等。

(3) 资本不变原则。资本不变原则指公司除非按规定的法律程序办理增减资本手续，否则不得任意增减资本总额，增减资本决议由股东大会作出。另外，在公司存续期内，投资者除依法转让其投资权益外，不得以任何方式收回原始投入资本。

(4) 资本保值与增值原则。资本保值与增值原则要求企业不但要保全原始投入资本，即在经营活动中以保持资本完整为前提来确认收益，而且要求资本不断增值，因为只有这样才能满足投资者的收益期望，也只有这样才能从过程的管理中来保证资本充实原则的实现。由于资本观念不同，如财务资本保全和实物资本保全的区分，对资本保值与增值的具体衡量方法也不尽相同。

(四) 我国资本金制度的基本内容

1. 资本金筹集制度

资本金筹集制度主要涉及法定资本金、资本金构成、筹资方式、筹资期限、验资及出资证明、投资者违约责任等方面的内容。

(1) 法定资本金。法定资本金是指国家规定的开办某类公司必须筹集的最低资本金限额。该最低资本金限额因企业经营的性质和企业组织形式而异。在我国，法定资本金在公司法中有规定。

(2) 资本金的构成和资本公积金。根据《企业财务通则》规定，资本金按照投资主体分为国家资本金、法人资本金、个人资本金和外商资本金等。与此相应，股份制企业的股份划分为国家股、法人股、个人股和外资股。

资本公积金是一种资本储备形式，或者说是一种准资本，是所有者权益的构成部分，它可以按照法定程序转化为资本金。其主要来源包括：

投资者实际缴付的出资额超出资本金的部分。如发行股票的溢价净收入等。

法定财产重估增值。即按照国家法律法规的规定进行企业财产重估，其资产评估确认价值或者合同和协议约定价值（现行法规允许在对外投资等经济活动中，其资产作价和确定投资额按评估确定价值上下浮动20%）与原账面净值的差额，作为资本公积金。

资本汇率折算差额。所谓资本汇率折算差额，是指资产账户与实收资本账户采用的折算汇率不同而产生的折算记账本位币差额。为了体现资本不变原则，其差额不得调整资本账户，而作为资本公积金处理。它包括外商投资企业在多次分期缴资时，以后各次缴资同第一次缴资的汇率发生变化而产生的折算记账本位币差额。

接受捐赠的财产。企业接受捐赠的财产除货币资金以外，均要按照规定对捐赠财产计价入账。一方面增加企业资产，另一方面增加资本公积。

(3) 筹资方式。企业资本金筹资方式发生可以多种多样，既可以吸收货币资金，也可以吸收实物、无形资产（工业产权、非专利技术、土地使用权）等方式的投资；股份制企业还可通过发行股票筹集资本金。简而言之，企业筹集的资本金可以是投资者依法投入的任何财产。

（4）筹资期限。企业资本金可一次筹足，也可按法律规定分期筹集，对出资期限的限定，应以国家有关法律法规以及合同和章程为准。在我国，有限责任公司的股本总额由股东一次认足；外资企业则可分期认足。如果采用一次性筹集，则必须在营业执照签发之日起后的 6 个月内筹足；分期认足的，最长期限不得超过 3 年，其中第一次认缴部分不得低于出资总额的 15%，且第一次出资额应在执照签发日后的 3 个月内到位。筹资期限的规定，有利于企业按时形成正常的生产经营能力，并保护投资者、债权人的权益。

（5）验资及出资证明。验资是对投资者所投资产进行法律上的确认，它包括价值确认和时间确认两项内容。从价值量与入账时间看，对于现金出资方式，它以实际收到或存入企业开户银行的日期和金额，作为投入资本的入账依据；对于以实物投资和无形资产投资的，应按合同和协议或评估确定确认的价值作为投资入账价值；在时间上，实物投资以办理完成实物转移和产权手续时确认其投资，无形资产投资则以合同和协议或公司章程规定，移交有关凭证时确认其投资。

投资者投入的资本，必须经会计师事务所等中介机构的验证，重点确认资本是否及时、足额到位。验证后，受托会计师事务所等中介机构及注册会计师应向企业出具验资报告，企业据此向投资者出具出资证明。

（6）投资者违约责任。资本金筹集方式、投资者的出资期限及出资比例等，都在投资协议或合同中作了约定，并写入了企业章程中，它是企业资本金筹集与管理的重要依据。但有时投资者出于各种目的或其他原因，违反企业章程和有关协议、合同的规定，没有及时足额地出资，从而影响了企业的成立，这种行为在法律上视为出资违约。对于投资者出资违约，企业和其他投资者可以依法追究其违约责任，政府部门还应根据国家有关法律法规，对违约者进行处罚；属于单方违约的，守约方有权按法律程序要求违约方赔偿由于延期缴入资本金而支付的利息及相应的经济损失等；属于各方共同违约的，工商行政管理部门有权对违约各方进行处罚，直到吊销营业执照。

2. 资本金管理制度

资本金管理的要求因企业组织形式而异，但主要包括如下两方面的内容：

（1）资本金保全制度。资本金保全是资本制度的重要内容之一，即企业资本金在企业生产经营期间，投资者只能依法转让，不得抽回投资。《中华人民共和国公司登记管理条例》规定，公司的发起人股东在企业成立后抽逃出资的，由公司登记机关责令改正，并处以所抽逃出资额 10% 以下的罚款。构成犯罪的，依法追究刑事责任。公司减少注册资本的，应当自减少注册资本决议或者决定做出之日起 90 日内申请变更登记，在变更登记时应提交公司在报纸上登载公司减少注册资本的公告（该公告在 90 日内至少刊登 3 次）的有关证明以及公司债务清偿或者债务担保情况的说明。

（2）投资的权利和责任。这方面的内容规定了投资者对其出资所拥有的权利和承担的责任，即指投资者按照出资比例或者合同和章程的规定，分享企业利润和分担风险以及亏损。现代企业以股份有限公司为基本组织形式，投资者只以投入资本为限承担有限责任。

二、出资人权益保障分析的意义

企业的财务效益是企业生存与发展的基础,是与企业利益相关各方关注的焦点。出资人的资本回报、经营者的收入、职工的奖金、债权人的本息、国家的税收、股票的价格等,都建立在企业稳定、健康的财务效益基础之上。从出资人的角度分析企业绩效,必须首先考察企业的财务效益状况,这是资本的属性使然。因为出资人之所以能够给予投资,究其根本就是这种资本投入能够给投资者带来预期的回报,在资本的不断循环运动中保持增值,否则投资者宁愿将有限的资本放在银行生息或购买国债,获取无风险报酬。

作为出资人的政府对国有企业的管理也一样。特别是我国的经济体制已基本实现由计划经济向市场经济转变,政府对国有企业的管理已经从过去的直接行政管理,转变为规范行使出资人权利的间接管理,但国有企业自身获取收益能力不高、效益水平低下的问题却一直困扰着我们。所以政府作为国有资本的所有者或出资人,对国有企业绩效的综合评价,首要考虑的问题是如何提高企业的财务效益,而不是过去计划体制与短缺经济条件下片面追求产量、产值和速度。

在现代企业经营活动分析中,体现企业财务效益的指标有很多,有利润总额、税后利润、经济增加值等总量指标,也有销售利润率、总资产报酬率、投资报酬率等相对量指标。考虑到总量指标受到企业所属行业差别、企业规模大小等因素的影响,企业间缺乏可比性,因而难以全面反映企业的经营效率,在企业绩效评价指标的选择上,通常都尽可能地采用相对量指标。国外对企业财务效益的评判采用最多的指标通常是权益净利率和资本保值增值率。

三、出资人权益保障具体分析

1. 净资产收益率

反映投资报酬的指标较多,有人认为净利润才是股东权益的真正所获,也有人认为影响利润的因素复杂,尤其是所得税因素带有明显的政策导向,为不可比因素,宜以利润总额作为投资报酬,还有人认为应以税前利润为标准来分析评价。本文采用以净利润作为投资报酬的观点,即净资产收益率。其计算公式为:

$$净资产收益率 = 净利润 \div 平均净资产$$

净资产收益率又称为权益净利率,是企业投入、产出水平的综合体现,不仅集中体现了出资人资本获取收益的能力,而且概括地反映了企业生产与经营的净成果。该指标不但适合现代企业管理对企业绩效评价的需要,也尽可能做到与国际上通行的评价方法接轨。净资产收益率已为财政、金融界使用了几个世纪,直到20世纪60年代才被工业部门广泛用于评价经营业绩。权益净利率是目前许多国家的跨国公司十分偏爱的评价企业经营业绩的指标。1988年里斯和库尔的一份调查表明,美国绝大多数跨国公司都把权益净利率作为评价企业经营业绩的最主要指标。

受到大家偏爱是由其特征所决定的:一是净资产收益率是企业一定时期内的净收益同平均总资本的比率,总资本反映的是企业所有者的权益,净资产收益率体现了出资人投入资本和留存收益的增值能力,反映了企业资本投入与产出回报的关系。二是净资产收益率是所有评价指标中综合性最强的一个指标,它集中体现了企业自身经营和对外投资等行为的收益水平。通过对该指标的层层分解研究,还能将企业的营销策略、成本控制、资本结构等要素有机地联系起来,自发性地形成一个综合性的分析指标体系,便于对企业进行全面了解。三是净资产收益率指标通用性很强,使用的范围也比较广,不受企业所处行业和规模大小等差别的限制,具有广泛的适用性和可比性。

净资产收益率作为企业绩效评价最主要指标的优越之处还体现在以下几方面:一是净资产收益率能反映企业的综合盈余能力。净资产收益率既可通过增收、节支提高,也可通过减少投入资本来实现。二是净资产收益率具有横向可比性。作为效率指标,净资产收益率体现了资本的获利能力,剔除了因投资额不同而导致的净收益差异的不可比因素,有利于客观判断各企业经营业绩的优劣。三是净资产收益率可作为选择投资机会的依据,有利于调整资本流量和存量,成为配置资源的参考依据。四是净资产收益率作为评价企业经营业绩的尺度,有利于正确引导企业管理等行为,避免短期行为。五是净资产收益率也是资产收益率,反映企业运用资产并使资产增值的能力。资产运用的任何不当行为都将减少报酬率,以此作为评价尺度,将促使企业用活闲置资金,包括合理确定存货水平、加强应收账款管理等。六是净资产收益率还将敦促企业寻找更有利的投资机会,包括技术改造、新产品研制与开发、开拓新市场等。但净资产收益率也并非尽善尽美,其缺点是:企业为达到较高的净资产收益率,很有可能对投资采取谨慎的态度,从而可能失去一些发展机会;此外,由于投入规模不同,管理难度有差异,也不能简单地以净资产收益率来衡量一切。

2. 资本保值增值率

净资产收益率是反映企业财务效益状况的重要指标。出资人在综合考察评价企业的经营成果和经营业绩时,只关心净资产收益率一个指标是不够的,根据委托代理理论,企业所有者和经营者之间的信息是不对称的,经营者可能为了表现其经营才能和业绩等个人目的,以牺牲企业的长远利益及持续发展潜力为代价,利用其掌握的信息人为地提高眼前的资本回报水平,通过掠夺式的经营方法将年度利润"做大",或者采取各种手段"粉饰"收益。因此,有必要引用其他指标加以分析。

业主开办企业或投资者对企业投入资本的目的,是通过企业的资本增值实现自身财富的最大化,而这个目标的实现程度,主要借助于"资本保值增值率"指标来判断。一般情况下,资本保值增值率的计算方法是:

资本保值增值率 = 期末所有者权益或股东权益 ÷ 期初所有者权益或股东权益 × 100%

所有者权益的变化是由多种原因引起的。有些事项如业主追加投资,虽然也增加了期末的所有者权益或股东权益,但却不能作为资本增值或财富增加来看待;有些事项如接受捐赠,虽然增加了所有者权益和所有者的财富,但却与企业经营者的主观努力无关。因此,当用资本保值增值率指标来评价企业经营者的经营业绩时,有必要对一定期间的所有者权益变化进行适当的调整,也就是要剔除期间内非正常因素对期末所有者权益变动的影响。

从一般企业看，使用资本保值增值率指标评价企业经营业绩时应调整的主要因素包括：所有者增加或缩减资本；资本溢价或股票溢价；接受现金捐赠和非现金资产捐赠；货币资本折算差额；拨款转入；自然灾害损失等。这些需要调整的因素，其数据主要来源于所有者权益或股东权益增减变动表。可见，所有者权益或股东权益增减变动表是计算和运用资本保值增值率考核、评价企业经营绩效的重要依据。

值得注意的是，从更严格的意义上说，资本保值增值率的计算还应建立在会计政策和会计估计前后各期一贯的基础上，也就是说，计算资本保值增值率还应剔除"会计政策变更增加或减少的利润总额"和"会计估计变更增加或减少的利润总额"对期末所有者权益或股东权益变动的影响。但是这项剔除工作比较复杂，因此实务中可以假定会计政策和会计估计是一致的，除非重大会计政策和会计估计变更。

3. 权益变动结构分析

所有者权益的结构是复杂的，而其变化原因更加复杂，这使得与企业有直接利益关系的人们有必要关注企业所有者权益或股东权益的结构变动是否合理，关注这一点对评估企业的发展前景及所有者财富增减变化的趋势是十分有意义的。设想三种情况，如表4-1所示：

表4-1 所有者权益增加变动的结构分析

单位：万元

项 目	甲企业	乙企业	丙企业
期初所有者权益	1 000	1 000	1 000
期末所有者权益	1 400	1 400	1 400
所有者权益增加	400	400	400
实收资本增加	360	80	0
资本公积增加	40	320	40
盈余公积增加	0	0	360

表中提供的三种情况所显示的企业权益结构及其变化趋势是不一样的：

甲企业所有者权益的增加中，90%是所有者追加投资形成的，10%是资本公积增加形成的。盈余公积本期维持不变，意味着企业当期无盈利发生。所有者增加投资不代表资本增值和财富增加，并且其持续性取决于所有者对企业未来盈利的预期。在三种结构中，一般可以判断这种结构是最不理想的结构。

乙企业所有者权益的增加中，80%是资本公积增加形成的。由于资本公积增加的具体原因是资本或股票溢价、接受现金捐赠和非现金资产捐赠、股权投资准备、拨款转入等，因此该项目增加的可持续性相对于盈余公积而言是较差的，甚至可以说基本上没有再生性和稳定性。但相对于第一种结构来说是好的，因为大部分资本公积的增加毕竟还是给所有者带来了新的利益和财富。

丙企业所有者权益增加中，90%是由于盈余公积增加形成的，这意味着企业在当期是有盈利的，至于盈利水平是否理想，还需对利润报表进行详细的分析。由于盈余公积变动在这一情况下比较具有稳定性和可持续性,因此,这是三种结构中最为理想的结构。

第三节 利润分配政策与利润分配表分析

一、确定利润分配政策应考虑的因素

利润分配政策是指管理当局对利润分配有关事项所作出的方针与决策。由于税法的强制性和严肃性,利润分配中的纳税政策没有方案的选择性,利润分配政策从根本上说是税后利润分配政策(对股份公司而言即股利政策,下同)。

企业税后利润,可以留存,也可用于投资分红支出。在企业利润有限的情况下,如何解决好留存与分红的比例,是处理短期利益与长期利益、企业与股东等关系的关键。正确的税后利润分配政策对企业具有特别重要的意义:

第一,分配政策在一定程度上决定企业对外再筹资能力。这是因为:①如果企业分配政策得当,则能直接增加企业积累能力。在利润一定的条件下,增加留存比例,实质上是增加企业筹资量。从这一角度看,分配政策也是再筹资政策。②如果分配政策得当,能够吸引投资者(包括潜在投资者)对企业的投资,增强投资信心,从而为筹资提供基础。

第二,分配政策在一定程度上决定企业市场价值的大小。分配政策的连续性反映了企业经营的连续性、稳定性和计划性。因此,如何确定较好的投资分红模式,并保持一定程度上的连续性有利于提高企业的财务形象,从而提高企业发行股票的价格和企业的市场价值。

由此看来,利润分配政策的选择至关重要。而利润分配政策的确定受到各方面因素的影响,大致讲来,这些影响因素主要有以下几方面。

(一)法律因素

为了保护债权人和股东的利益,国家有关法规如《公司法》对企业利润分配予以一定的硬性限制。这些限制主要体现为以下几个方面:

1. 资本保全约束

资本保全是企业财务管理应遵循的一项重要原则。它要求企业发放的股利或投资分红不得来源于原始投资(或资本),而只能来源于企业当期利润或留存收益。其目的是为了防止企业任意减少资本结构中所有者权益(股东权益)的比例,以维护债权人利益。

2. 资本积累约束

它要求企业在分配利润时,必须按一定的比例和基数提取各种公积金。另外,它要求在具体的分配政策上,贯彻"无利不分"原则,即当企业出现年度亏损时,一般不

得分配利润。

3. 偿债能力约束

偿债能力是指企业按时足额偿付各种到期债务的能力。对股份公司而言，当其支付现金股利后会影响公司偿还债务和正常经营时，公司发放现金股利的数额要受到限制。

4. 超额累积利润约束

对于股份公司而言，由于投资者接受股利缴纳的所得税要高于进行股票交易的资本利得所缴纳的税金，因此许多公司可以通过积累利润使股价上涨的方式来帮助股东避税。西方许多国家都注意到了这一点，并在法律上明确规定公司不得超额累积利润，一旦公司留存收益超过法律认可的水平，将被加征额外税款。

（二）股东因素

股东出于自身考虑，对公司的利润分配也会产生一些影响。

1. 控制权考虑

公司的股利支付率高，必然导致保留盈余减少，这又意味着将来发行新股的可能性加大，而发行新股会稀释公司的控制权。因此，这些公司的股东往往限制股利的支付，而愿意较多地保留盈余，以防止控制权旁落他人。

2. 避税考虑

一些高收入的股东出于避税考虑（股利收入的所得税高于交易的资本利得税），往往要求限制股利的支付，而较多地保留盈余，以便从股价上涨中获利。

3. 稳定收入考虑

一些股东往往靠定期的股利维持生活，他们要求支付稳定的股利，反对公司留存较多的利润。

4. 逃避风险考虑

在某些股东看来，通过增加留存收益引起股价上涨而获得的资本利得是有风险的，而目前所得股利是确定的，即便是现在较少的股利，也强于未来较多的资本利得，因此他们往往要求较多地支付股利。

（三）公司因素

公司出于长期发展与短期经营方面的考虑，需要综合权衡以下因素，并最终制定出切实可行的分配政策。这些因素主要有：

1. 公司举债能力

如果一个公司举债能力强，能够及时地从资金市场筹措到所需的资金，则有可能采取较为宽松的利润分配政策；而对于一个举债能力较弱的公司而言，则宜保留较多的盈余，因而往往采取较紧的利润分配政策。

2. 未来投资机会

利润分配政策要受到企业未来投资机会的影响。主要表现在：当企业预期未来有较好的投资机会，且投资收益大于投资者期望的收益率时，财务人员应首先考虑将可分配的利润用于再投资的可能性，减少分红数额。只有这样，才有利于企业的长期发展，同时也能被广大的投资者所理解。相反，如果企业缺乏良好的投资机会，保留大量盈余会造成资金的闲置，可适当增大分红数额。因此，处于成长中的企业多采取少分多留政策，而陷于经营收缩的企业多采取多分少留政策。

3. 盈余稳定状况

企业盈余是否稳定，也将直接影响其收益。盈余相对稳定的企业能够较好地把握自己，因此有可能支付比盈余不稳定的企业更高的股利；盈余不稳定的企业由于对未来盈余的把握小，不敢贸然采取多分政策，而较多采取低股利支付率政策。

4. 资产流动状况

较多地支付现金红利，会减少企业现金持有量，使资产的流动性降低，而保持一定的资产流动性是企业经营的基础和必备条件，因此，如果企业的资产流动性差，即使收益可观，也不宜分配过多的现金股利。

5. 筹资成本

一般而言，将税后的收益用于再投资，有利于降低筹资的外在成本，包括再筹资费用和资本的实际支出成本，控制现金流出。因此，很多企业在考虑投资分红时，首先将企业的净利润作为筹资的第一选择渠道，特别是在负债资金较多、资金结构欠佳的时期。

6. 其他因素

比如，企业有意地多发股利使股价上涨，使已发行的可转换债券尽快地实现转换，从而达到调整资金结构的目的；再如，通过支付较高股利，刺激公司股价上扬，从而达到反兼并、反收购目的等等。

（四）其他因素

1. 债务合同限制

企业的债务合同，特别是长期债务合同，往往是限制企业现金支付程度的条款，以保护债权人的利益。通常包括：①未来的股利只能以签订合同之后的收益来发放，也就是说不能以过去的留存收益来发放；②营运资金低于某一特定金额时不得发放股利；③把利润的一部分以偿债垫金的形式留存下来；④利息保障倍数低于一定水平时不得支付股利。企业出于方便未来负债筹资的考虑，一般均自觉恪守与债权人事先签订的有关合同的限制性条款，以协调企业与债权人之间的关系。

2. 通货膨胀

通货膨胀会带来货币购买力水平下降，固定资产重置资金来源不足的后果，此时企业往往不得不考虑留用一定的利润，以便弥补由于货币购买力水平下降而造成的固定资产重置资金缺口。因此，在通货膨胀时期，企业一般采取偏紧的收益分配政策。

二、利润分配政策的评价与选择

企业在确定利润分配政策时，应综合考虑各种影响因素，结合自身实际情况，权衡利弊得失，从优选择。在理财实践中，企业经常采用的利润分配政策主要有以下几种：

（一）剩余政策

所谓的剩余政策，是指企业较多地考虑将净利润用于增加投资者权益（即增加资本或公积金），只有当增加的资本额达到预定的目标资金结构（最佳资金结构）时，才将剩余的利润用于向投资者分配。这种政策主要是考虑未来投资机会的影响，即当企业面临良好的投资机会时，在目标资金结构的约束下，最大限度地使用留存收益来满足投资方案所需的自有资金数额。

剩余政策的基本步骤为：

（1）确定企业目标资金结构，使得在此结构下的综合资金成本最低；

（2）进一步确定为达到目标资金结构需要增加留存收益的数额；

（3）最大限度地使用净利润来满足投资方案所需的自有资金数额；

（4）在满足上述需要后，将剩余利润分配给投资者。

可见，在这种分配政策下，投资分红额（股利）成为企业新的投资机会的函数，随着投资资金的需求变化而起伏，只要存在有利的投资机会，就应当首先考虑其资金需要，最后考虑企业剩余收益的分配需要。这种政策的优点是能充分利用筹资成本最低的资金来源，保持理想的资金结构，使综合资金成本最低。现举例说明这一分配政策的简单运用。

某公司 2017 年提取了公积金、公益金后的税后净利为 1 000 万元，2018 年投资计划所需资金 1 200 万元，公司的目标资金结构为自有资金占 55%，借入资金占 45%。则按照目标资金结构的要求，公司投资方案所需的自有资金数额为：

1 200 × 55% = 660（万元）

按照剩余政策的要求，该公司 2017 年向投资者分红的（发放股利）数额为：

1 000 − 660 = 340（万元）

（二）固定股利政策

在这种政策下，公司在较长时期内都将分期支付固定的股利额，股利不随经营状况的变化而变动，除非公司预期未来收益将会有显著的、不可逆转的增长而提高股利发放额。采用这种政策的大多数属于收益比较稳定或正处于成长期、信誉一般的公司。

这种策略对公司而言有如下好处：

（1）固定的股利有利于公司树立良好的形象，有利于公司股票价格的稳定，从而增强投资者对公司的信心。

（2）稳定的股利有利于投资者安排收入与支出，特别是对那些对股利有着很强依赖性的股东更是如此。

这种策略的主要缺点在于股利支付与公司盈利能力脱节，当盈利较低时仍要支付较高的股利，容易引起公司资金短缺，导致财务状况恶化。

（三）固定股利比例政策

采用固定股利比例政策，要求公司每年按固定的股利支付比例从净利润中支付股利。由于公司的盈利能力在各年度间是经常变动的，因此，每年的股利也应随公司收益的变动而变动，保持股利与利润间的一定比例关系，体现风险投资与风险收益的对等。这种策略的不足之处在于：由于股利波动容易使外界产生公司经营不稳定的印象，不利于股票价格的稳定与上涨。

（四）正常股利加额外股利政策

企业每年按一固定的数额向股东支付正常股利，当企业年景好、盈利有较大幅度增加时，再根据实际需要，向股东临时发放一些额外股利。这种股利政策的优点是具有较大灵活性，可给企业较大的弹性。由于平常股利发放水平较低，故在企业净利润很少或需要将相当多的净利润留存下来用于再投资时，企业仍旧可以维持既定的股利发放水平，避免股价下跌的风险；而企业一旦拥有充裕的现金，就可以通过发放额外股利的方式，将其转移到股东的手中，也有利于股价的提高。因此，在企业的净利润与现金流量不够稳定时，采用这种股利政策对企业和股东都是有利的。

上面阐述的是企业在实际经济生活中常用的几种分配策略。其中，固定股利政策、正常股利加额外股利政策是企业普遍采用、并为广大的投资者所认可的两种基本政策。企业在进行分配政策时，可以比照上述政策的思想，充分考虑实际情况，选择适宜的净利润分配政策。

三、股份公司的股利形式

大多数情况下，非股份制企业投资分红一般采用现金方式。但是，股份公司的股利形式有一定的特殊性，它除了现金股利外，还存在其他的股利支付形式。

（一）现金股利形式

它是指以现金支付股利的形式，是企业最常见的、也是最易被投资者接受的股利支付方式。这种形式能满足大多数投资者希望将到一定数额的现金这种实在收益的要求。但这种形式增加了企业现金流出量，增加企业的支付压力，在特殊情况下，有悖于留存现金用于企业投资与发展的初衷。因此，采用现金股利形式时，企业必须具备两个基本条件：一是企业有足够的未指明用途的留存收益（未分配利润）；二是企业有足够的现金。

（二）股票股利形式

它是指企业以股票形式发放股利，其具体做法可以是在公司注册资本尚未足额时，以其认购的股票作为股利支付，也可以发行新股支付股利。实际操作过程中，有的公司增资发行新股时，预先扣除当年应分配股，减价配售给老股东；也有的发行新股时进行无偿增资配股，即股东不须缴纳任何现金和实物，即可取得公司发行的股票。

股票股利是一种比较特殊的股利，它不会引起公司资产的流出或负债的增加，而只涉及股东权益内部结构的调整，即在减少未分配利润项目金额的同时，增加公司股本额，同时还可能引起资本公积的增减变化，尽管它们之间是此消彼长的，股东权益总额并不改变。采用这种方式有以下几点好处：

（1）企业发放股票股利可免付现金，保留下来的现金，可用于追加投资，扩大企业经营；

（2）股票变现能力强，易流通，股东乐于接受，也是股东获得原始股的好机会。

发放股票股利会因普通股股数的增加而引起每股利润的下降，每股市价有可能因此而下跌。但发放股票股利后股东所持股份比例并未改变，因此每位股东所持股票的市场价值总额仍能保持不变。

四、利润分配表分析

利润分配表反映企业在一定期间内实现的利润的分配情况和年末未分配利润的结余

情况。

借助利润分配表分析可以观察企业利润水平和分配结构情况。具体来说，主要有如下几方面：

1. 企业利润分配水平和股利分配策略

有利分配、无利不分，是常见的情形。但是，企业在决定利润分配形式和水平时应综合考虑多种因素。

（1）政府的规定。在利润分配方面，政府一般都作出很多的规定和限制。比如利润分配的顺序，一般企业是：弥补以前年度亏损，有5年的时间限制；提取法定盈余公积金，有10%的比例限制；提取法定公益金，有5%～10%的限制；提取任意盈余公积金，由企业自行确定比例；向投资者分配利润。在股份制企业，对股东的利润分配顺序应是先支付优先股股利，后支付普通股股利。在利润分配的形式和数量方面，一般也都有规定和限制。这是企业在分配股利时应当注意的事项。

（2）企业的承受能力。即使法律和制度允许企业分配利润，但在确定实际的利润分配数量和形式时也要充分考虑企业的实际承受能力。比如分配现金股利时，要考虑企业目前和将来的现金流量和存量情况。

（3）企业的发展战略。如果企业将来拓展的任务较重，对投资者的利润分配就可以适当较少。

（4）投资者的收益期望。有些投资者期望当期多拿股利，而有些投资者愿意让企业将更多的利润用于再投资以期望将来获得更高的收益，在后一种情况下，利润分配或股利支付的水平可以低一些。

在一般企业，对投资者的利润分配水平可以用利润分配率来衡量，即：

$$利润分配率 = 应分给投资者利润 \div 净利润 \times 100\%$$

应分给投资者利润包括应付普通股股利、应付优先股股利和转作资本或股本的普通股股利等。这个指标可能会大于100%。有两种情况：一是亏损时用以前年度的利润结余来分配利润；二是在盈利较少时分配了更多利润，这个更多利润的来源也是企业以前年度累积的未分配利润，按规定可以并入以后年度的可供分配利润。为了避免利润分配率出现大于100%的情况，同时也为了理顺公式的子项与母项的关系，也可以计算为：

$$利润分配率 = 应分给投资者利润 \div 当年可供投资者分配的利润 \times 100\%$$

尽管利润率不可能稳定，但向投资者分配的利润水平的稳定则是相当重要的。在西方企业，一般在利润率有一段时间的提高，表现稳定以后，相应提高股利分配水平。提高以后，即使企业利润率下降，也不应匆忙地降低股利分配比率，而是应做出努力阻止利润率下降。如果这种努力不能奏效，利润率下降由于种种原因无法改变时，再降低股利也不迟。此外，在西方国家，稳定的股利率也是登记上市发行股票的要求之一。

在股份制企业尤其是上市公司，通常用股利支付率来衡量当期净收益中用于分配的比例，即：

$$股利支付率 = 每股股利 \div 每股净收益 \times 100\%$$

也可以计算为：

$$股利支付率 = 支付普通股股利 \div 税后净收益 \times 100\%$$

企业应根据自身的实际情况,选择适当的股利分配策略。而至于选择什么样的股利分配策略,大致可以通过比较利润分配表来观察。

2. 企业积累水平和发展后劲

企业的利润不可能按照"吃光分光"的思想和方式处理。企业若要发展,要在日益激烈的市场竞争中持续地保持自身的生存空间和竞争优势,就必须不断地积累和发展,以壮大自身的规模和增强竞争实力。按照经济学的常识,资本积累不同于资本积聚。资本积聚可以通过上市、并购等方式来实现,但资本积累的源泉主要是利润留存。因此,利润留存水平的高低,将决定企业资本积累的能力和水平以及企业未来的发展后劲。

在实务中,判断企业资本积累水平,或者说判断企业利润中有多大的比例用于扩大再生产经营,可以使用留存收益比率指标,即:

$$留存收益比率 = 留存收益 \div 净利润 \times 100\%$$

留存收益也叫保留盈余,包括已指定用途的留存收益即盈余公积金和累积的未指定用途的留存收益即未分配利润两部分。指定用途的留存收益又包括法定盈余公积金和任意盈余公积金两部分,前者一般都是由法律和制度规定了留存比例,如我国的财务制度和公司法规定,企业的法定盈余公积金按企业税后利润的10%计算提取,后者的提取比例由企业根据自己的盈利情况、对投资者的利润分配要求以及企业今后的发展任务来确定一个合理的数值。一般情况下,留存收益率越高,反映企业的积累水平、积累能力及发展后劲也越强。

3. 企业利润分配的公平程度

随着改革开放的深入,企业的投资主体日益多元化,混合所有制将成为最普遍的企业存在形式。在有两类以上的投资者存在的企业,如股份制企业、股份合作制企业、合资企业和合伙企业等,计算某一类投资者实际分得的利润占企业全部应付利润的比例,有时也很有意义。

将股利分配比例与投入资本比例相结合来分析,可以观察企业利润分配的合理性及其合理程度。

思考练习

一、名词解释

1. 所有者权益
2. 实收资本
3. 资本公积
4. 留存收益
5. 实收资本制
6. 授权资本制

7. 折衷资本制
8. 利润分配政策

二、简答题

1. 资本金的作用有哪些?
2. 资本金保全制度的内容是什么?
3. 利润分配政策对企业有何意义?
4. 股东对利润分配有何考虑?
5. 固定股利政策的优缺点有哪些?

三、问答题

1. 怎样区分实收资本、注册资本和投入资本?
2. 资本金的管理原则是什么?
3. 现代公司大都把权益净利率作为评价企业经营业绩的最主要指标,其理由何在?
4. 法律因素如何影响利润分配政策?
5. 公司自身在利润分配政策上应当考虑哪些问题?

第五章

收入分析

本章提要

收入是衡量企业经营实力的一个重要标志，中外企业均不约而同地把收入额作为企业排名的一个关键指标。人们认识收入，不仅仅是因为它是所耗与所费的直接回报，还因为通过对收入与市场占有率的分析，能预测企业经济效益和生存发展的能力空间。本章介绍了收入分析的意义和基本分析研究的技巧，以及收入的潜力分析和分析人员在分析过程中应注意的若干事项。

第一节 收入分析的意义

一、收入的定义

收入,是指企业在销售商品、提供劳务及让渡资产使用权等日常活动中形成的经济利益的总流入,包括销售商品收入、劳务收入、利息收入、使用费收入、租金收入、股利收入等,但不包括为第三方或客户代收的款项。

正确地理解收入概念是做好收入分析的重要前提。在理解收入概念时,要注意以下几点:

(一)日常活动的含义

日常活动,是指企业为完成其经营目标而从事的所有活动,以及与之相关的其他活动。如制造销售商品、商品流通企业销售商品、出租固定资产、商业银行提供贷款服务、广告商提供广告策划服务等。

(二)经济利益的含义

经济利益,是指现金或最终能转化为现金的非现金资产。

(三)收入、收益和利得

收益,是指企业一定会计期间内经济利益的增加,表现为能导致所有者权益增加的资产流入、资产增值或负债的减少。"能导致所有者权益的增加"是收益的重要特征。但是,能导致所有者权益增加并不说明它就一定是收益。投资者追加的投入能导致企业所有者权益增加,但它不是收益。

收益的形成可能源由企业的日常活动,也可能源由日常活动以外的其他活动。那些由企业日常活动形成的收益,即为收入;而源由日常活动以外的活动所形成的收益,通常称作利得。

实务中,在对收入、利得两者作出区分时,要注意以下几点:

(1)利得是企业边缘性或偶发性交易或事项的结果,如无形资产所有权转让、固定资产处置形成的收益等。

(2)利得属于那种不经过经营过程就能取得或不曾期望获得的收益。如企业接受政府的补贴、因其他企业违约收取的违约金、流动资产价值的变动等。

(3)利得在利润表中通常以净额反映。

由此判断,通过"营业外收入"科目核算的固定资产盘盈、处置固定资产净收益、非货币性交易收益、出售无形资产收益、罚款净收入等,属于利得的范畴;通过"补贴收入"科目核算的退还的增值税、按销量或工作量等和国家规定的补助定额计算并按期给予的定额补贴,也属于利得的范畴。

二、收入的特点

（1）收入从企业的日常活动中产生，而不是从偶发的交易或事项中产生。如工商企业的收入是从其销售商品、提供工业性劳务等日常活动中产生的，而不是从处置固定资产等非正常活动中产生的。

（2）收入可能表现为企业资产的增加，如增加银行存款、应收账款等；也可能表现为企业负债的减少，如以商品或劳务抵偿债务；或者二者兼而有之，如商品销售的货款中部分抵偿债务，部分收取现金。

（3）收入能导致企业所有者权益的增加。收入能增加资产或减少负债或二者兼而有之。因此，根据"资产－负债＝所有者权益"的本式，企业取得收入能增加所有者权益。但收入扣除相关的成本费用后的净额，则可能增加所有者权益，也可能减少所有者权益。这里仅指收入本身导致的所有者权益的增加，而不是指收入扣除相关成本费用后的毛利对所有者权益的影响。

（4）收入只包括本企业经济利益的流入，不包括为第三方或客户代收的款项，如企业代国家收取增值税，商业银行代委托贷款企业收取利息，旅行社代客户购买门票、飞机票而收取票款等。代收款项，一方面增加企业的资产，一方面增加企业的负债，因此不增加企业所有者权益，也不属于本企业的经济利益，不能作为企业的收入。

三、收入的分类

收入可以有不同的分类。按收入的性质，可以分为销售商品收入、提供劳务收入和让渡资产使有权收入等。按企业经营业务的主次分类，可以分为主营业务收入和其他业务收入。不同行业的主营业务收入所包括的内容不同，如工业性企业的主营业务收入主要包括销售商品、自制半成品、代制品、代修品、提供工业性劳务等取得的收入；商品流通企业的主营业务收入主要包括销售商品所取得的收入。主营业务收入一般占企业收入的比重较大，对企业的经济效益产生较大的影响，其他业务收入一般占企业收入的比重较小，主要包括无形资产、包装物出租收入等。

四、收入分析的意义

收入分析，尤其是对企业主营业务收入的分析，至少具有如下现实意义：

（1）判断企业经营实力和经营风险。任何一个企业要想在残酷的竞争市场中立足，就必须有其自己的经营特点、范围和市场占有率，而这些因素集中体现在主营业务收入方面。主营业务收入一旦大幅度降低，意味该企业面临较大的经营风险，而一旦收入有较大幅度上升，则表示企业经营实力的增强。

（2）考核企业绩效情况。收入既是企业内部考核部门业绩的一个重要指标，也是外部利益群体（政府、投资人、债权人等）评价企业经营绩效的常用指标。通过分析收入预算完成情况，有助于满足信息使用者的需求。

（3）评价企业管理水平高低。通过对收入利润比率、收入现金比率等的相关分析，评价企业管理者的管理政策及其效用。

（4）预测未来企业收益能力和持续经营能力。通过对企业所处的行业环境分析、市场份额分析和管理者队伍分析，观察企业的行业定位和市场控制力和影响力，可以预测一定期限内企业的收益能力，并产生对企业持续经营能力的合理推断。

五、收入分析的主要依据

准确的分析总是建立在充足的分析资料基础上，收入方面的分析自然也不例外。大体看来，收入分析需要以下资料为依据：

（1）分析期利润表及其附表2和附表3，以及作为企业内部报表的主营业务收入明细表。

（2）收入预算表及预算编制的基础。

（3）企业历年来的收入完成情况资料和同期同行业的相关资料。

（4）管理政策等其他资料，如企业的信用政策、营销部门考评指标标准等。

第二节 收入的确认与计量分析

一、收入确认的分析

收入确认分析的目的，主要是判断企业相关报表资料中所列举的收入，是否符合会计准则和统一会计制度的规定。

制度规定，商品销售的收入，应当在下列条件均能满足时予以确认：

（1）企业已将商品所有权上的主要风险和报酬转移给购货方。也即是说，销售方失去了该商品所有权的主要部分：商品的霉烂变质、毁损等，以及经济上的再售出获利的权利。

（2）企业既没有保留通常与所有权相联系的继续管理权，也没有对已售出的商品实施控制。

（3）与交易相关的经济利益能够流入企业。此处需注意的是经济利益的流入方式不仅包括货币资本和流入，还包括实物资产的流入或债务的减少等形式。

（4）相关的收入和成本能够可靠地计量。

对由劳务收入的确认条件，制度也作出了统一的规定。在同一会计年度内开始并完成的劳务，应当在完成劳务时确认收入。如劳务的开始和完成分属不同的会计年度，在提供劳务交易的结果能够可靠估计的情况下，企业应当在资产负债表日对收入分别根据以下情况予以确认：

（1）如果已经发生的劳务成本预计能够得到补偿，应按已经发生劳务成本本额确认收入；

（2）如果已经发生的劳务成本预计不能全部得到补偿，应按已经发生得到补偿的劳务成本金额确认收入；

（3）如果已经发生的劳务成本全部不能得到补偿，应按已经发生的劳务成本作为当期费用，不确认收入。

例如，ABC公司自2013年初开始，分别承接了三项劳务合同，根据合同的性质：甲劳务合同约定按最低劳务成本的120%计付报酬；乙劳务合同约定按劳务成本的140%计付报酬，但必须在2013年1月完成，超过期限视情况而定，若在2013年底前完成，可按劳务成本全额计付，否则，只能按劳务成本的50%计付；丙合同要求ABC公司于2013年12月20日完成，否则客户可拒付任何报酬。假定ABC公司截至2013年12月31日，上述三项劳务均未完成，所发生的劳务成本分别为：甲劳务20万，乙劳务15万，丙劳务8万，则ABC公司2013年能确认的劳务收入只能是27.5万（20万+15万×50%）。

需注意的是，某些似是而非的销售行为确认收入的问题，如售价随过程中的某一个或某些因素变化而变动的销售行为，已符合4项条件但尚未开出发票的销售事项、已预先开票和收款但尚未完成的商品订单等，应区别情况进行分析处置。

二、收入计量的分析

收入计量分析的目的在于判断企业是否采用了合适的计量收入的方法，并据此推断收入信息的准确性。

在会计理论上，可用由计量收入的方法比较多，且都各有其适用的环境。为了强调可比性，统一的企业会计制度就商品的折扣与折让、现本折扣、销售退回等问题予以统一规范。

（一）商业折扣的计量

销售商品收入的金额，应根据企业与购货方签订的合同或协议金额确定；无合同或协议的，应按购销双方都同意或都能接受的价格确定。作为商业折扣，因其是销货方给购货方提供的一种优惠，不构成最终成交价格的一部分，即销货方只能按折扣后的净额予以计量。

（二）销售折让的计量

销售折让是指企业因售出的商品产生质量纠纷等非常原因而在售价上给予购货方的减让。对于销售折让，我国会计制度一直以来都视为销售收入的减项，在实际发生时冲减当期收入，会计准则和统一的企业会计制度沿袭了这一原则。

（三）现本折扣

现金折扣是指债权人为鼓励债务人在其所期待的期限内付款，而向债务人提供的债务扣除。现本折扣常发生在企业采用赊销方式时，其折扣率、折扣期与信用期取决于企业的信用政策。对现金折扣的处理有两种方法：总价法和净价法，两种方法在会计处理上都出现过。但在与销售收入计量相关的方面，企业会计制度规定采用总价法进行计量，即企业在确定商品销售收入的金额或劳务的总收入时，不考虑各种预计可能发生的现金折扣。现金折扣视为一种费用，在实际发生时直接记入当期损益。

（四）销售退回

销售退回，是指售出的商品由于质量、品种不符合要求等原因而发生的退货。对于销售退回的计量，需分别不同情形进行处理：

（1）未确认收入时发生的退货，与收入计量无关，只是资产的存在状态进行调整而已。

（2）已确认收入后发生的退货，一般应冲减退回当月的销售收入；但若符合资产负债表日后事项时，应遵循准则和制度的特别条款。

三、收入确认与计量分析的注意事项

作为收入分析的第一步，收入的确认与计量分析十分重要。然而，由于实际工作中影响收入的因素众多，给收入的分析带来了许多人为的因素，需要分析人员予以特别关注。众多因素中，税收方面的因素非常突出，尤其是税法在"视同销售"方面的不公正约束条款使人们在收入的确认与计量方面颇感为难，一些超常规的核算、记录手段使分析人员难以准确把握。

第三节 收入完成情况分析

一、预算完成情况分析

1. 收入预算完成情况分析的目的

企业通过对目标市场的定位和分析，制定出按产品、服务种类或按部门分类的收入预算，它是收入实现情况业绩评价的基本依据。通过对收入实现情况与预算的比较，可以达到以下目的：

（1）评价企业销售部门或销售人员的业绩。

（2）揭示可能的市场动态，为进一步分析目标市场或业务品种的开发推广提供线索。

（3）为分析企业经营环节的效率和问题提供线索。

2. 收入预算完成程度的表示形式

收入预算完成程度，可用相对指标表示，也可用绝对指标表示。相对指标的表示形式有利由企业将收入的变动与市场规模的变动以及市场占有率等相对指标联系起来进行深入分析；绝对指标的表示形式有利由企业进行销售业绩的内部考核评价，区分内部人员的经营责任。相对指标主要有收入预算完成率指标；为了分析的需要，还可进一步计算每种产品或服务的销售量预算完成率，以排除价格变动对销售业务量完成水平的影响。绝对指标有收入预算差异指标及其分解指标。

$$收入预算完成率 = 实际收入 \div 预算收入 \times 100\%$$

销售预算完成率的计算公式如下：

销售量预算完成率 = 预算价格下的实际收入 ÷ 预算价格下的预算收入 × 100%

销售预算完成情况的计算公式如下：

$$收入总额差异 = 实际收入 - 预算收入$$

收入差异反映收入总额的预算完成情况，它是各产品或服务销售量差异和价格差异共同作用的结果，因此可采用因素分析法，对该指标还需从各产品或服务实际和计划的销售量和单位价格差异上分析出销售量和价格的影响程度，为进一步研究产品或服务的市场情况、未来发展趋势以及企业内部经营管理的问题提供线索。

根据收入与价格和销售量的关系式，可以分别分析价格和销售量对收入的影响程度。

$$收入 = 价格 \times 销售量$$

某商品或服务价格对收入的影响可用价格差异表示：

$$价格差异的影响 = 价格差异 \times 实际销售量$$

某商品或服务销售量对收入的影响可用数量差异表示：

$$数量差异的影响 = 数量差异 \times 预算价格$$

3. 收入预算完成情况结果分析应注意的问题

（1）收入预算是企业收入分析的依据，收入预算编制的合理性对企业收入预算执行结果的评价至关重要，收入预算中商品品种结构、销售利润应依据企业在不同发展阶段的目标确定。此处分析的前提是企业预算的编制是合理和科学的。

（2）对企业收入预算完成程度进行分析时，需要结合企业的经营战略目标进行评价，不能简单地认为超额完成收入就是好现象。因为当实际收入超过预算较多时，一是说明企业预算制定工作存在的问题；二是会给企业的生产和资金带来较大压力，可能会增加企业的生产和资金成本；三是如果超额完成预算的商品品种与企业转换品种的策略相矛盾时，可能使经营脱离企业经营战略目标。

（3）销售价格脱离预算引起的收入差异通常预示着的三种可能是：一是商品或服务市场供求关系发生变化；二是商品或服务的生产要素市场发生变化；三是企业同种商品质量等级偏离预算。

（4）销售数量脱离商品预算引起收入差异通常预示的三种可能：一是目标市场的容量发生变化；二是企业在目标市场的竞争能力发生变化；三是企业内部产销平衡关系改变。

（5）收入预算完成情况分析只是揭示企业业绩的表面现象，其深层原因和对企业未来的影响还需要结合企业经营战略的目标市场的特点进行具体分析研究。

4. 分析示例

某企业年度主营业务收入预算完成情况分析表和销售收入预算差异分析表如表 5-1 和表 5-2 所示：

表5-1 主营业务收入预算完成情况分析表

商品名称	销售预算数			销售实际数				营业收入预算完成率(8)	销售量预算完成率(9)
	预算价格/(元·吨⁻¹)(1)	销售量/万吨(2)	销售收入/万元(3)	实际价格/(元·吨⁻¹)(4)	销售量/万吨(5)	实际价格销售收入/万元(6)	预算价格销售收入/万元(7)		
甲	130	4 000	520 000	110	3 500	385 000	455 000	74%	88%
乙	260	2 500	650 000	260	2 600	676 000	676 000	104%	104%
丙	165	2 000	330 000	175	2 300	402 500	379 500	122%	115%
合计			1 500 000			1 463 500	1 510 500	98%	101%

表5-2 主营业务收入预算差异分析表

商品名称	销售预算数			销售实际数			销售收入预算差异/万元(10)	价格差异/万元(11)	数量差异/万元(12)
	预算价格/(元·吨⁻¹)(1)	销售量/万吨(2)	销售收入/万元(3)	实际价格/(元·吨⁻¹)(4)	销售量/万吨(5)	实际价格销售收入/万元(6)			
甲	130	4 000	520 000	110	3 500	385 000	-135 000	-70 000	-65 000
乙	260	2 500	650 000	260	2 600	676 000	26 000	0	26 000
丙	165	2 000	330 000	175	2 300	402 500	72 500	23 000	49 500
合计			1 500 000			1 463 500	-36 500	-47 000	10 500

说明：（3）=（1）×（2）
　　　（6）=（4）×（5）
　　　（7）=（1）×（5）
　　　（8）=（6）÷（3）×100%
　　　（9）=（7）÷（3）×100%
　　　（10）=（6）-（3）
　　　（11）=[（4）-（1）]×（5）
　　　（12）=[（5）-（2）]×（1）

分析：从企业收入总额的预算完成情况看，实际只完成了预算的97.5%，而从销售量完成的总体情况看，企业刚好完成任务。但是从每种产品对企业销售收入预算完成任务的影响程度上看，企业很可能面临较严重的没有预测到市场变化的问题。从单个产品的销售收入情况看，乙产品和丙产品都超额完成了预算指标，甲产品销售收入的减少是导致企业销售收入总额未完成的重要原因。从对销售价格和销售数量差异的分析中可以发现，甲产品不论是销售价格还是销售数量都远低于预算，而且销售价格的降低十分突出，这种现象值得重视。在乙产品和丙产品都能超额完成任务的情况下，甲产品对预算的偏离很可能是市场环境的突然改变。从丙产品的销售收入预算差异的因素分析研究中，可以发现丙产品的价格和数量差异对销售收入的积极影响。乙产品脱离预算的幅度较小，说明企业对乙产品的市场判断较为准确。根据以上分析数据所反映的现象，企业一方面应从企业内部生产和销售环节的管理上查找原因，特别是甲产品销售价格的大幅度降低，对该产品获利能力影响很大，企业应及时进行市场价格走势和制造成本分析，采取必要的促销和降低成本的措施。企业另一方面应重新研究市场，提高预算的准确性，并结合其他财务分析和业务分析考虑调整产品战略布局。

二、经营品种结构分析

部分沿用前例的基本数据，某企业商品销售结构分析表如表5-3所示：

表5-3 产品销售结构分析表

商品名称	上年实际		本年预算		本年实际数		销售结构差异	
	销售收入/万元	比重/%	销售收入/万元	比重/%	销售收入/万元	比重/%	比上年/%	比预算/%
甲	450 000	37.34	520 000	34.67	385 000	26.31	-11.03	-8.36
乙	635 000	52.70	650 000	43.33	676 000	46.19	-6.51	2.45
丙	120 000	9.96	330 000	22	402 500	27.50	17.54	4.5
合计	1 205 000	100	1 500 000	100	1 463 500	100		

从表中企业销售结构的变化可以看到，企业甲商品和乙商品的销售曾占企业销售的主导地位，丙商品在企业销售量中的地位上升较快。企业在制定预算时试图在基本保持甲商品和乙商品主导地位的同时，扩大丙商品的销售比重。显然，企业对乙商品的决策基本与市场状况的发展趋势相吻合，但对甲商品和丙商品的市场变化预见不足。甲商品的销售收入和销售比重在本年度出乎意料地大幅下降，导致本年销售收入预算不能完成；而丙商品的发展似乎比企业想象的要快一些。甲商品和丙商品的市场是否面临实质性的变化，还需要通过市场调查作进一步的分析。甲商品销售数量的减少，除分析市场原因外，还应分析查找企业内部生产和销售管理上的问题，并在生产和成本管理上作出快速反映。而对丙商品销售量的大幅度增长，企业应及时分析其供销方面的协调能力和企业扩大生产的获利性，作出适当的调整决策。

三、产销协调情况分析

继续沿用前例中有关商品销售预算和实际的数量，补充其生产和库存情况，如表5-4所示：

表5-4 商品销售情况表

单位：万吨

商品	项目	期初库存量	本期销售量	本期生产量	期末库存量
甲	预算	400	4 000	3 970	370
	实际	410	3 500	3 700	610
	差异	10	-500	-270	240
乙	预算	200	2 500	2 510	210
	实际	200	2 600	2 570	170
	差异	0	100	60	-40
丙	预算	150	2 000	2 300	450
	实际	120	2 300	2 300	120
	差异	-30	300	0	-330

从分析显示的差异来看，企业本期产销协调工作有一定成绩，即企业的生产量能够根据产品销售状况进行调整。如甲商品的销售量大幅度减少的情况下，企业生产量也随之减少，乙商品的销售量比预算增加的情况下，乙商品的生产量也较预算提高。但是，从期末库存与预算的差异来看，企业产销协调工作仍有待改进。

企业原计划适当减少甲商品期末库存，但因甲商品销售量的下降超过企业调整产量的速度，导致期末库存大幅度上升；丙商品销售量超预算完成，而生产量虽然完成了预算，但没有跟上销售的增长，导致企业增加丙商品库存的目标没有实现，对丙商品下期的销售构成内部生产上的压力。从以上现象可以看出，甲商品销售量下降，产品期末库存增加，说明甲商品的销售工作急需加强，同时应再结合市场分析等有关数据分析甲商品未来的市场状况，及时调整销售和生产策略；乙商品和丙商品的生产量均未跟上销售量的增长，导致期末库存的减少，企业应分析生产流程上的原因；尤其是丙商品，在销售大幅度增长的情况下，生产量没有随之变化，说明企业丙商品的生产过程调整存在较大的障碍，企业应及时进行分析，找出妨碍产量提高的瓶颈，否则下期丙商品销售量的增加将十分困难。

收入完成情况分析还有其他一些分析指标可作参考，如销售额或销售增长率。所有这些分析指标都可以按品种、部门、地区或者月、季等标志进行详细划分，从而形成每个品种、每几部门、每个地区、每月或季度的营业收入完成情况指标，为查找存在的问题、落实责任、制定地区和时期的发展方案提供详细资料。

第四节 收入的潜力分析

一、市场竞争力情况分析

(一) 市场占有率指标

企业在其产品服务的市场上的竞争能力是企业生存和发展的核心能力。能够表明这种竞争能力的财务指标不是企业销售额或销售量增长率,而是反映企业产品或服务在其目标市场的占有率,或称市场份额。这是因为,在一个成长迅速的市场中,如果企业销售或销售量虽然有增长,但速度低于市场全部销售额或销售量的增长速度,则仍表明企业的竞争能力存在问题,此时市场占有率指标会表现出下降趋势。市场占有率指标可以有效地实现以下目的:

(1) 评价企业产品或服务在其目标市场上的竞争能力。
(2) 帮助分析产品或服务市场的变化趋势。
(3) 为制定产品或服务的经营方向决策提供依据。

企业某类产品或服务的市场占有率指标通常的计算公式为:

某类产品或服务的市场占有率 = 该类产品或服务的企业销售额 ÷ 该类产品或服务的市场销售额 × 100%　①

某类产品或服务的市场占有率 = 该类产品或服务的企业销售量 ÷ 该类产品或服务的市场销售量 × 100%　②

某类产品或服务的市场占有率 = 企业拥有的该类产品或服务的客户数 ÷ 该类产品或服务在市场中的客户总数 × 100%　③

(二) 市场增长率、产品或服务生命周期

市场增长率和产品生命周期是两个密切联系的概念,它们对于企业市场竞争力的分析和判断具有战略上的指导意义。市场增长率是指产品或服务的市场销售量或销售额在比较期内的增长比率,其最简单的计算公式为:

市场增长率 = [比较期市场销售量(额) − 前期市场销售量(额)] ÷ 前期市场销售量(额) × 100%

产品在不同生命周期阶段的市场增长率表现出不同特点,因此市场增长率指标是判断产品生命周期的一个基本指标。市场增长率与产品或服务生命周期阶段之间的关系为:

(1) 在产品或服务成长阶段,产品或服务具有巨大的增长潜力,市场增长率保持较高水平。这一阶段是企业争取新顾客,扩大市场占有率的最佳时期,可以为下一阶段取得较多稳定的利润创造条件;同时企业也只有通过提高销售增长率和扩大市场占有率,增加产品销售,降低成本,实现规模效益。

（2）在产品或服务成熟阶段，产品或服务市场规模趋于稳定，市场增长率很小，此时顾客比较固定，企业很难增加市场占有率，但企业必须注意保持其市场份额；为加强竞争能力，企业不仅要努力稳定销售收入，而且要加强生产环节的管理，努力降低生产成本。

（3）在产品或服务的衰退期，产品或服务市场规模逐渐缩小，市场增长率为负数，此时产品或劳务的利润逐步下降到行业平均利润以下，因此企业即便拥有较高的市场占有率，也应作出逐步退出该市场的决策。企业应尽早推出新产品或新服务，以争取在新产品或新服务的市场上取得较高的市场占有率。

（三）企业市场竞争力分析

市场产品分析常使用"波士顿矩阵"：

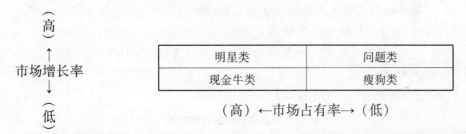

企业产品或服务的市场竞争力分析必须联系该产品或劳务的生命周期阶段进行，可使用市场占有率和市场增长率矩阵的分析方法。该矩阵主要处理和分析企业产品或服务市场占有率和市场增长率的关系。各企业通过竞争，在某种产品或服务市场中会出现如上图的分布状况。

企业根据某类产品或服务的市场占有率指标和对该增长率的判断，可以确定本企业该类产品或服务在其市场中的地位，从而作出相应的经营决策。

1. 明星类

企业在高增长的市场内有较高的市场份额，企业市场竞争能力强，且该类产品或服务的发展前景很好；但企业需进一步增加投资，以在新增市场容量中保持这种地位。由于规模效应，企业产品或劳务成本可不断降低，企业利润增长情况好。

2. 问题类

企业在高增长的市场内没有取得高的市场份额，企业产品或服务前景很好，但企业经营环节存在一定漏洞，使得企业无法与其他企业竞争；企业如果能进行开拓市场的投资，仍然有希望提高市场份额，并取得利润。

3. 现金牛类

企业在成熟的市场上占有较高的市场份额，由于市场状况比较稳定，企业不需要大量投资以开辟市场，因此只要企业成本水平能够低于其他竞争企业，就可得到稳定的利润和现金流量。

4. 瘦狗类

企业在稳定甚至下降的市场中占有较低的市场份额，这种市场地位对企业极为不利，企业竞争能力低，争取市场份额需要高投资，并且由于市场前景也不乐观，这些投资回收也比较困难,企业应考虑是否放弃该市场。

二、客户满意度分析

(一)销售合同完成情况指标

1. 销售合同完成情况指标

(1)合同履约率。合同履约率反映企业是否按照合同要求提供了产品或服务。

合同履约率 = 企业已履约的合同份数 ÷ 企业应已履约的合同份数 × 100%

该公式分母中不包含企业已签订但尚未到期的合同。

(2)商品按期交货率。商品按期交货率从销售量方面反映企业按期履行合同的情况。

商品按期交货率 = 按期交货量 ÷ 到期合同累计订货数 × 100%

(3)合同完成率。反映每份合同的完成进度。

合同完成率 = 已交货数量 ÷ 合同订货数量 × 100%

2. 分析示例

企业2月份销售合同执行情况如表5-5所示:

表5-5 销售合同执行情况表

产品	合同序号	合同号	订货量/件	到期日	实际交货量			
					按时交货量/件	预交/件	补交/件	本期累计/件
甲	1	甲-1	2 000	2月6日	2 000			2 000
	2	甲-2	4 500	2月10日	4 500			4 500
	3	甲-3	7 800	2月25日	7 800			7 800
	4	甲-4	5 000	2月27日	4 000			4 000
合计			19 300		18 300			18 300
乙	5	乙-1	500	2月1日			500	500
	6	乙-2	1 000	2月8日	1 000			1 000
	7	乙-3	700	3月6日		200		200
合计			2 200		1 000	200	500	1 700

根据表中提供的资料,2月份该企业甲-4号合同和乙-1号合同没有按时完成,甲-4号和乙-3号合同尚未完成。该企业销售合同完成情况的有关指标计算如下:

合同履约率 = 4 ÷ 6 × 100% = 66.67%

说明:本期已履约的合同为:甲-1、甲-2、甲-3、乙-2;本期到期的合同为:甲-1、甲-2、甲-3、甲-4、乙-1、乙-2。

甲产品按期交货率 = 18 300 ÷ 19 300 × 100% = 94.82%

乙产品按期交货率 = 1 000 ÷ 1 500 × 100% = 66.67%

甲-4合同完成率 = 4 000 ÷ 5 000 × 100% = 80%

乙-3 合同完成率 = 200 ÷ 700 × 100% = 28.57%

分析：从该企业甲产品和乙产品的合同完成情况看，企业2月份的合同履约率和产品按时交货情况都不理想，合同不能按时完成，一方面减少了本可以实现的本期营业收入，另一方面给企业信誉和形象造成损害，企业应深入分析原因。

（二）产品质量情况指标

能直接反映产品质量情况的营业收入相关指标是销售退回和折让比率。销售退回和折让是指企业销售的商品因质量或品种不符合客户的要求而被退回，或应客户要求而在价格上的减让。因客户购买数量或付款及时而给予顾客的价格折扣在销售折扣或销售收入中有直接反映，不包括在销售退回和折让范畴内。从管理需要出发，企业应使用专门账户核算销售退回和折让，因此企业可直接从该账户中取得有关数据。销售退回和折让比率的计算公式为：

销售退回和折让比率 = 销售退回和折让金额 ÷ 营业收入总额 × 100%

注意：公式中的营业收入总额是指尚未扣除销售退回和折让的营业收入。

销售退回和折让比率越大，说明企业产品质量问题给企业造成的损失越大。

为了分析客户对各种产品质量的满意程度，还可详细分析每种产品的销售退回和折让比率，从中查找出现问题的产品和环节。

思考练习

一、名词解释
1. 收入
2. 收益
3. 销售折让
4. 现金折扣
5. 销售退回

二、简答题
1. 如何理解利得的含义？
2. 收入分析的主要资料是什么？
3. 经营品种结构分析有何现实意义？

三、问答题
1. 收入分析的意义何在？
2. 收入完成情况分析应当注意哪些问题？
3. 如何理解"波士顿矩阵"？

第 六 章
成本费用分析

本章提要

  成本费用管理是企业管理永恒的主题，它是联系生产管理、营销管理和财务管理的集结点。管理的成功与否受许多因素的制约，其中准确地分析信息是管理的基础，而分析又是建立在恰当的成本费用归类和数据的计算上。本章拟在介绍分析方法的前提下，分别就产品成本的分项、分类及期间费用进行实例分析，指明利用成本分析信息进行决策应持有的正确态度。

第一节 成本费用分析的意义与方法

一、成本与费用的含义及关系

1. 成本与费用的含义

成本是指生产某种产品、完成某个项目或者说做成某件事情的代价，也即发生在某个具体对象上的耗费总和。费用是指在一定时期内为进行生产经营活动发生的各项耗费。

2. 成本与费用的关系

费用要素是指企业在生产经营过程中发生的各项耗费，是个广义的概念。这些耗费有些是直接为了某个对象而发生，因而可专门归集起来形成该对象的成本（比如生产产品必然要发生材料费、人工费及其他一些制造费用，因而可归集起来构成产品的生产成本）。有些则不是为了个别特定的对象，而是为全面组织与管理生产经营活动，在各期均需发生。还有些耗费虽然也是为了某个或某几个对象而发生，但由于其数额不大或计算复杂、补偿期一致等原因，也无需进行专门的归集和分配，形成该对象成本（比如商业企业频繁发生的进货费用就具有这种特征）。可以并且需要对象化的费用，构成该对象成本，其补偿期可能在当期，也可能在以后。非对象化的费用，作为各发生期的费用，计入损益，在当期获得补偿。

典型的成本是产品成本，其实质就是各项生产耗费的价值凝结，同时它也被用作存货资产价值的计量。在产品没有售出之前，产品成本始终作为资产的一个组成部分。一旦产品售出，其成本就转化为出售当期的销售成本，并与当期发生的其他费用一起，由当期销售收入予以补偿。由此可见，第一，费用是成本的基础，没有发生费用就不会形成成本。第二，按对象归集的费用构成成本，其发生期和补偿期并非完全一致，不予对象化的费用则按发生期间归集，视为期间费用。

二、成本费用的作用

（一）成本是定价的基础

不论是按客户的订单生产，还是开发供应市场的产品，为达到最终目的，企业必须以成本为下限去考虑价格。

（二）成本费用是取得收入的前提条件

没有投入就没有产出。成本费用属于经营活动中必须发生的一部分资本垫支，是最终获取收益的前提。当然，投入越多风险越高，但也会有获取较高收益回报的机会。这就是说，不投入、不耗费不行，但投入耗费太多，一旦市场发生变化，失败受损的风险也越大。所以，企业在一定时期内的成本费用发生多少，实际上也暗示着企业所面临的经营风险的大小以及可能获得收益的多少。

（三）成本费用是保证企业产品或服务质量的必要条件

质量是企业的生命。企业不能提供符合质量标准的产品和优质服务，企业的市场份额势必会无情地萎缩，以至企业最终被淘汰。为了保证产品和服务的质量，除了要求产品或服务本身设计科学合理外，也有赖于一定数额的成本费用投入。在这里，越节约越好的口号是不全面的。偷工减料、以次充好的做法，从表面上看，可以表现为成本降低，但换来的却是丧失质量的代价。因此，降低成本费用，以尽可能少的投入取得尽可能多的收益，是有前提条件的。绝不能以牺牲必要的质量来换取"节约"的成绩。"该花的钱就得花"，道理就在于此。

（四）成本费用是企业持续经营的必要条件

企业能否顺利地持续经营下去，有赖于它是否具有一定的市场竞争力。而市场的竞争归根结底是科学技术和人才的竞争。企业在利用新技术、引进优秀人才和开发新产品以及职工培训等方面应舍得投入。这类费用发生后短期内可能效果并不明显，但它能够潜移默化地改变企业员工的素质，促进管理水平的提高，有助于形成一个善于创新、不断开发新产品的良好局面。从某种意义上说，这类成本费用发生多少，可以体现出企业今后发展后劲的大小。

总之，企业应该努力寻求质量与耗费的最佳结合点，把握市场，培育发展后劲。正确看待花钱多少，正确认识成本费用的积极作用。这一思路既应贯穿于成本费用的分析过程，也应在企业获利能力的分析评价中有所体现。

三、成本费用分析的意义

（一）为成本考核提供依据

现代企业成本管理过程中通常要制定目标（或计划）成本，编制费用预算，并且采取指标层层分解、责任到班或个人等具体实施方法，最终与考核、奖惩挂钩。这一系列的成本管理工作能否落到实处，目的能否达到，其中考核与奖惩非常关键。通过对成本费用的分析，就能够提供是否完成计划或预算，有哪些成绩和问题，什么原因造成，责任归属等等有关信息，从而为正确考核与合理奖惩提供可靠依据。

（二）为未来成本预测和计划提供依据

进行成本的预测，进而制定成本计划，实行成本控制，都是现代企业成本管理的重要内容。进行成本预测可以减少盲目性，提高降低成本费用的自觉性。确定目标成本，为编制成本计划提供前提条件。通过成本费用的分析，可以对报告期成本费用的实际情况与预定的目标和计划进行对比，确定差距所在，主客观影响因素所在，从而为下期成本预测和编制成本计划提供参考资料。

（三）促使企业改善经营管理，提高成本管理水平，增强市场竞争能力

一般情况下，企业如未能完成成本计划或费用预算，说明在生产经营过程中存在某些问题，而这些问题归根结底大多属于企业管理中的问题。一个企业如果内部管理存在问题，如制度不严、责任不明、效率低下、浪费严重等，这个企业就难以在激烈的市场竞争中站稳脚跟。通过成本费用分析，具体地说明这些问题，就能促使企业采取相应措

施,有针对性地改善经营管理,节约开支,提高成本管理水平,增强企业在同行业或同类产品中的市场竞争能力。

总之,分析成本费用,目的就是要合理控制、降低成本费用,提高企业经营管理水平,增强市场竞争力,最终获取良好的经济效益。

四、成本费用分析的依据

成本费用分析的资料是决定分析结果准确与否的重要因素。一般而言,进行成本费用分析必须具备以下资料:

(1) 成本与费用会计报表。成本费用信息主要集中在会计报表上,而该类报表通常不对外公开,属于企业内部报表。

(2) 成本费用预算。这是分析评价成本费用完成情况必不可少的资料。实际数据越是接近于预算数据,越能证明预算管理水平较高。

(3) 往年成本费用报表。主要用于纵向对比分析,以衡量自身业绩的进与退。

(4) 同行业成本费用信息。可从行业协会、有关政府、企业统计信息中获知,用于横向对比,找出差距。

(5) 管理制度与会计政策。成本费用数据中含有大量的非付现项目,它极易受到会计政策与企业管理制度的影响。因而必须找齐这类背景材料,才能得出全面准确的分析信息。

五、成本费用的分析方法

对成本费用进行分析的方法很多,通常包括对比分析法、比率分析法、连环替换分析法、差额计算分析法和趋势分析法。

(一) 对比分析法

对比分析法也称比较分析法,通过实际数与基数的对比来揭示实际数与基数之间的差异,借以了解经济活动的成绩和存在问题的一种分析方法。工业企业各种成本报表的分析都要采用这种方法。

对比的基数由于分析的目的不同而有所不同,一般有计划数、定额数、前期实际数、以往年度同期实际数以及本企业的历史先进水平和国内外同行业的先进水平等。

将实际数与计划数或定额数对比,可以揭示计划或定额的执行情况。但在分析时还应检查计划或定额本身是否既先进又切实可行。因为实际数与计划数之间的差异,除了实际工作的原则以外,还可能由于计划或定额太保守或不切实际。将本期实际数与前期实际数或以往年度同期实际数对比,可以考察经济业务的发展变化情况。将本期实际数与本企业的历史先进水平对比,将本企业实际数与国内外同行业的先进水平对比,可以发现与先进水平之间的差距,从而学习先进,赶超先进。

对比分析法只适用于同质指标的数量对比,例如实际产品成本与计划产品成本对比,实际原材料费用与定额原材料费用对比,本期实际制造费用与前期实际制造费用对比,等等。在采用这种分析方法时,应该注意对比指标的可比性。进行对比的各项指标,在经济内容、计算方法、计算期和影响指标形成的客观条件等方面,应有可比的共同基础。如果相比的指标之间有不可比因素,应先按可比的口径进行调整,然后再进行对比。

(二) 比率分析法

比率分析法是通过计算各项指标之间的相对数,即比率,借以考察经济业务的相对效益的一种分析方法。

比率分析法主要有相关指标比率分析法和构成比率分析法两种。

1. 相关指标比率分析法

它是计算两个性质不同而又相关的指标的比率,从而进行数量分析的方法。在实际工作中,由于各企业间规模不同等原因,单纯地对比产值、收入或利润等绝对数的多少,不能说明各个企业经济效益的好坏,如果计算成本与产值、收入或利润相比的相对数,即产值成本率、收入成本率或成本利润率,就可以反映各企业经济效益的好坏。

产值成本率、收入成本率和成本利润率的计算本式如下:

$$产值成本率 = \frac{成本}{产值} \times 100\%$$

$$收入成本率 = \frac{成本}{主营业务收入} \times 100\%$$

$$成本利润率 = \frac{利润}{成本} \times 100\%$$

从上述计算本式不难看出,产值成本率和收入成本率高的企业经济效益差,这两种比率低的企业经济效益好。成本利润率则相反,这种比率高的企业效益好,这种比率低的企业经济效益差。

2. 构成比率分析法

它是计算某项指标的各个组成部分占总体的比重,即部分与全部的比率进行数量分析的方法。如将构成产品成本的各项费用分别与产品成本总额相比,计算产品成本的构成比率;又如将构成管理费用的各项费用分别与管理费用总额相比,计算管理费用的构成比率。这种比率分析法也称比重分析法。通过这种分析,可以反映产品成本或经营管理费用的构成是否合理。

现将产品成本构成比率的计算公式列示如下:

$$直接材料费用比率 = \frac{直接材料费用}{产品成本} \times 100\%$$

$$直接人工费用比率 = \frac{直接人工费用}{产品成本} \times 100\%$$

$$制造费用比率 = \frac{制造费用}{产品成本} \times 100\%$$

无论采用什么比率分析法,进行分析时,还应将比率的实际数与其基数进行对比,揭示其与基数之间的差异。如进行相关指标比率的成本利润分析时,还应将实际的成本利润率与计划的或前期实际的成本利润率进行对比,揭示其与计划、前期实际之间的差异。进行构成比率分析时也是如此。

(三) 连环替换分析法

连环替换分析法是顺序用各项因素的实际数替换基数,借以计算各项因素影响程度的一种分析方法。采用对比分析法和比率分析法，可以揭示实际数与基数之间的差异，但不能揭示产生差异的因素和各因素的影响程度。采用连环替换分析法就可以解决这一问题，从而找出主要矛盾，明确进一步调查研究的方向。

这种分析法的计算程序是：①根据指标的计算公式确定影响指标变动的各因素；②确定各项因素的顺序；③按排定的因素顺序和各项因素的基数进行计算；④顺序将前面一项因素的基数替换为实际数，将每次替换以后的计算结果与其前一次替换以后的计算结果进行对比，顺序算出每项因素的影响程度；⑤将各项因素的影响（有的正方向影响，有的反方向影响）程度的代数和，与指标变动差异总额核对使之相符。

连环替换分析法的计算原理如表6-1所示（假定指标为三项因素的乘积）：

表6-1　连环替换分析法换算

替换次数	因素			乘积编号	每次替换的差异	产生差异的因素
	第1项	第2项	第3项			
基数	基数	基数	基数	①		第1项因素
第1次	实际数	基数	基数	②	②-①	第2项因素
第2次	实际数	实际数	基数	③	③-②	第2项因素
第3次	实际数	实际数	实际数	④	④-③	第3项因素
各项因素影响程度合计					差异总额	各项因素

假定某种产品的直接材料费用，定额为800 000元，实际为851 400元，超支51 400元。该种产品直接材料费用总额为该种产品的数量、单位产品直接材料消耗量和直接材料单价的乘积。该种产品的有关数据如表6-2所示：

表6-2　某种产品直接材料费用

项目	产品数量/件	单位产品消耗量/千克	材料单价/元	材料费用/元
定额	1 000	20	40	800 000
实际	1 100	18	43	851 400
差异	+100	-2	+3	+51 400

采用连环替换分析法计算产品数量、单位产品材料消耗量和材料单价三项因素，对产品直接材料费用超支51 400元的影响程度如表6-3所示：

表6-3　某种产品直接材料费用差异分析计算

替换次数	因素			因素乘积				产品差异的因素
	产品数量/件	单位产品消耗量/千克	材料单价/（元·吨$^{-1}$）	金额/元	编号	算式	金额/元	
基数	1 000	20	40	800 000	①			
第1次	1 100	20	40	880 000	②	②-①	+80 000	产品数量

续上表

替换次数	因素			因素乘积				产品差异的因素
	产品数量/件	单位产品消耗量/千克	材料单价/（元·吨$^{-1}$）	金额/元	编号	算式	金额/元	
第2次	1 100	18	40	792 000	③	③-②	-88 000	单位产品消耗
第3次	1 100	18	43	851 400	④	④-③	+59 400	材料单价
各因素影响程度合计							+51 400	各因素

从以上举例可以看出，计算某项因素变动的影响程度时，假定其他因素不变（只有这样才能算出该项因素变动的影响程度），还假定前面的因素已经变动，后面的因素尚未变动。因此，采用这种分析方法，必须按照事物的发展规律和各因素的相互依存关系合理排列各因素的顺序。

确定各因素排列顺序的一般原则是：如果既有数量因素又有质量因素，先计算数量因素变动的影响，后计算质量因素变动的影响；如果既有实物数量因素又有价值数量因素，先计算实物数量因素变动的影响，后计算价值数量因素变动的影响；如果有几个数量因素或质量因素，还应区分主要因素和次要因素，先计算主要因素变动的影响，后计算次要因素变动的影响。

（四）差额计算分析法

差额计算分析法是根据各项因素的实际数与基数的差额来计算各项因素影响程度的方法，是连环替换分析的一种简化的计算方法。

上述连环替换分析的计算原理，可按下列公式表示：

第1项因素的影响程度 =（第1项因素实际数×第2项因素基数×第3项因素基数）-（第1项因素基数×第2项因素基数×第3项因素基数）=（第1项因素实际数 - 第1项因素基数）×第2项因素基数×第3项因素基数

第2项因素的影响程度 =（第1项因素实际数×第2项因素实际数×第3项因素基数）-（第1项因素实际数×第2项因素基数×第3项因素基数）=（第2项因素实际数 - 第2项因素基数）×第1项因素实际数×第3项因素基数

第3项因素的影响程度 =（第1项因素实际数×第2项因素实际数×第3项因素实际数）-（第1项因素实际数×第2项因素实际数×第3项因素基数）=（第3项因素实际数 - 第3项因素基数）×第1项因素实际数×第2项因素实际数

若有各项因素，可依此类推，第i项因素影响数 =（第i项因素实际数 - 第i项因素基数）×第$i-1$项因素实际数×第$i-2$项因素基数×第i项因素实际数

在上列各项计算公式中，第二个等号后面的计算公式都是差额计算分析法的计算公式。这种分析法与连环替换分析法的因素排列顺序如果相同，则计算结果完全相同。

现按前例产品直接材料费用的资料，采用差额计算分析法计算如下：

产品数量变动的影响 =（1 100 - 1 000）×20×40
$\qquad$ = +80 000（元）

单位产品消耗量变动的影响 = (18 - 20) × 1 100 × 40
                    = -88 000(元)
材料单价变动的影响 = (43 - 40) × 1 100 × 18
                = +59 400(元)

上列计算结果与连环替换分析法的计算结果完全相同。

在只有两项因素的情况下，由于能够简便、合理地排列因素的顺序，因而普遍地采用差额计算分析法。例如影响单位产品材料费用大小的因素只有材料消耗数量和材料价格（即单价）两项，按照事物总是从量变到质变的发展规律，可以很容易地确定材料消耗数量因素排列在前，材料价格因素（质量因素）排列在后，因而在单位产品材料费用的分析工作中，普遍地采用这种分析方法计算材料消耗数量变动（量差）和材料价格变动（价差）对材料费用变动的影响程度，计算既准确又简便。

(五) 趋势分析法

趋势分析法是通过连续若干或相同指标的对比，来揭示各期之间的增减变化，据以预测经济发展趋势的一种分析方法。

采用趋势分析法，在连续的若干期之间，可以按绝对数进行对比，也可以按相对数（即比率）进行对比；可以以某个时期为基期，其他各期均与该时期的基数进行对比；也可以在各个时期之间进行环比，即分别以上一时期为基期，下一时期与上一时期的基数进行对比。假定某制造业企业从2013年起到2017年止5年间，某种产品的实际单位成本分别为85元、90元、93元、95元和99元。从上列各年单位成本的绝对额，可以看出，该种产品的单位成本呈逐年上升的趋势。

如果以2013年为基年，以该年单位成本85为基数，规定为100%，可以计算其他各年的单位成本与之相比的比率如下：

2014年：90 ÷ 85 × 100% = 106%
2015年：93 ÷ 85 × 100% = 109%
2016年：95 ÷ 85 × 100% = 112%
2017年：99 ÷ 85 × 100% = 116%

通过上列计算，可以看出该种产品成本2014—2017各年单位成本与2013年单位成本相比的上升程度。

如果分别以上年为基期，可以计算各年环比的比率如下：

2014年比2013年：90 ÷ 85 × 100% = 106%
2015年比2014年：93 ÷ 90 × 100% = 103%
2016年比2015年：95 ÷ 93 × 100% = 102%
2017年比2016年：99 ÷ 95 × 100% = 104%

通过上列计算，可以看出，该种产品的单位成本都是逐年递增的，但各年递增的程度不同。

以上所述对比分析法、比率分析法、连环替换分析法、差额计算分析法和趋势分析法，实质上都是对比分析法。比率分析法是分子指标与分母指标的对比，及据以计算出的相对数指标的实际数与基数的对比；连环替换分析法和登额计算分析法则是各项因素替换结果的对比；趋势分析法是作为分析趋势基础的各期指标之间的对比。有比较才有鉴别，一切分析都是从对比中发现差别、发现矛盾开始的。

应该指出的是，不论什么分析方法，都只能为进一步调查研究指明方向，而不能代替调查研究。要确定经济业务好坏的具体原因，并据以提出切实有效的建议和措施来改进工作，都必须在采用某些分析方法进行分析的基础上，深入实际进行调查研究。

第二节 产品成本分析

一、产品总成本完成情况分析

总成本能反映企业报告期成本资料的全貌。分析时所需资料为：

(1) 按成本项目或按成本种类编制的成本报表；

(2) 成本预算或计划报表；

(3) 往年成本资料。

(一) 成本项目分析

按成本项目分析总成本完成情况有如下积极意义：

(1) 可以反映报告期内全部产品生产费用的支出情况和各项费用的构成情况，并据以进行生产费用支出的一般评价。

(2) 将本年累计实际生产费用与本年计划数和上年实际数相比较，可以考核和分析年度生产费用计划的执行结果，以及本年生产费用与上年相比的升降情况。

(3) 将各期产品生产成本合计数与各该期的产值、收入或利润进行对比，计算成本产值率、成本收入率或成本利润率，还可以考核和分析各该期的经济效益。

(4) 将本年累计实际的产品生产成本与本年计划数和上年实际数相比较，还可以考核和分析年度产品生产总成本计划的执行结果，以及本年产品生产总成本比上年的升降情况，并据以分析影响成本升降的各项因素。

成本项目分析常采用对比分析法、构成比率分析法和相关指标比率分析法。

以江东工厂为例，其成本资料汇编如表 6-4 所示：

表 6-4 产品生产成本（按成本项目反映）

江东工厂　　　　　　　　　　　2017 年 12 月　　　　　　　　　　　　单位：元

项　目	上年实际	本年计划	本月实际	本年累计实际
生产费用：				
直接材料费用	423 760	411 310	41 440	421 270
直接人工费用	174 550	193 840	16 070	182 410
制造费用	323 088	288 070	26 980	294 607

续上表

项 目	上年实际	本年计划	本月实际	本年累计实际
生产费用合计	921 398	893 220	84 490	898 287
加：在产品、自制半成品期初余额	49 200	47 920	41 170	38 498
减：在产品、自制半成品期末余额	38 498	39 860	50 230	50 230
产品生产成本合计	932 100	901 280	75 430	886 555

就表中的生产费用合计数来看，其本年累计数虽然低于上年实际数，但高于本年计划数。这说明：产品生产成本本年累计实际数低于本年计划数，还有期初、期末在产品和自制半成品余额变动的因素，计划的期初、期末在产品、自制半成品余额的差额（47 920 - 39 860 = 8 060 元，正数）大于实际的期初、期末在产品、自制半成品余额的差额（38 498 - 50 230 = -11 732 元，负数）。

就表中的各项生产费用来看，直接材料费用、直接人工费用和制造费用的本年累计实际数与上年实际数和本年计划数相比，升降的情况和程度各不相同，也应进一步查明原因。

对于各项生产费用，还可计算构成比率，并在本年实际、本月实际、本年计划和上年实际之间进行对比。

本年累计实际构成比率：

直接材料费用比率 = 421 270 ÷ 898 287 × 100% = 47%

直接人工费用比率 = 182 410 ÷ 898 287 × 100% = 20%

制造费用比率 = 294 607 ÷ 898 287 × 100% = 33%

本月实际构成比率：

直接材料费用比率 = 41 440 ÷ 84 490 × 100% = 49%

直接人工费用比率 = 16 070 ÷ 84 490 × 100% = 19%

制造费用比率 = 26 980 ÷ 84 490 × 100% = 32%

本年计划构成比率：

直接材料费用比率 = 411 310 ÷ 893 220 × 100% = 46%

直接人工费用比率 = 193 840 ÷ 893 220 × 100% = 22%

制造费用比率 = 288 070 ÷ 893 220 × 100% = 32%

上年实际构成比率：

直接材料费用比率 = 423 760 ÷ 921 398 × 100% = 46%

直接人工费用比率 = 174 550 ÷ 921 398 × 100% = 19%

制造费用比率 = 323 088 ÷ 921 398 × 100% = 35%

根据上列各项构成比率，可以看出，本年累计实际构成与本年计划构成相比，本年直接材料费川和制造费用的比重有所提高，而直接人工费用的比重有所降低；而与上年实际构成相比,本年直接材料费用和直接人工费用的比重有所提高,而制造费用的比重则有所降低。本月实际构成也有较大的变动。应该进一步查明这些变动的原因以及变动是否合理。

对于表中所列的各期产品生产成本合计数,可以与各该期的产值、收入或利润相比,计算相关指标的比率,即产值成本率、收入成本率或成本利润率,据以比较各期相对的经济效益。

假定上例企业各期的利润总额分别为:上年实际 177 099 元,本年计划 180 256 元,本月实际 16 595 元,本年累计实际 186 177 元。则各期的成本利润率可计算如下:

上年实际成本利润率 = 177 099 ÷ 932 100 × 100% = 19%

本年计划成本利润率 = 180 256 ÷ 901 280 × 100% = 20%

本月实际成本利润率 = 16 595 ÷ 75 430 × 100% = 22%

本年累计实际成本利润率 = 186 177 ÷ 886 555 × 100% = 21%

根据上列计算可以看出,该企业的成本利润率不仅本年累计实际高于本年计划和上年实际,而且本年 12 月份的实际还高于本年累计实际。这说明该企业的经济效益是好的,而且是不断提高的。应该进一步查明原因,以便不断发扬成绩。

(二)产品成本种类分析

按种类进行成本分析的意义有:

(1)可以分析和考核各种类产品成本和全部产品成本计划的执行结果,对各种类产品成本和全部产品成本的节约或超支情况进行一般的评价。

(2)可以分析和考核各种可比产品和全部可比产品本月和本年累计的成本对比上年的升降情况。

(3)对于规定有可比产品成本降低计划的产品,可以分析和考核可比产品成本降低计划的执行情况,促使企业采取措施,不断降低产品成本。

(4)可以了解哪些产品成本节约较多,哪些产品成本超支较多,为进一步进行产品单位成本分析指明方向。

对产品种类反映的生产成本表的分析,一般可以从以下两个方面进行:

1. 本期实际成本与计划成本的对比分析

进行这一方面的成本分析,应该根据表中所列全部产品和各种产品的本月实际总成本和本年累计实际总成本,分别与其本月计划总成本和本年累计计划总成本进行比较,确定全部产品和各种主要产品实际成本与计划成本的差异,了解成本计划的执行结果。(如表 6-5 所示)

表 6-5 产品生产成本(按产品种类反映)

江东工厂   2017 年 12 月

产品名称	计量单位	实际产量		单位成本/元				本月总成本/元			本年累计总成本/元		
		本月	本年累计	上年实际平均	本年计划	本月实际	本年累计实际平均	按上年实际平均单位成本计算	按本年计划单位成本计算	本月实际	按上年实际平均单位成本计算	按本年计划单位成本计算	本年实际
甲	件	100	1 100	163.10	162.30	161.50	162.50	16 310	16 230	16 150	179 410	178 530	178 750

续上表

产品名称	计量单位	实际产量		单位成本/元				本月总成本/元			本年累计总成本/元		
		本月	本年累计	上年实际平均	本年计划	本月实际	本年累计实际平均	按上年实际平均单位成本计算	按本年计划单位成本计算	本月实际	按上年实际平均单位成本计算	按本年计划单位成本计算	本年实际
乙	件	200	2 450	134.20	135.00	136.80	135.90	26 840	27 000	27 360	328 790	330 750	332 955
丙	件	300	3 500	110.30	108.40	106.40	107.10	33 090	32 520	31 920	386 050	379 400	374 850
合计								76 240	75 750	75 430	894 250	888 680	886 555

表中，全部产品本月实际总成本 75 430 元和本年累计实际总成本 886 555 元，都低于计划 75 750 元和 888 680 元。总的看来，成本计划执行结果是比较好的。但按产品品种来看，各种产品成本计划的执行结果并不相同。甲种产品的本月实际总成本以及丙种产品的本月实际总成本以及本年累计实际总成本低于计划；甲种产品的本年累计实际总成本、乙种产品的本月实际总成本和本年累计总成本，则高于计划。可见，丙种产品的成本计划完成较好；乙种产品的成本计划完成不好；甲种产品的成本计划从全年来看，完成也不够好。应该进一步分析丙种产品成本计划完成较好、乙种产品和甲种产品成本计划完成不好和不够好的原因，以便巩固成绩，克服缺点，更好地完成成本计划。

2. 本期实际成本与上年实际成本的对比分析

对于可比产品，还可以进行这一方面的成本对比，分析可比产品成本本期比上年的情况。

进行这一方面分析时，应注意可比产品与不可比产品的划分是否正确，检查有无将成本超支的可比产品列为不可比产品，或将成本降低较多的不可比产品列为可比产品，以掩盖可比产品成本超支的弄虚作假情况。

可比产品成本升降情况的分析，可以按产品品种进行，也可以按全部可比产品进行。可比产品成本的降低计划一般按全部可比产品综合规定，因而可比产品成本降低计划执行结果的分析一般按全部可比产品综合进行。

（1）可比产品成本升降情况的分析。进行这一方面分析，应该根据表中所列全部可比产品和各种可比产品的本月实际总成本和本年累计实际总成本，分别与其本月按上年实际平均单位成本计算的总成本和本年按上年实际平均单位成本计算的累计总成本进行比较，确定全部可比产品和各种可比产品本期实际成本与上年实际成本的差异，了解成本升降的情况。

假定江东工厂所产甲、乙、丙三种产品均为可比产品。在该企业 12 月份的产品生产成本（按产品种类反映）表中，全部可比产品本月实际总成本 75 430 元和本年累计实际总成本 886 555 元，都低于上年 76 240 元和 894 250 元。可见，可比产品成本总的来说是降低的。但按产品品种来看，乙种产品本月实际总成本 27 360 元，高于上年的 26 840 元。应该进一步分析乙种产品本月成本高于上年成本的原因，以便克服缺点，进一步降低可比产品成本。

（2）可比产品成本降低计划执行结果的分析。可比产品成本的计划降低额是根据各种产品的计划产量确定的，实际降低额是根据实际产量计算的。在产品品种比重和产品单位成本不变的情况下，产量增减会使成本降低额发生同比例的增减，但由于按上年实际平均单位成本计算的本年累计总成本也发生了同比例的增减，因而不会使成本降低率发生变动（成本降低率计算公式的分子和分母发生同比例变动，其商不变）。产品单位成本的变动，则会影响成本降低额和降低率同时发生变动。产品单位成本降低使成本降低额和降低率增加；反之，则减少。此外，由于各种产品的成本降低程度不同，因而产品品种比重的变动，也会影响成本降低额和降低率同时发生变动。成本降低程度大的产品比重增加会使成本降低额和降低率增加；反之则减少。因此，影响可比产品成本降低率变动的因素有两个，即产品品种比重变动和产品单位成本变动；影响可比产品成本降低额变动的因素有三个，即产品产量变动、产品品种比重变动和产品单位成本变动。

假定该年江东工厂全部可比产品成本的计划降低额为 30 820 元，计划降低率为 3.31%；实际的降低额为 7 695 元，降低率为 0.86%。

根据上列资料，可以计算该企业年全部可比产品成本降低计划的执行的结果如下：

可比产品成本降低额计划执行结果：7 695 - 30 820 = -23 125（元）

可比产品成本降低率计划执行结果：0.86% - 3.31% = -2.45%

成本降低额和成本降低率均未完成计划（正数为超额完成降低计划，负数为未完成降低计划）。下面用连环替换分析法计算产品产量、产品品种比重和产品单位成本三因素变动对可比产品成本降低计划执行结果的影响程度。

（1）产品产量变动的影响：

按计划产量、计划品种比重和计划单位成本计算的成本降低额（即计划降低额）= 30 820（元）　①

由于单纯的产品产量变动会使成本降低额发生同比例变动，但不影响成本降低率，因而按实际产量、计划品种比重和计划单位成本计算的成本降低率，也就是计划降低率。因此：

按实际产量、计划品种比重和计划单位成本计算的成本降低额 = 894 250 × 3.31% = 29 600（元）　②

产品产量变动对成本降低额的影响 = ② - ① = 29 600 - 30 820
$$= -1\ 220（元）$$

（2）产品品种比重变动的影响：

按实际产量、实际品种比重和计划单位成本计算的成本降低额 = 894 250 - 888 680 = 5 570（元）　③

产品品种比重变动对成本降低额的影响 = ③ - ② = 5 570 - 29 600
$$= -24\ 030（元）$$

产品品种比重变动成本降低率的影响 = -24 030 ÷ 894 250 × 100%
$$= -2.69\%$$

（3）产品单位成本变动的影响：

按实际产量、实际品种比重和实际单位成本计算的成本降低额（即实际降低额）= 7 695（元）　④

产品单位成本变动对成本降低额的影响 = ④ - ③ = 7 695 - 5 570
$$= 2\ 125\ (元)$$
产品单位成本变动对成本率的影响 = 2 125 ÷ 894 250 × 100%
$$= 0.24\%$$

以上各因素的影响程度可列表如表6-6所示：

表6-6 各因素影响程度汇总

因　素	对成本降低额影响	对成本降低率影响
产品产量变动	-1 220	0
产品品种比重变动	-24 030	-2.69%
产品单位成本变动	+2 125	+0.24%
合计（可比产品未完成成本降低计划）	-23 125	-2.45%

二、产品单位成本完成情况分析

该类分析应该选择成本超支或节约较多的产品有重点地进行，以便克服缺点，吸取经验，更有效地降低产品的单位成本。

例如，2017年12月份乙种产品的单位成本表如表6-7所示：

江东工厂　　　　　　　　2017年12月
产品名称：乙　　　　　　产品销售单价：168元
产品规格：××　　　　　本月实际产量：200件
计量单位：件　　　　　　本年累计实际产量：2 450件

表6-7 主要产品单位成本

成本项目	历史先进水平	上年实际平均	本年计划	本月实际	本年累计实际平均
直接材料	67.10	67.30	67.00	68.00	67.00
直接人工	29.00	29.00	30.00	29.60	30.10
制造费用	37.90	37.90	38.00	39.20	38.80
生产成本	134.00	134.20	135.00	136.80	135.90
主要技术经济指标	用量	用量	用量	用量	用量
主要材料	4.02千克	4.1千克	4千克	3.4千克	3.5千克

（一）直接材料费用的分析

从上例乙种产品的各项成本来看，直接材料费用占单位成本的一半左右，比重较大，而且本月实际材料费用不仅超过本年计划、上年实际平均、历史先进水平，还超过了本年累计实际平均数，应该作为重点成本项目进行分析。

假定乙种产品本年计划规定和本月实际发生的材料消耗量和材料单价如表6-8

所示:

表6-8 直接材料计划与实际费用对比

项 目	材料消耗数量	材料价格	直接材料费用
本年计划	4.0	16.75	67
本月实际	3.4	20.00	68
直接材料费用差异			+1

现用差额计算分析法计算这两方面因素变动对直接材料费用超支的影响:
材料消耗数量变动的影响 =（3.4-4）×16.75 = -10.05（元）
材料价格变动的影响 =（20-16.75）×3.4 = +11.05（元）
两因素影响程度合计 = -10.05+11.05 = +1（元）

通过以上计算可以看出，该种产品的直接材料费用虽然只超支1元，差异不大，但分析结果表明：由于材料消耗数量节约（由4千克降为3.4千克）使材料费用降低10.05元；由于材料价格的提高（由16.75元提为20元）则使材料费用超支11.05元。两者相抵，净超支1元。由此可见，该种产品材料消耗的节约掩盖了绝大部分材料价格提高所引起的材料费用超支。材料消耗节约只要不是偷工减料的结果，一般都是生产车间改革生产工艺、加强成本管理的成绩。材料价格提高，则要看是由于市场价格上涨或者国家调升价格等客观原因引起的，还是由于材料采购人员不得力，致使材料买价偏高或材料运杂费增加的结果。

与此相联系，该种产品的本年累计实际平均材料费用与本年计划持平（均为67元），低于本月实际、上年实际平均和历史先进水平，也不一定就全是成本管理工作的成绩，应比照上述方法进行量差和价差的分析。

(二) 直接人工费用的分析

在上例乙种产品单位成本的直接人工费用中，本年累计实际平均数高于本年计划数，但本月实际数不仅低于本年累计实际平均数，而且还低于本年计划数（虽然仍高于上年实际平均数和历史先进水平），说明情况已明显好转。该企业实行的工资制度如果是计件工资制度，这些变动主要是由于计件单价变动引起的，应该查明该种产品计件单价变动的原因。如果是计时工资制度，单位成本中的直接工资费用是根据单位产品所耗工时数和每小时的工资费用分配计入的，可以比照直接材料费用采用差额计算分析法进行分析（单位产品所耗工时数相当于单位产品的材料消耗数量，每小时的工资费用相当于材料单价），计算产品所耗工时数变动（量差）和每小时工资费用变动（价差）对直接人工费用变动的影响。

假定上例企业实行计时工资制度，乙种产品每件所耗工时数和每小时工资费用的计划数和实际数如表6-9所示:

表6-9 直接人工费用计划与实际对比

项　目	单位产品所耗工时	每小时工资费用	直接人工费用
本年计划	15	2	30
本月实际	11.84	2.50	29.60
直接人工费用差异	-3.16	+0.50	-0.40

从前列乙种产品单位成本表和上列对比表可以看出，该种产品单位成本中直接人工费用本月实际比本年计划降低0.40元。采用差额计算分析法计算各因素的影响程度：

单位产品所耗工时变动的影响 = -3.16×2 = -6.32（元）

每小时工资费用变动的影响 = +0.50×11.84 = +5.92（元）

两因素影响程度合计 = -6.32+5.92 = -0.40（元）

以上分析计算表明：该种产品直接人工费用节约0.40元，完全是由于工时消耗大幅度节约的结果，而每小时的工资费用则是超支的，它抵消了绝大部分由于工时消耗节约所产生的直接人工费用的降低额。应该进一步查明单位产品工时消耗节约和每小时工资费用超支的原因。

单位产品所耗工时的节约，一般是生产工人提高了劳动熟练程度，从而提高了劳动生产率的结果，但也不排除是由于偷工减料造成的，应该查明节约工时以后是否影响了产品质量。通过降低产品质量来节约工时，是不允许的。

每小时工资费用是以生产工资总额除以生产工时总额计算求出的。工资总额控制得好，生产工资总额减少，会使每小时工资费用节约，否则会使每小时工资费用超支。对生产工资总额变动的分析，可以与前述按成本项目反映的产品生产成本表中直接人工费用的分析结合起来进行。

在工时总额固定的情况下，非生产工时控制得好，减少非生产工时，增加生产工时总额，会使每小时工资费用节约，否则会使每小时工资费用超支。因此，要查明每小时工资费用变动的具体原因，还应对生产工时的利用情况进行调查研究。

（三）制造费用分析

对制造费用进行分析，就是要查明制造费用预算（计划）的执行情况怎样，超支或节约的原因是什么。哪些问题由主观原因所致，有无不可控因素导致费用增加的现象，以便落实责任、考核奖惩、制定改进措施，促进成本管理工作水平的提高。

对制造费用表进行分析应采用的方法，主要是对比分析法和构成比率分析法。

为了具体分析制造费用增减变化和计划执行好坏的情况和原因，对比分析应该按照费用项目进行，并选择超支或节约数额较大或者费用比重较大的项目有重点地进行。

在采用构成比率法进行制造费用分析时，须与企业或车间的生产、技术的特点联系起来，分析其构成是否合理。

（四）主要技术经济指标的分析

这一方面的分析主要是通过本月实际数和本年累计实际平均数与本年计划数、上年实际平均数和历史先进水平分别进行对比，揭示差异，进而查明发生差异的具体原因。

三、产品成本分析须注意的事项

（一）成本核算方法的合理性分析

如前所述，由于成本中存在较多的会计技术手段的影响，因而在分析具体数据之前，须先分析成本核算方法选用的合理性和准确度，尤其是企业变更成本方法后产生的方法差异。

（二）材料费用项目分析

除传统的因素（产量、消耗量、价格）外，影响材料费用的因素还有：生产工人技术熟悉程度；生产工艺的改进；生产设备的状况；材料供应商的改进措施；不同客户对不同产品的质量要求（这点在按订单生产的企业尤显关键）等。这些难以用定量指标反映的因素确实影响着材料费用的高低，分析时不可忽略。

（三）工资费用项目分析

与材料费用的附加分析一样，影响工资费用的因素还有：

（1）政府法律。如我国许多地区执行的最低工资保障制度，各种用工保险制度等。

（2）企业工资制度的变革。

（3）工人知识素质结构的变化，等等。

第三节 期间费用分析

一、期间费用的含义和种类

在本章第一节中曾指出，企业生产经营活动中发生的各种耗费，能够对象化的部分就构成该对象成本，而每期均可能发生且不宜对象化的部分就作为当期费用处理。这些以发生期间进行归集和补偿的费用，统称为期间费用。期间费用和那些已售产品的生产成本共同构成本期总经营成本。

按照费用用途的不同，期间费用分为三类。一类是企业为了销售产品发生的各项费用，即销售费用；另一类是企业的行政管理部门为行使组织管理职能所发生的各项费用，即管理费用；再一类是企业为筹集生产经营活动所需资金而发生的相关费用，即财务费用。这些费用的用途有着明显的区别，为了判明各种耗费的水平，有必要将它们分别核算、管理和分析。

二、期间费用的分析方法

对各项费用的分析主要采用对比分析法和构成比率分析法。

首先应采用对比分析法，视分析的目的，选择各费用明细表中的某项数字为基数，将本期实际与基数进行对比，确定各个项目本期实际与对比基数的差异。分析时，可以将各项费用的本期实际数与计划数进行对比,分析计划的执行结果;可以将各项费用的本期实际数与上期实际数进行对比,了解其增减变化,分析发展趋势。

其次应采用构成比率分析法,以各项费用的总额为基数,分别用各项费用的各个项目与总额进行计算,求出所占比重,以找出影响费用总额的重点项目,确定管理的重点环节。

三、各项费用分析应注意的问题

(1) 应首先分析费用开支比例和提取标准的费用项目,看其是否符合有关制度的规定。例如,管理费用中的业务招待费,是以年销售净额为基数,按一定比例确定支出数额。在对业务招待费项目进行分析时,就可以按有关规定来衡量其支出是否合理。

(2) 不能仅从某项费用绝对数的增减来评价费用控制情况,要联系与之相关的生产经营业务量的增减变化来评价。例如,销售费用中的宣传费、广告费,本期比上期增加了5 000元,不能简单地认为费用没有很好地加以控制,应结合主营业务收入的增减加以评判,如果该项费用的增长速度小于收入的增长速度,则费用的增加可能是正常的,或者说是必要的。

(3) 由于各项费用包括的项目较多,不能泛泛进行分析,应该选择费用比重较大、超支或节约数额较大的项目有重点地进行分析,做到点面结合。

(4) 所得税政策影响分析。由于期间费用与所得税前扣除办法所约束的内容直接相关,企业可能因避税考虑而有意超支或节约某些项目,分析时应特别加以注意。

四、销售费用分析

穗河公司销售费用明细分析如表6-10所示:

表6-10 穗河公司销售费用明细分析
2017年度
单位:元

费用项目	本期预算	本期实际	实际比预算		各项目占总体比重/%	
			增减金额	变动/%	预算数	实际数
工资福利费	62 200	62 618	418	略	54.4	53.0
运输费	8 600	9 870	1 270	14.8	7.5	8.4
装卸费	1 400	1 720	320	22.9	1.2	1.5
包装费	9 300	7 400	-1 900	-20.4	8.1	6.3
展览费	4 100	4 680	580	14.1	3.6	4.0
广告费	7 800	7 800	0	0	6.8	6.6
差旅费	8 600	9 456	856	10.0	7.5	8.0
其他	12 500	14 468	1 968	15.7	10.9	12.2
合计	114 500	118 012	3 512	3.1	100	100

经过各项目的分析，综合对该公司本期销售费用预算执行情况总结评价如下：首先，从总额上看，预算执行情况不太理想，但基本上完成了预算任务。分项目看，还存在一定的问题。对其中与销售变动和开展业务有关的几项变动性或半变动性费用，一定要结合销售业务情况进行分析，在满足开展业务、扩大销售的前提下再考虑节支问题。所以对穗河公司运输、装卸等几项费用的增减在无销量等资料的情况下，不能简单地作出结论。最后需提出的是要注意差旅费和其他费用的开支情况，尤其是后者，对其初步分析的结论是预算执行情况欠佳。

五、管理费用分析

天河公司管理费用明细情况如表 6-11 所示：

表 6-11 管理费用明细

天河公司　　　　　　　　　　2017 年 12 月　　　　　　　　　　　　单位：元

项　目	本年计划数	上年同期实际数	本月实际数	本年累计实际数
工资及福利费	165 000	19 850	14 600	176 290
折旧费	118 445	9 764	10 056	120 943
办公费	78 000	6 753	6 241	75 652
差旅费	73 500	7 213	5 984	74 382
运输费	90 000	6 840	7 986	95 684
保险费	35 000	2 530	2 900	35 000
租赁费	28 600	4 200	2 128	28 600
修理费	45 000	3 540	3 996	48 325
咨询费	0	0	0	10 000
排污费	4 000	0	0	5 000
绿化费	18 000	0	0	18 000
物料消耗	11 800	873	952	11 540
低值易耗品摊销	10 000	1 152	964	10 500
无形资产摊销	8 500	795	820	9 800
业务招待费	11 000	5 312	3 450	12 300
工会经费	3 000	258	260	3 093
职工教育经费	2 250	194	195	2 320
劳动保险费	5 500	450	491	5 890
税金	8 000	862	705	8 462
房产税	（略）	（略）	（略）	（略）
车船使用税	（略）	（略）	（略）	（略）

续上表

项目	本年计划数	上年同期实际数	本月实际数	本年累计实际数
土地使用税	（略）	（略）	（略）	（略）
印花税	（略）	（略）	（略）	（略）
材料、产成品亏和毁损净损失	1 000	2 431	1 500	2 100
其他	3 000	569	465	4 982
合计	734 595	80 472	68 243	774 763

管理费用明细表分析的基本方法和目的基本上与销售费用相同。在对各项目进行分析时，可以视分析目的的不同，选择其中某项资料为基数，将本期实际与基数进行对比，找出管理费用的有关差异，并运用构成比率分析影响管理费用的主要因素。需要特殊强调的是：管理费用发生在行政管理部门，费用的发生与产品无直接联系，费用项目多，大部分费用是固定费用，应编制预算加以控制。在分析时，首先应对费用按性质进行分类，分析哪些费用的发生是正常的，哪些是不正常的；哪些是管理上的原因，哪些不是管理上的原因，有针对性地进行管理和控制。管理费用各项目按性质一般可以分为如下几类：

（1）管理性费用。如工资及福利费、办公费、差旅费、修理费、业务招待费等。这类费用的高低一般反映企业的管理水平，应从管理上找原因。

（2）发展性费用。如职工教育经费等。这类费用的高低与企业的未来发展相关，不能简单地与管理水平挂钩，应将费用支出与带来的效益相比较进行分析。

（3）保护性费用。如保险费、待业保险费、劳动保护费等等。这类费用的高低与企业防范生产经营风险和劳动保护条件的改善相关，可以避免未来的损失，因此也不能简单地与管理水平挂钩，而应将费用支出与带来的效益相比较进行分析。

（4）不良性费用。如材料与库存商品盘亏和毁损的净损失、产品"三包"损失等等。这类费用的发生与管理有直接的关系，必须从管理上找原因。

六、财务费用分析

企业从事生产经营活动离不开资金的运转。除了一定数量的自有资金以外，往往还要寻求贷款这条途径。为此企业也须付出一定数量的资金成本，这部分资金成本构成财务费用的主要部分。

对财务费用进行分析，目的是为了评价考核企业在财务费用方面的开支是否与预算（计划）相符合，超支或节约的原因是什么。从分析中还可以了解掌握企业的财务方针政策如何，是否满足了生产经营资金的需要，当前面临着多大的外汇风险（有外币业务的企业），对此是否采取了一定的防范措施，所负担利率与经营利润孰高孰低等。通过财务费用分析，将为企业本期财务费用的考核和下期的预算提供依据。

同上述两项期间费用一样，对财务费用的具体分析也必须借助详细资料，即有必要编制并利用财务费用明细表。会计实务中的财务费用不仅指借款的利息费用，还包括企业银行存款的利息收入（作为财务费用的减项），因为其数额相对较小，所以采取了冲减利息费用的做法。此外还包括汇兑损失，如获得汇兑收益，其收益直接与汇兑损失相冲抵。另外还包括与金融机构往来过程中的手续费等内容。

财务费用的分析方法和过程与本节前述两种期间费用的分析基本一致，区别也只在于每种费用包含的内容不同而已，因此分析问题的角度会各有侧重，评价各种费用管理水平的高低所考虑的业务背景和依据不尽相同。比如分析评价营业费用就要联系当期市场需求变化的情况和企业销售业务的开展、销售规模的大小等业务背景来进行；而分析评价财务费用时应该考虑的业务背景应是企业融资对生产经营资金需求的满足程度以及外汇市场上汇率变化的风险情况（有外币业务的企业需要考虑）。当然，只有在掌握了企业有关背景资料的情况下，分析才能够比较深入、透彻。一般情况下只能根据费用明细表信息进行初步分析，同时可作出某些背景假设并在此基础上提供必要的分析线索。

思考练习

一、单项选择题

1. 按一定期间进行归集的耗费，形成（　　）
   A. 产品成本　　　B. 对象成本　　　C. 期间成本　　　D. 期间费用
2. 直接为某个对象发生，因而专门归集起来的是（　　）
   A. 成本　　　　　B. 费用　　　　　C. 耗费　　　　　D. 制造费用
3. 厂房设备的折旧费、保险费及管理人员工资属于（　　）
   A. 变动成本　　　　　　　　　　　B. 酌量性固定成本
   C. 约束性固定成本　　　　　　　　D. 半变动成本
4. 产品成本分析中所进行的生产成本情况分析的对象是（　　）
   A. 报告期已完工产品　　　　　　　B. 在产品
   C. 在产品和已完工产品　　　　　　D. 加工商品
5. 车间用于组织管理生产的费用，应属于（　　）
   A. 销售费用　　　B. 管理费用　　　C. 财务费用　　　D. 制造费用
6. 研究开发费、职工培训费一般属于（　　）
   A. 约束性固定成本　　　　　　　　B. 酌量性固定成本
   C. 变动成本　　　　　　　　　　　D. 半变动成本

二、多项选择题

1. 下列费用中，属于直接因某个对象而发生，并专门加以归集而形成该对象成本的是（　　）
   A. 产品直接材料费用　　　　　　　B. 产品销售费用

C. 制造费用 D. 产品直接人工费用
E. 管理费用
2. "酌量性固定成本"一般包括（　　）
A. 研究开发费 B. 广告宣传费
C. 职工培训费 D. 管理人员工资
E. 厂房设备的折旧费
3. "约束性固定成本"一般包括（　　）
A. 厂房设备的折旧费 B. 保险费
C. 产品包装费 D. 管理人员工资
E. 财产税
4. 影响可比产品成本降低的因素有（　　）
A. 产量 B. 销售价格
C. 品种结构 D. 单位成本
E. 变动成本
5. 下列有关管理费用论述正确的有（　　）
A. 管理费用包括企业行政管理各职能部门人员的工资
B. 管理费用包括企业行政管理各职能部门人员的福利费
C. 管理费用基本属于固定性费用
D. 对管理费用实行预算管理很有必要
E. 制造车间管理人员工资属于管理费用
6. 企业财务费用项目一般包括（　　）
A. 利息费用 B. 利息收入
C. 汇兑损失 D. 汇兑收益
E. 手续费
7. 单纯的产量变动对成本降低额和降低率的影响是（　　）
A. 使成本降低额发生等比例变动 B. 使成本降低率发生等比例变动
C. 并不影响成本降低额 D. 并不影响成本降低率
E. 以上都不对
8. 成本费用分析的意义在于（　　）
A. 为成本考核提供依据
B. 为未来成本预测和计划提供依据
C. 促进企业改善经营管理，提高成本管理水平
D. 开发新产品
E. 增强企业的市场竞争力
9. 影响可比产品成本降低率变动的因素有（　　）
A. 产量变动 B. 品种结构变动
C. 单位成本变动 D. 产品质量变动
E. 单位产品售价

10. 下列关于成本费用的叙述中，正确的有（   ）
A. 费用是成本的基础
B. 成本是费用的基础，没有发生成本就不会形成费用
C. 按对象归集的费用构成成本
D. 成本发生期和补偿期并非完全一致
E. 不予对象化的费用则按发生期间归集，由同期收入补偿

三、问答题

1. 产品成本分析应采用哪些方法？
2. 如何按产品种类进行产品生产总成本分析？
3. 如何按成本项目进行产品生产总成本分析？
4. 如何进行期间费用分析？
5. 如何进行制造费用分析？
6. 产品生产成本表能够提供什么数据？
7. 可比产品成本分析的特点是什么？
8. 成本费用分析的意义是什么？
9. 按产品种类进行成本分析的意义有哪些？
10. 按产品项目进行成本分析的意义有哪些？

四、计算分析题

1. 资料：某企业 A 产品单位生产成本资料如表 6-12 所示：

表 6-12 主要产品单位成本   2017 年 12 月

产品名称：A   计量单位：件   单位：元

成本项目	上年实际平均	本年计划	本年累计实际平均
直接材料	1 189	1 140	1 323
直接人工	53	51.6	63
制造费用	67	69	71
单位成本合计	1 309	1 260.60	1 457
主要材料消耗量	20.5	19	21
材料单价	58	60	63
工时消耗（小时）	13	12	14
小时工资率	4.10	4.30	4.40

要求：
（1）对 A 产品单位成本进行一般分析。
（2）对直接材料和直接人工两个成本项目进行因素分析（本年累计实际与计划对比）。

2. 资料：某公司2017年度财务费用有关资料如表6－13所示：

表6－13 财务费用明细

2017年度　　　　　　　　　　　　　　　　　　　　　　　　　　　　　　　　单位：元

项 目	预算数	实际数
利息支出净额	260 000	276 865
汇兑净损失	191 340	207 290
其他	115 000	130 000
合计	566 340	614 155

要求：
（1）计算各项目增减额及变动百分比。
（2）分析该公司财务费用预算执行情况。

3. 资料：某公司采用计时工资制度，其某产品直接人工费用计划与实际对比表如表6－14所示：

表6－14 直接人工费用计划与实际对比

项 目	单位产品所耗工时	小时工资率	直接人工费用
本年计划	42	6	252
本月实际	37.2	6.66	247.75
费用差异			4.25

要求：计算该公司直接人工费用差异的影响因素并作简要分析。

4. 资料：某企业简化产品生产成本表如表6－15所示：

表6－15 产品生产成本

单位：万元

产品名称	本月总成本			本年累计总成本		
	按上年实际平均单位成本计算	按本年计划单位成本计算	本月实际	按上年实际平均单位成本计算	按本年计划单位成本计算	本年实际
甲	959	955	952	10 549	10 505	10 516
乙	1 944	1 914	1 878	22 680	22 330	22 050
丙	1 578	1 580	1 604	19 330.5	19 355	19 526.5
合计	4 481	4 449	4 434	52 559.5	52 190	52 092.5

要求：按产品种类对产品生产成本计划完成情况进行简要分析。

5. 资料：M公司2017年度产品生产总成本有关数据如表6－16所示：

表6-16 产品生产总成本

单位：元

产品名称	生产总成本		
	按上年实际平均单位成本计算	本年计划总成本	本年实际总成本
主要产品合计	25 500	26 500	27 700
A产品	22 500	20 000	21 000
B产品	7 000	6 500	6 700
非主要产品C产品	3 000	3 500	4 000
全部产品生产成本合计	32 500	30 000	31 700

要求：

（1）计算全部产品成本比上年实际的降低额和降低率。
（2）计算主要产品总成本比上年实际的降低额和降低率。

第七章

利润分析

本章提要

利润是企业综合经济效益的最终体现，也是企业自始至终追求的目标。同时，利润还受到企业以外的广泛的利益群体的关注，因而利润较之其他指标更显得十分"尊贵"。本章拟通过对利润完成情况的分析和获利能力的分析，充分提示企业的利润信息。

第一节 利润分析的意义

一、利润的含义

企业经营活动过程是资本的耗费过程和资本的收回过程,包括发生各种成本费用和取得各项收入。企业在经营活动中,要考虑生产要素和商品或劳务的数量、结构、质量、消耗、价格等因素。经营活动的目的在于以较低的成本费用,取得较多的收入,实现更多的利润。因此,利润分析是经营活动分析的核心。

在商品经济条件下,企业追求的根本目标是企业价值最大化或股东权益最大化。无论是企业价值最大化,还是股东权益最大化,其基础都是企业利润,利润已成为现代企业经营与发展的直接目标。企业的各项工作,最终都与利润相关。

利润是企业和社会积累与扩大再生产的重要源泉。企业实现的利润,从分配渠道看,一是分配给企业所有者,二是留在企业内部。然而,无论利润分配到何处,其用途主要有二,一是积累,二是消费。从根本上说,没有积累,就没有扩大再生产,或者说没有利润就没有扩大再生产。用企业留利直接进行扩大再生产是如此,采取筹资方式扩大再生产也是如此。因为企业筹资的一部分可能来自积累基金,企业筹资的本金或利息及股息的偿还和支付也离不开利润。

利润是反映企业经营业绩的最重要指标,也是反映企业经营成果的最综合的指标。它受企业生产经营各环节、各因素的影响。供、产、销各环节,人、财、物各要素的变动无不影响着利润的增减变动。企业各环节和各因素的状况好,利润就高;反之,只要某一环节或因素出现问题,就会影响利润的增长。因此,利润对于评价企业经营者的经营业绩是至关重要的。

利润是企业投资与经营决策的重要依据。在现代企业制度下,政企职责分开,所有权与经营权分离,企业的经营自主权扩大。决策问题是企业经营管理中的核心问题,也是企业外部各投资者、债权人十分关心的问题。然而,无论何种经济决策,都离不开利润这个重要的依据或标准。凡有利于利润增长的方案,或只有能够使利润增长的方案才是经济上可行的方案。

二、利润分析的作用

明确利润的作用,为研究利润分析奠定了基础。利润分析是实现利润作用的手段或途径。通过对利润进行会计分析,可以确定影响利润的会计原则、会计政策等变动因素,纠正利润偏差,真实反映利润的实际水平,更好地实现利润分析的作用。

第一,利润分析可正确评价企业各方面的经营业绩。由于利润受各个环节和各个方面的影响,因此,通过不同环节的利润分析,可准确说明各个环节的业绩。如通过产品销售利润分析，不仅可说明产品销售利润受哪些因素影响以及影响程度，而且可说明是主观影响还是客观影响，是有利影响，还是不利影响，这对于准确评价各部门和环节的业绩是十分必要的。

第二，利润分析可以及时、准确地发现企业经营管理中存在的问题。正因为分析不仅能找出成绩，而且能发现问题，因此，通过对利润的分析，可发现企业在各个环节存在的问题或不足，为进一步改进企业经营管理工作指明方向。这有利于促进企业全面改善经营管理，使利润不断增长。

第三，利润分析可以为投资者、债权人的投资与信贷决策提供正确的信息。这是财务分析十分重要的作用。前面谈到，由于企业产权关系及管理体制的变化，越来越多的人关心企业，尤其关心企业的利润。企业经营者是这样，投资者、债权人也是如此，他们分析企业利润，了解企业的经营潜力及发展前景，从而作出正确的投资与信贷决策。

三、利润分析的内容

（一）利润额增减变动分析

利润额增减变动分析，是通过对利润表的水平分析，从利润的形成方面，反映利润额的变动情况，揭示企业在利润形成中的会计政策、管理业绩及存在的问题。

（二）利润结构变动分析

利润结构变动分析，是在对利润表进行垂直分析的基础上，揭示各项利润及成本费用与收入的关系，以反映企业各环节的利润构成、利润及成本费用水平。

四、利润分析的依据

进行利润分析所需要的资料及基础信息包括：

1. 利润表

利润表既包括预算表，也包括历年利润表等，表中的重点项目有：

（1）产品销售利润。产品销售利润，亦称主营业务利润，指产品销售净收入减去产品销售成本及税金后的余额。产品销售利润是企业主营业务利润的具体体现。

（2）营业利润。营业利润是指企业营业收入与营业成本费用及税金之间的差额。它既包括产品销售利润，又包括其他业务利润，并在二者之和基础上减去营业费用（或销售费用）、管理费用与财务费用。它反映了企业自身生产经营业务的利润。

（3）息税前利润。息税前利润是指没有扣除利息和所得税前的利润，即等于利润总额与利息支出之和。它反映了企业包括负债经营在内的全部利润。

（4）利润总额。利润总额是反映企业全部利润的指标，它不仅反映企业的营业利润，而且反映企业的对外投资收益，以及营业外收支情况。

（5）净利润或税后利润。净利润是指企业所有者最终取得的利润，或可供企业所有者分配或使用的利润。它等于利润总额与所得税之间的差额。

2. 利润表附表

如利润分配表、分部报表、投资收益明细表、营业外收支明细表等。

3. 利润表附注

如关于企业收入、成本费用、投资收益等的会计原则与会计政策选择与变动。

4. 其他相关资料

尤其是与利润相关的非会计资料。

第二节 利润完成情况分析

一、企业利润增减变动和利润差异分析的内容

（一）利润增减变动分析的内容

企业利润增减变动分析是就报告期实现的利润与计划利润、前期利润或其他利润指标进行比较，查明它们是否一致、变化如何的分析过程。在利润增减变动分析中，首先要明确比较的标准有哪些，以便注意相关数据的搜集、积累和利用。常见的比较标准有企业前期实现的利润、本期制定的目标利润或计划利润、同行业先进企业同期利润等。其中前期的含义包括上月、上季、上年或上年同期以及以往连续数期，企业可选择比较期间。如选用的比较期间距今已较长，应注意几年中是否在经营上、会计政策上或其他方面发生了重大的变化，以至出现了不可比因素。如果存在，应力求排除，增强可比性。

报告期利润与所选择的比较标准对比之后，要确定变化方向是增加还是减少，并且分别计算出增减差异额。

利润增减变动分析是利润分析的初步形式，也是最基本的分析方式。它直观、明确地将企业本期经营业绩情况是好是差、是成功是失败这一初步结论展示出来，同时为寻求好或差、成功或失败的原因提供线索。

（二）利润差异分析的内容

利润差异的分析是利润增减变动分析的继续，它包括两方面的内容。首先是继续计算，确定差异变化的幅度。差异可以用绝对数表示，也可以用相对数表示，但用相对数比用绝对数的可比性更强，更能说明问题。继而是对差异变化的原因进行分析，对其中影响利润变化的主要项目还需再深入一步，分析内在影响因素并确定它们各自的影响程度。只有通过利润差异分析，才能揭示出症结所在，对企业经营管理水平及业绩作出正确评价。

二、净利润增减变动及原因分析

对净利润增减变动进行分析时，除了比较各种利润数据之外，一般应对利润表中的所有项目进行对比，计算差异。净利润的变化正是由各构成项目发生变化而引起的。当然，在比较利润表的所有项目时，比较标准的确定很重要。利润指标作为综合性指标，用以相比较的数据较多且容易获得，而表中其他项目的比较标准一般只有前期数

字，因此就利润表整体进行分析，比较标准就是前期利润表。

（一）差异及变动百分比计算差异及变动百分比计算公式如下：

某项目增减差异＝某项目报告期数值－前期数值（或其他比较标准数值，下同）

正数差异为增加额，负数差异为减少额，都是绝对数直接比较的结果。绝对数差异不宜用于规模相差较大的企业之间进行比较。

某项目增减差异变动百分比＝某项目增减差异÷前期数值×100%

差异变动百分比实际上是用相对数来表示增减变化，即变动幅度，普遍用于纵向（前后期）和横向（企业间）的比较。

江城公司三年利润表资料及差异和百分比的计算，如表7－1所示：

表7－1　江城公司利润

单位：元

项目	2015年	2016年			2017年		
	金额	金额	增减差异	变动/%	金额	增减差异	变动/%
营业收入	2 839 743	3 720 337	880 594	31.0	4 225 046	504 709	13.6
减：营业成本	1 930 461	2 767 350	836 889	43.4	3 403 821	636 471	23
营业税金及附加							
销售费用	131 834	217 854	86 020	65.2	317 795	99 941	45.9
管理费用	341 750	339 826	-1 924	-0.6	508 872	169 046	49.7
财务费用	46 772	36 290	-10 482	-22.4	35 307	-983	-2.7
加：投资收益	0	5 200	5 200		11 000	5 800	111.5
营业利润	388 926	359 017	-29 909	-7.7	-40 749	-399 766	-111.4
加：营业外收入	0	866	866		3 643	2 777	320.7
减：营业外支出	9 500	19 300	9 800	103.2	1 015	-18 285	-94.7
利润总额	379 426	345 783	-33 643	-8.9	-27 121	-372 904	-107.8
减：所得税	0	114 108	114 108		0	-114 108	-100
净利润	379 426	231 675	-147 751	-38.9	-27 121	-258 796	-111.7

注：该公司2014年享受免税政策。

表7－1中2016年度和2017年度各项目的增减差异及变动百分比均是采用环比方法计算的。在表中可看到有些项目的变动百分比数额很大，如"营业外收入"项目2013年高达320.7%。这是因为数额小的绝对数发生变化，往往会使其百分比数值变化很大。比如一家小企业的利润额去年和今年分别为100元和500元，从绝对数额看只增加了400元，而用百分比表示的增长幅度高达400%，虽不存在计算错误，但是用这么高的增长幅度简单地去说明企业取得的业绩，不太妥当。分析时应注意对这种情况的把握和解释。

（二）对比和趋势分析

对比和趋势分析既有区别也有一定联系，对比分析一般是指与某个比较标准进行对比并分析对比结果。趋势分析当然也离不开对比，但一般要将连续几期的数据资料一起对比，从中找出变化的轨迹以寻求发展的趋势。

1. 对比分析

根据表 7-1 提供的资料，以 2017 年作为报告期，2016 年作为基期（对比期），通过计算出的 2017 年度各项目增减差异及变动百分比，分析该公司 2017 年度的利润实现情况。

首先可以看到，营业收入较上年增加了 504 709，增长幅度为 13.6%。就该项目本身而言，2017 年比 2016 年有进步。但营业成本则以更快的速度上升，上升幅度达到 23%，远远超过收入的增长幅度，这足以说明企业在产品生产上成本费用大幅增加，给本年利润带来极不利的影响。有待于作出进一步的分析，查找原因。另外，销售费用和管理费用也在大幅度增加，增幅分别达到 45.9% 和 49.7%，也是需要深入分析原因的一个重要项目。

就整个经营活动而言，各项成本费用耗费水平除财务费用略有降低外，其他均有不同程度的提高。上年营业利润将近 36 万元，而 2017 年却亏损 4 万多元（此项目不宜使用表中计算的增减差异及百分比数字，两个年度绝对数的比较足以说明问题），显然业绩很不理想。

营业利润以下各项目的变动百分比也都比较大，不再一一对比。结合各项目绝对数与相对数的变化，大体上可知该公司 2017 年度在对外投资方面比上年所得收益又有成倍的提高，虽然绝对数额不大，但仍然是一个有利因素。还值得一提的是营业外支出项目比上年有大幅度下降，也是一个进步。然而在利润构成中分量最重要的营业亏损，未能（一般也不太可能）由于营业外其他有利因素的影响而得到多大的改善，最终导致 2017 年发生亏损 2.7 万元，所以总的来讲该公司 2017 年的经营绩效是退步的。

通过上述实例的对比分析说明可以看到，分析的重点首先应是营业环节，即利润表中营业利润以上的各项目。此外对营业利润下方的项目，特别是营业外收支项目，如果本期发生额数值较大时（其变动百分比可能很大），应深入进行分析，查明究竟是什么具体原因所致。透过其中各项目的数字也可了解企业在经营中有何打算，从而发现在管理上是否存在问题，因为企业在处置清查固定资产、出售某个营业分部等业务中引起的损益，在我国会计实务中是归入营业外项目的。当然，就企业外部人士而言，可能会因为资料所限无法进行深入分析。

2. 趋势分析

进行趋势分析所需时间长度至少应是三年，一般以五年左右为宜。比较计算各年相同项目的增减差异和变化幅度时，既可以采用环比方法（各年均与相邻的前一年对比），也可以采用定基方法（各年都直接与基年对比）。

根据 8-1 提供的资料，我们就三年来的变化情况进行对比分析，看看该公司经营情况成果的发展趋势。

一般来说，较好的趋势走向往往表明企业可能正处于生长期，走向成熟期；反之，则可能正从成熟期迈向衰退期。如果趋势走向不定，除寻找自身原因外，还应从外部环境的角度加以分析。

(三) 利润增减变动的原因分析

报告期利润发生了增减变化，不管是有利的变化还是不利的变化，其原因何在？这是问题的关键。总体来讲，造成利润变化的原因很多，既有内部的也有外部的，既有主观的也有客观的。这些原因可归纳起来分为表层原因和深层原因。

1. 表层原因

表层原因实际上就是指利润的构成项目，也即利润表中所列项目。通过两期利润表的对比，可以立即了解引起利润增减变化的表层原因是什么。

2. 深层原因

深层原因是指表层原因背后的影响因素。比如在表层原因中我们了解到本期利润下降是由于营业成本上升、管理费用加大以及营业外支出增多等几方面原因引起的，那么营业成本为什么会上升？管理费用为什么会加大？而营业外支出又为什么会增多？回答这些问题，就要对深层原因进行分析。

从深层原因来看，影响因素往往是错综复杂的，主客观因素常常共同发生作用。某些因素对利润的影响程度有多大可以量化出来，有些因素的影响却难以量化。可以量化的应当进行定量分析。对不能量化的，也应通过定性分析，明确它们中的哪些是主观原因，哪些是客观原因，是属于企业内部的管理问题还是属由外部的环境问题。

(1) 内部管理问题。由于企业内部经营管理水平的高或低导致利润发生增减变化，属于主观原因。经营管理水平不高通常表现为计划不周，决策失误，规章制度不健全或执行不严，管理、控制和监督不力，因而导致发生损失浪费、成本费用上升、坐失销售良机等情况，其结果必然是利润减少甚至发生亏损。主观原因属于自身的问题，企业必须寻求相应的解决途径。

(2) 外部环境问题。外部环境变化给企业经营带来影响并导致利润发生增减变化，属由客观原因，企业无力加以控制或改变。归纳起来，外部原因通常包括以下几个方面：第一，国际经济环境的变化及对国内经济和市场的影响；第二，国家宏观政策的调整，如国家调整税收政策导致企业税负增加，调整产业政策导致企业转产等；第三，有关法律法规的颁布执行，如对某些经营内容提出限制条款，导致企业缩小经营规模或者不能继续从事此项经营；第四，市场机制不健全，存在行业垄断和不正当竞争；第五，市场需求和价格发生较大变化；第六，商品自身的周期性（实际上，这个原因中包含主观成分，但又与市场紧密相连）。有些企业生产的产品，市场始终存在需求，但需求量随着商品的使用寿命会出现高峰和低谷（在市场相对有限的条件下）。如家电的生产和销售就会随着它的新一轮更新出现销售高潮，之后再逐渐进入平淡、低潮，不断轮回。因此导致这类企业实现利润的多少也出现周期性特征。

三、营业利润主要项目的因素分析

(一) 营业利润的主要项目及因素构成

营业利润是企业各类业务经营所取得的成果，一般来说，它的基础部分是主营业务利润，这在多步式结构损益表中显得非常清楚。构成营业利润的营业收入、营业成本和费用，以及营业税金显然都是营业利润的主要项目。要想定量分析这些项目对营业利润的影响，必须从它们的构成因素入手。归纳起来，影响营业利润的因素包括业务数量、单位业务量的售价、单位业务量的成本费用、销售税金和其他因素。就工业企业而言，其影响因素表现为产品的销售数量、销售单价、单位成本、销售品种结构、等级结构以及销售税金等。扩大销售数量，适当提高单位售价，改善品种结构，都可以增加产品销售收入，同时努力降低单位成本，就可以获得较多的主营业务利润。

（二）主要项目的因素分析

下面以工业企业的产品销售利润为例，对其增减变动采用因素分析法中的差额计算法进行分析。

1. 各因素对产品销售利润影响程度的确定

（1）产品销售数量变动对销售利润的影响。产品销售数量可以说是取得收入、实现利润的首要影响因素。在单位产品赚取一定利润的情况下，销量的增减变化直接影响销售利润的增减变化。有关计算公式如下：

销售数量变动对利润的影响额 = 基期产品销售利润 ×（销售数量完成率 − 1）

其中：

$$销售数量完成率 = \frac{\sum（报告期产品销售数量 \times 基期单价）}{\sum（基期产品销售数量 \times 基期单价）} \times 100\%$$

销售数量完成率用于检查销售数量的完成情况。企业只生产一种产品时，可直接用报告期和基期实物数量进行对比计算。但生产多种产品时，实物量不能简单相加，需与产品价格（各种产品比价不尽合理时也可采用产品单位成本）相乘，转化成统一的货币单位，以便汇总。

（2）产品销售成本变动对销售利润的影响。产品销售成本即已售产品的生产成本，其增减变动对销售利润也有直接影响。如果其他因素未发生变化，则销售成本降低多少就会使销售利润增加多少。所以企业努力扩大销售的同时还应注重成本的管理。

销售成本变动对利润的影响额 = ∑［报告期产品销售数量 ×（基期产品单位生产成本 − 报告期产品单位生产成本）］

从公式中可以看出，销售成本变动对销售利润的影响归根结底是由于生产环节单位成本的变动所造成的。

另外，在销售环节，还会发生营业费用，过去，该项费用作为销售利润的减项，但在新的会计实务中营业费用已经作为期间费用处理，不与产品直接挂钩。也就是说，该项费用已经不在新的利润表中作为主营业务利润的影响因素来考虑。

（3）产品销售价格变动对销售利润的影响。产品销售价格与销售利润成正比关系，价格越高利润越多。

价格变动对利润的影响额 = ∑［报告期产品销售数量 ×（报告期产品单位售价 − 基期产品单位售价）］

企业产品价格的制定受到多方面因素的影响，如国家价格政策、市场供求关系、产品质量等级，等等。综合来看，价格变动可归纳为政策（含国家价格政策和企业价格政策）原因和质量原因两种。质量原因对销售利润的影响在下面单独说明，政策原因的影响一般可按上述公式计算。但若属于等级品价格调整，则应按下列公式计算：

价格变动对利润的影响额＝等级品销售数量×（实际等级的实际平均单价－实际等级的基期平均单价）

其中：

实际等级的实际平均单价＝［∑（各等级销售数量×该等级实际单价）］÷各等级销售数量之和

实际等级的基期平均单价＝［∑（各等级销售数量×该等级基期单价）］÷各等级销售数量之和

（4）产品销售结构变动对销售利润的影响。销售结构是指各种产品的销售量在总销售量中所占的比重。在企业生产多种产品的情况下，必然存在品种结构的问题。由于不同产品的销售利润率是不同的，企业多生产并销售高利润率的产品，少生产销售利润率低的产品，必然会引起综合利润率的提高，使得销售利润增加；反之，会使销售利润减少。销售结构的变动，是由各种产品的销售数量变动引起的，实际上销售产品的结构变动和数量变动是结合在一起对销售利润产生影响，只是为了分析才将它们区分为两个因素。

销售结构变动对利润的影响额＝∑（报告期产品销售数量×基期产品单位利润）－基期产品销售利润×销售数量完成率

该公式不能反映出各产品品种结构变动对利润的具体影响额，只反映销售结构变动总的影响额，但是使用比较简单，因此分析中常用此方法。

最后需要说明的是，如果企业生产销售的是烟酒、化妆品、贵重首饰等属于应交消费税的产品，消费税率或单位税额的变动将影响销售利润。可通过以下公式计算其影响额。

销售税率变动对利润的影响额＝∑［报告期产品销售收入×（基期消费税率－实际消费税率）］

该公式适用于实行从价定率办法计算消费税的情况。企业如果生产销售实行从价定率计税办法的消费品，在前述价格和质量变动对利润影响的计算公式后都应乘以（1－基期消费税率）。实行从量定额办法计算消费税的，公式如下：

单位消费税额变动对利润的影响额＝∑［报告期产品销售数量×（基期单位消费税额－实际单位消费税额）］

2. 主营业务利润增减变动的实例分析

黑白公司2016年度和2017年度主要产品销售有关明细资料如表7－2和表7－3所示：

表7－2 2016年度利润明细

单位：元

产品名称	销售数量	单位产品售价	单位产品生产成本	单位产品销售利润	销售收入总额	销售利润总额	单位产品消费税额/注
甲	5 000	105	67	28	525 000	140 000	10

续上表

产品名称	销售数量	单位产品售价	单位产品生产成本	单位产品销售利润	销售收入总额	销售利润总额	单位产品消费税额/注
乙	4 000	126	96	18	504 000	72 000	12
丙	1 500	212	138	74	318 000	111 000	
合计					1 347 000	323 000	

注：甲、乙产品实行从量定额办法计征消费税。

表7-3 2017年度产品销售利润明细

单位：元

产品名称	销售数量	单位产品售价	单位产品生产成本	单位产品销售利润	销售收入总额	销售利润总额	单位产品消费税额
甲	5 600	105	69	28	588 000	151 200	9
乙	3 700	130	94	24	481 000	88 800	12
丙	1 800	210	140	70	378 000	126 000	
合计					1 447 000	366 000	

要求：根据以上两表资料，对黑白公司产品销售利润的变动进行因素分析。

第一步，确定分析对象：2017年比2016年销售利润增加额43 000元（366 000 - 323 000）。

第二步，进行因素分析。

（1）销售数量变动对利润的影响：

产品销售数量完成率 =（5 600×105 + 3 700×126 + 1 800×212）÷（5 000×105 + 4 000×126 + 1 500×212）×100% = 106.6%

销售数量变动对利润的影响 = 323 000×106.6% - 323 000 = 344 318 - 323 000
= 21 318（元）

（2）销售结构变动对利润的影响 =（5 600×28 + 3 700×18 + 1 800×74）- 344 318
= 12 282（元）

（3）销售价格变动对利润的影响 = 3 700×（130 - 126）+ 1 800×（210 - 212）
= 14 800 - 3 600 = 11 200（元）

式中14 800元和3 600元分别为乙产品和丙产品的价格变动影响额，一升一降，合计影响11 200元。

（4）单位成本变动对利润的影响 = 5 600×（69 - 67）+ 3 700×（94 - 96）+ 1 800×（140 - 138）= 7 400（元）

（5）单位消费税额变动对利润的影响 = 5 600×（10 - 9）= 5 600（元）

各因素的影响确定之后，可以编制汇总表，如表7-4所示：

表7-4 影响产品销售利润各因素汇总

单位：元

影响产品销售利润变动的因素	影响金额
销售数量增加	+21 318
销售结构变动	+12 282
生产成本上升	-7 400
销售价格变动	+11 200
单位税额降低	+5 600
合计	+43 000

由以上分析及汇总表可知，黑白公司2017年的产品销售利润比2016年增加43 000元，是由各因素共同作用的结果。其中销售数量增加、结构变动以及价格和税额的调整都是利润增加的因素，说明企业在改善品种结构和扩大销售等方面比上年做得更好。但是也存在明显的问题，就是销售成本上升导致利润减少7400元。三种产品中有两种产品单位生产成本增加，一种减少。虽数额不大，但应该引起注意，需要进一步查明原因。

另外，假设上例中乙产品是等级产品，我们进一步计算分析等级产品变动对利润的影响。补充资料如表7-5所示：

表7-5 等级产品变动有关数据

单位：元

等级	销售数额		单位产品价格		上年销售额	实际销售额	
	上年	本年	上年	本年		按上年单价计算	按本年单价计算
一等品	3 200	3 330	130	132	416 000	432 900	439 560
二等品	800	370	110	112	88 000	40 700	41 440
合计	4 000	3 700			504 000	473 600	481 000

可以看出，等级产品乙本年与上年相比既存在构成的变动，也存在价格的变动，应予分别确定。

第一步，计算等级品的平均单价：

（1）按上年等级构成和上年单价计算的平均单价 = 504 000 ÷ 4 000 = 126（元）

（2）按本年等级构成和上年单价计算的平均单价 = 473 600 ÷ 3 700 = 128（元）

（3）按本年等级构成和本年单价计算的平均单价 = 481 000 ÷ 3 700 = 130（元）

第二步，确定等级品变动对销售利润的影响：

（1）等级构成变动对销售利润的影响 = 3 700 × （128 - 126） = 7 400（元）

（2）等级品价格变动对销售利润的影响 = 3 700 × （130 - 128） = 7 400（元）

等级构成影响数与价格变动影响数均为7 400元（属于巧合），合计14 800元，与上例计算过程（3）的乙产品价格影响数一致。由此可知上例中乙产品价格变动受到了产品质量（一等品增加，二等品减少）和价格两个因素的影响。

以上对产品销售利润的影响因素及各因素的影响程度进行了分析，完成了这项分析就可以对主营业务获利情况从有利因素与不利因素、主观因素与客观因素、成绩与问题等几个方面作出判断和评价。

第三节　获利能力分析

一、获利能力的影响因素

获利能力作为企业营销能力、收取现金能力、降低成本能力以及回避风险等能力的综合体，其影响因素很多，主要有销售收入及其增长率、企业财务状况（企业资金结构、偿债能力、经营管理水平等）、成本费用、企业经营所面临的风险以及所运用的会计政策等。

（1）销售收入及其增长率可以综合反映企业的营销能力，营销能力是获利能力的基础，是企业发展的根本保证。了解和分析企业盈利性，首先应分析企业的营销策略与营销状况。营销策略将对企业营销状况产生长期的影响。从一定意义上讲，较强的营销能力是科学有效的营销策略与良好营销状况的综合体现。

（2）在现代经济中，商业信用成为企业之间购销活动的主要方式。在商业信用大量存在的情况下，收现能力便成为企业获利的主要因素之一。在有关销售额的论述中，我们均假设销售即现金流入。事实上赊销赊购业务越多，销售额与现金流入之间的差异越大。未收现的销售额只是观念上的收益能力，因此企业还必须注重收现能力的提高。了解企业的收现能力可以从了解信用条件、加速账款回收速度的制度和方法、催款工作程序等方面进行。

（3）降低成本的能力主要取决于技术水平、产品设计及规模经济和企业对成本管理水平的高低。

（4）企业获利能力与企业的财务状况是相互制约，相互促进的。一个企业的资金结构、资金平衡和偿债能力等，在一定程度上决定企业的获利能力。具体而论：

①企业资金结构合理，企业的获利能力比较稳定。企业的资金结构不合理，会给企业经营带来困难，从而降低企业的获利能力。

②企业的偿债能力过高，说明企业没有充分利用企业资金，企业创造利润的潜力没有全部发挥。企业偿债能力过低，有可能会使企业陷入被动甚至破产，即在企业盈利的情况下破产。

③企业负债经营率的高低对企业的创利能力有直接的影响。当企业自有资金利润率高于企业借款利息率时，企业负债经营可以提高企业获利能力；当企业自有资金利润率低于企业的借款利率时，企业的负债经营则会降低企业的获利能力。

④企业的营运资本增加,可增强企业的经营能力,使企业创利机会增加;营运资本减少,会降低企业的经营实力,使企业的生产经营受到限制。

⑤企业各项资金周转速度加快,可使企业在相同时期内对营运资金的需求降低,为企业节约更多资金用于扩大经营规模和提高创利水平;企业生产经营各环节资金管理不善,会增加对营运资金的需求,与正常情况相比,企业需要更多的资金投入来获得相同的收益,资金成本上升,获利能力下降。

(5) 获利能力的大小还必须考虑企业经营所面临的实际风险。风险很高的获利能力不能代表企业真正的收益,因为它往往是短期的,不稳定的。

(6) 影响获利能力的会计政策。会计政策是企业编报财务报表时所采取的特定原则、基础、惯例、规则和做法。影响获利能力的会计政策主要有:

①折旧方法和资产折旧所使用的年限。固定资产采用加速折旧如年数总和法和双倍余额递减折旧法后,确认的收益额较之采用一般折旧法低。折旧年限越短,企业的收益额则越低。

②存货计价。采用后进先出法在物价持续上升情况下计算的收益要比使用先进先出法低,其他存货计价方法的计算结果处于后进,先出法和先进先出法之间。

③无形资产的摊销。确认摊销无形资产成本所用的时间越短,企业获利额所显示的能力越差。

④长期待摊费用的摊销方法和摊销期的长短。

⑤外币的折算。

⑥坏账的核算方法。

⑦收入的确认原则。

⑧长期建造合同利润的确认。

⑨租赁。一个通过经营租赁而取得大量资产的企业比通过融资租赁或借债购买资产的企业具有更为持续有利的收益。在租赁对收益的影响方面,少量的经营租赁是稳健的。

二、获利能力的衡量基础

在分析获利能力时,利润额的高低并不能衡量获利能力的大小,因为利润额的多少不仅取决于公司生产经营的业绩,而且还取决于生产经营规模的大小、经济资源占有量的多少、投入资本的多少以及产品本身价值等条件的影响。有时尽管大公司的经营管理水平低、损失浪费严重,但其实现的利润额会比经营管理水平高的小型公司的利润要多得多;即使在同一个公司,利润额的增减也受到各个时期生产规模和产品品种变化的影响。因此不同规模的公司间或在同一公司的各个不同时期,仅对比利润额的高低,不能正确衡量公司获利能力和评价公司素质的优劣。为了排除生产规模等条件对利润的影响,从对投入产出关系的考察能更全面地说明公司生产经营工作的质量和效果。对公司获利能力分析时,必须从生产经营业务获利能力分析、资产获利能力分析和所有者投资获利能力分析几个方面进行。

在评估企业获利能力时应收集以下资料:①数年的利润项目及其构成。该项可以直接从利润表中获取。②数年的资产余额,将其与有关项目对比,可反映企业的获利能力。③数年的投入资本构成。通过与利润有关项目对比,反映资本投入的获利水平。④管理能力及国家政策,会直接影响企业盈利的取得。⑤普通股发行在外的股数、市价等基本情况,可评价普通股本的获利水平。

我国统一的企业会计制度的利润表上,同时列示三个利润数据:主营业务利润、营业利润和利润总额。

三、获利能力的指标分析

(一) 生产经营业务获利能力分析

生产经营业务的获利能力是指每实现百元营业额或消耗百元资金取得的利润有多少。关心公司获利能力的各方面的信息使用者都非常重视生产经营业务获利能力指标的变动,因为这是衡量总资产报酬率、资本回报率的基础,也是同一行业中各个公司之间比较工作业绩和考察管理水平的重要依据。生产经营业务获利能力的指标有多种表述形式,其主要的利润率指标的计算与变动情况分析如下。

1. 销售(营业)毛利率

销售(营业)毛利率是销售(营业)毛利额与销售(营业)净收入之间的比率。其计算公式如下:

销售(营业)毛利率 = 销售(营业)毛利额 ÷ 销售(营业)净收入 × 100%

上式中,销售(营业)净收入是指扣除销售折让、销售折扣和销售退回之后的销售(营业)收入。

公式主要反映构成主营业务的商品生产、经营的获利能力。公司生产经营取得的收入扣除销售(营业)成本后有余额,才能用来抵补公司的各项经营支出,计算营业利润,毛利是公司利润形成的基础。单位收入的毛利越高,抵补各项支出的能力越强,获利能力越高;相反,获利能力越低。实行目标管理的公司,都制定有销售毛利率的短期目标和中、长期目标,分析时,可将报告期实际销售毛利率与公司目标值相比,分析与目标值的差距。另外,销售毛利率有很明显的行业特点,营业周期短、固定费用低的行业,毛利率通常比较低,如零售商业;生产周期长、固定费用高的行业,毛利率一般较高。毛利率除了与目标值比较外,还必须与行业平均值和行业先进水平相比较,以评价本公司的盈利能力在同行业中所处的位置,并进一步分析差距形成的原因,以找出提高获利能力的途径。某公司销售毛利率分析资料见表7-6:

表7-6 销售(营业)毛利率分析

××年度 单位:元

指　　标	报告期	计划期	行业平均水平	行业先进水平
销售净收入	3 480	2 500		
销售毛利	1 960	1 400		
销售毛利率(%)	56.32	56	50	60

可以看出,报告期销售毛利率为56.32%,计划期为56%,报告期比计划期增加

0.32%，公司的盈利能力达到了计划规定的目标，这是公司管理工作取得的成绩。其原因是销售收入与销售成本的正差异加大，为公司获取高利润提供了前景和基础。本例中，销售收入增长了39.2%[(3 480 - 2500)÷2 500×100% = 39.2%]，其销售成本增长了38.18%[(1 520 - 1 100)÷1 100×100% = 38.18%]，说明报告期销售产品平均价格上升了，但平均成本却下降了。在市场经济条件下，销售价格上涨，表明产品具有较强的竞争能力，再加上公司又注重了成本管理，获利能力肯定会提高。从本例可以看出，该公司销售毛利率高于同行业平均水平，但仍低于同行业先进水平，说明公司经营中仍存在薄弱环节和追赶目标，应采取措施加以改进。

2. 营业利润率

营业利润率是指营业利润与营业收入的比率。营业收入是指主营业务收入和其他业务收入之和；营业利润是指主营业务销售（营业）毛利和其他业务销售利润扣除管理费用、财务费用、销售费用和销售税金及附加后的数额。其计算公式如下：

$$营业利润率 = 营业利润 \div 营业收入 \times 100\%$$

作为考核公司获利能力的指标，营业利润比销售毛利率更趋于全面，理由是：其一，它不仅考核主营业务的获利能力，而且考核副营业务的获利能力，有些公司在主营业务不景气的状况下，利用自身条件，开展多方面的劳务服务，对主营业务起到了补充作用，在一定水平上维持了稳定、持久的获利能力；其二，营业利润率不仅反映全部业务收入与其直接相关的成本、费用之间的关系，还将期间费用纳入支出项目从收入中扣减。期间费用中的大部分项目是属于维持公司一定时期生产经营能力所必须发生的固定性费用，必须从当期收入中全部抵补，公司的全部业务收入只有抵扣了营业成本和全部期间费用后，所剩余的部分才能构成公司稳定、可靠的获利。某公司营业利润率分析见表7-7：

表7-7 营业利润率分析

××年度　　　　　　　　　　　　　　　　　　　　　　　　　　　　　　单位：万元

指标	上期实际	计划目标	本期实际
主营业务收入	2 400	2 500	3 480
其他业务收入	400	500	450
营业收入合计	2 800	3 000	3 930
减：主营业务成本	1 200	1 100	1 520
其他业务成本	320	350	500
期间费用	400	400	420
营业税金及附加	20	22	30
成本费用小计	1 940	1 872	2 470
营业利润	860	1 128	1 460
营业利润率（%）	30.71	37.60	37.15

根据表中资料可以看出，营业利润率本年实际为37.15%，上年实际为30.71%，

本年比上年盈利能力提高了 6.44 个百分点，其主要原因是收入的增长速度为 40.36%〔(3 930 – 2 800) ÷ 2 800 × 100% = 40.36%〕，超过了支出和费用的增长速度 27.32%〔(2 470 – 1 940) ÷ 1 940 × 100% = 27.32%〕，在增加收入的同时，控制成本和费用的支出，这是公司管理水平提高所致。但报告期营业利润率比计划目标却低了 0.45 个百分点，没有达到预期的盈利目标。其原因是，产品销售收入超过计划 980 万元，但其他业务收入却没有达到目标值，比计划低 50 万元，虽然主附业务收入合计实际仍然超过计划 930 万元 (3 930 – 3 000 = 930 万元)，但增长幅度仅占 31% (390 ÷ 3 000 × 100% = 31%)，而成本、费用却超过计划控制 598 万元 (2 470 – 1 872 = 598 万元)，超支 31.95% (598 ÷ 1 872 × 100% = 31.95%)，超过了收入增长的幅度。在成本、费用支出中，超支突出的是其他业务成本，在收入比计划数低 50 万元的情况下，支出却超过计划数 150 万元 (500 – 350 = 150 万元)。报告期其他业务是亏损的，应具体检查是哪一项目亏损，亏损原因是什么，尤其是可能因经营管理不善、监督不力引起损失浪费造成亏损的，更应高度重视。期间费用相对稳定，在业务收入报告期比上年增长 40.36%，比计划增长 31% 的情况下，期间费用增加 20 万元，增长 5%，说明公司控制费用开支取得了有效成果。

3. 税前利润率

税前利润率是利润总额与销售（营业）净收入的比率，又称销售利润率。其计算公式如下：

$$税前利润率 = 利润总额 \div 销售（营业）净收入 \times 100\%$$

这个指标表示公司在一定时期每实现百元销售收入的最终获利水平。因利润总额含有临时波动的营业外收支因素，使指标的变化不稳定，因此以此衡量公司的获利能力的可比性差。但是对于短期投资者和债权人来讲，因为他们在公司的利益仅在当期，所以他们更关心当期公司总获利能力的大小，这个指标对他们的投资收益会产生直接影响。

以营业（销售）收入为基础的获利水平的分析，不是一种投入与产出的对比分析，而是属于产出与产出的比较，仅以这一类型的利润率指标并不能全面反映公司的获利能力，还必须分析资产运用效益和资本投资报酬，才能真正判断公司获利水平的高低。

（二）资产获利能力分析

公司从事生产经营活动必须具有一定的资产，资产的各种形态应有合理的配置，并要有效运用。公司在一定时期占用和耗费的资产越少，获取的利润越大，资产的获利能力就越强，经济效益就越好。资产获利能力分析是衡量资产的运用效益，从总体上反映投资效果，这对公司管理当局和投资者来说都是最重要的会计信息。信息使用者关心的是本公司的资产获利能力是否高于社会平均资产利润率和高于行业资产利润率。在社会主义市场经济条件下，如果本公司的获利能力长期低于社会平均获利能力，不仅无法再吸收投资，原有的投资也会转移到其他行业；只有公司的资产利润率高于社会平均利润率，公司的发展才处于有利地位。同样，在一定时期内各行业因经营特点和制约因素不同，各自的获利能力是有高有低的，但同一行业的获利能力有一个平均值，若本公司的资产利润率长期处于本行业平均资产利润率之下，说明公司在行业经营中处于劣势，投资者就要考虑转移自己的投资，公司便无法吸收到大量的社会游资。公司资产获利能力分析主要对以下两个指标进行分析。

1. 总资产报酬率

总资产报酬率是利润总额和利息支出总额与平均资产总额的比率,用于衡量公司运用全部资产获利的能力。其计算公式如下:

$$总资产报酬率 = (利润总额 + 利息支出) \div 平均资产总额 \times 100\%$$

公式中,分子包括利息支出,是指计入财务费用的利息支出和计入固定资产原价的利息费用。其理由是:第一,从经济学角度看,利息支出的本质是公司纯收入的分配,是属于公司创造利润的一部分。但从经济核算角度看,为了促使公司加强成本、费用管理,保证利息的按期支付,将利息费用化的部分列作财务费用,从营业收入中补偿,利息资本化的部分计入固定资产原价,以折旧的形式逐期收回。第二,公司总资产从其融资渠道来讲有产权性融资和债务性融资两部分,债务性融资成本是利息支出,产权性融资成本是股利,股利是以税后利润支付,其数额包含在利润总额之中,为了使分子、分母的计算口径一致,分子中应包括利息支出。

公式中的分母,即平均资产总额计算公式如下:

$$平均资产总额 = (期初资产总额 + 期末资产总额) \div 2$$

某公司总资产报酬率分析资料见表7-8:

表7-8 总资产报酬率分析

××年度　　　　　　　　　　　　　　　　　　　　　　　　　　　　　　单位:万元

指　　标	上年实际	计划目标	报告期	行业平均	社会平均
利润总额	700	1 100	1 050		
利息支出	500	450	600		
息税前利润	1 200	1 550	1 650		
资产平均总额	10 000	11 480	15 000		
总资产报酬率(%)	12	13.5	11	12	10

根据表7-8所示,某公司报告期总资产报酬率为11%,不仅没完成计划目标规定的13.5%,比上年还低了1个百分点。总资产报酬率下降反映了资产利用效益降低,报告期资产比上年增加了50%[(15 000-10 000)÷10 000×100%=50%],但利润仅增加37.5%[(1 650-1 200)÷1 200×100%=37.5%];报告期资产比计划增加了30.66%[(15 000-11 480)÷11 480×100%=30.66%],但利润却只是增长6.45%[(1 650-1 550)÷1 550×100%=6.45%]。首先,应分析利润没有同步增长的原因,是收入下降?抑或是成本上升?再分析资产使用情况,检查公司增加了哪一类资产,是生产性的还是非生产性的,是否投入了营运,为什么没有达到预期效益。若公司超过计划部分增加的都是非生产性的资产,自然会引起投资报酬率的下降,因此还应进一步对资产结构进行分析。本例中,报告期总资产报酬率略高于社会平均利润率,但却低于行业平均利润率,这是危险的信号,说明公司在本行业竞争中已处于劣势,须引起管理当局的高度重视。

2. 销售成本利润率

销售成本利润率是指产品销售利润与产品销售成本的比值。产品销售成本是资产的耗费，是投入指标；产品销售利润是所得，是产出指标；销售成本利润率是所得与所费的比值，是投入产出指标。总资产报酬率是所得和所占的比值，资产占用得少，取得利润就高，公司经营效益就高。但仅以总资产报酬率的高低还不能全面衡量资产运用效益，因为资金占用少并不等于资金耗费少，只有资金耗费也少，取得利润高，才能全面反映资产运用的高效益。

销售成本利润率分析是将报告期实际数与上年实际数及计划数目标值比较，分析每耗费百元资金带来的收益有多大的变化，并分析变动的原因，以寻找提高资产运用效益的途径。

（三）所有者投资获利能力分析

所有者投资的目的是为了获得投资报酬，一个公司投资报酬的高低直接影响到现有投资者是否继续投资，以及潜在的投资者是否投资。投资者十分关心公司的资产运用效益，因为这会影响投资报酬的高低。但资产报酬率高并不等于所有者投资的收益就高，因为公司的总资产包括债务融资报酬率时，公司运用债务资本带来的利润支付利息以后会有剩余，产权融资的收益率就会提高；否则，则降低。所有者投资获利能力一般对以下指标进行分析。

1. 资本金利润率

资本金利润率是利润总额与资本金总额的比值。这一比值反映了投资者每百元投资所取得的利润，取得的利润越高，获利能力越强。资本金利润率的计算公式如下：

$$资本金利润率 = 利润总额 \div 资本金总额 \times 100\%$$

公式中的分母有两种表示形式：资本金和所有者权益。以资本金作分母计算的利润率反映投资者原始投资的获利能力，这是投资者最关心的，同时，所有者权益中参加分配的只是资本金。若以所有者权益作分母，有时内容与利润总额形成重叠。因此，分母以资本金表示比较好。另外，会计期间内若资本金发生变动，则取其平均数，其计算公式如下：

$$资本金平均余额 = （期初资本金余额 + 期末资本金余额） \div 2$$

公式中的分子也有两种表示形式：利润总额和净利润。利润总额是资本金实际创造的利润，净利润是利润总额扣除所得税后的数额，净利润的大小受国家税收政策的影响，不同行业、不同时期都没有可比性，不能真正反映资本金创造利润能力的大小。因此，分子以利润总额表示比较好。

公司应首先确定基准资本金利润率，作为衡量资本收益率的基本标准。所谓基准资本金利润率是指基准利润总额与资本金的比值。基准利润总额是指公司在特定条件和一定的资本规模下，至少应当实现的利润总额。若实际资本利润率低于基准利润率，就是危险的信号，表明公司的获利能力严重不足，投资者就会转移投资。公司的基准利润率应根据有关条件确定，一般包括两部分内容：一是相当于同期市场贷款利率，这是最低的投资回报；二是风险费用率。在激烈的市场竞争中，公司面临着种种风险。从会计核算角度来说，有时风险可以采用一定的方法计入损益，如坏账损失；有时风险却事先无法计入损益，必须通过利润积累来取得补偿，构成基准利润率的一部分，这称为风险费用率。风险越大的行业，风险费用率越高。公司应根据风险的大小确定风险费用率。资本金利润率分析中,除了将报告期实际利润率与基准利润率比较外,还应与上期比较、与计划目标比较,找出差距,分析原因。

在股份公司中,股本结构比较复杂,有普通股和优先股之分。财务制度规定优先股股利在提取任意盈余公积金和支付普通股股利之前支付。因此,应该说普通股股东是公司资产的真正所有者和风险的主要承担者。在股份公司中,资本金利润率应以普通股股本所创造的利润进行考核,计算公式如下:

$$普通股权益报酬率 = 可用于普通股分配的利润 \div 普通股股本平均额 \times 100\%$$

公式中的分子,即可用于普通股分配的利润,是指利润总额扣减所得税费用,扣减分配给优先股股利后的数额;公式中的分母,若公司在会计年度内发行新股票或分派股票股利,则普通股股本应按发行时间加权平均计算,计算公式如下:

$$普通股股本平均数 = 年初普通股股本 + 新增普通股股本 \times [新增普通股时间(月) \div 12]$$

普通股权益报酬率是从普通股东的角度反映公司的盈利能力,指标值越高,说明盈利能力越强,普通股股东可得收益也越多。

普通股权益报酬率的分母若为普通股股数平均数,公式的含义为每股净利或每股收益,表示如下:

$$每股收益 = 可用于普通股分配的利润 \div 普通股股数平均数$$

每股收益指标主要是用来衡量股份公司普通股股票的价值,每股盈利越高,获利能力越强,普通股股价就越有上升的余地。每股收益的分析应将报告期实际数与上期实际数对比,与计划期目标值对比,找出差距,并分析影响变动的因素。若公司发行有可能转换为普通股的优先股,当可转换证券在一定条件下行使权利,转换成普通股时,在股本总数不变的情况下,会使每股净利减少,在进行因素分析时应考虑到可能产生的稀释效果。

2. 市盈率

市盈率是指普通股每股收益与普通股每股市价的比值。它是通过公司股票的市场行情,间接评价公司盈利能力的指标。其计算公式如下:

$$市盈率 = 每股收益 \div 普通股每股市价 \times 100\%$$

公式中,普通股每股市价通常采用年度平均价格,即全年各回收盘价的算术平均数。为简单起见,并增强其适时性,也可采用报告日前一日的实际价。

普通股权益报酬率是按照股票面值计算的盈利能力,由于股票可以自由买卖和转让,股东为取得股票而支付的代价实际上并不是股票面值,而是股票价格,因此,股东们更关心按市价支付的股本额所得到的报酬。市盈率指标反映了股东每付出1元所获取的收益,将所费与所得联系起来综合考虑,比单纯的每股收益额更具说服力。一般认为,数值越大,盈利能力越强,投资回收速度越快,对投资者的吸引力越大。

必须指出,市盈率的计算,还有与上式恰恰相反的表达方式(我国股市常用此式),表示公式如下:

$$市盈率 = 普通股每股市价 \div 每股收益 \times 100\%$$

以这种形式表示的市盈率反映投资者每获得1元收益所必须支付的价格。若公司在股票市场上连续维持较高的市盈率,或与其他上市公司比较市盈率高,说明公司的经营能力和盈利能力稳定,具有潜在的成长能力,公司有较高的声誉,对股东有很大的吸引力。因为股东购买股票获取的收益由两部分组成：一是股利收入；二是股票本身市价上涨。股东认为，虽然从目前盈利情况分析，每获取1元所付出的代价较高，但股东相信，将来公司股票的市价必会上扬，股东们会取得更高的差价。

市盈率的这两种表示形式，对不同的投资者有不同的理解。长期投资者持有公司股票的目的是为了能在政策上影响被投资者，形成长期贸易上的伙伴关系，他们短期内并不想抛售股票，而是想取得稳定的投资收益。因此，他们关心的是公司长远的发展和投资的获利能力，往往利用市盈率的第一种表示形式通过分析比较进行投资决策。短期投资者持有公司的股票的主要目的是等待股价上扬来赚取差价，他们往往利用市盈率的第二种表示形式分析股价上涨的可能性以进行投资决策。

运用市盈率指标衡量公司的盈利能力时还应该注意两点：第一，市盈率变动因素之一是股票市场价格的升降，而影响股价升降的原因除了公司经营成效和发展前景外，还受整个经济环境、政府的宏观政策、行业发展前景以及意外因素（如灾害、战争）等的制约，因此必须对股票市场的整个形势作出全面分析，才能对市盈率的升降作出正确评价。第二，当公司总资产报酬率很低时，每股收益可能接近零，以每股收益为分母的市盈率可能很高，因此，单纯利用市盈率指标就可能错误估计公司的发展形势，最好与其他指标综合考虑。

思考练习

一、名词解释
1. 销售毛利率
2. 营业利润率
3. 总资产报酬率
4. 销售成本利润率
5. 资本金利润率
6. 销售结构

二、简答题
1. 利润分析的内容是什么？
2. 影响企业经营的外部环境有哪些？
3. 利润分析需要哪些基本资料？

三、问答题
1. 利润分析有何作用？
2. 影响获利能力的会计政策有哪些？
3. 如何使用资本金利润率分析所有者投资获利能力？
4. 资金结构对企业获利能力有何影响？

第八章

现金流量分析

本章提要

现金流量是近十多年来社会各界普遍关注的一项重要会计信息,它在许多场合(尤其是偿债能力方面)取代了过去的利润指标,成为评价企业绩效、分析企业财务信息的一个重要标准。现金流量表提供了现金和现金等价物的流入和流出方面的分类信息。现金流量分析的任务就是如何提示和利用这些信息生成更为具体的相关指标信息。本章在介绍现金流量的基本概念、作用及意义的同时,着重介绍了现金流量项目分析方法和比率分析技巧。

第一节 现金流量分析的意义

一、现金流量的概念与作用

(一) 现金

现金指企业的库存现金以及可以随时用于支付的存款。在一般情况下或对大多数企业来说，现金就等于货币资金。但是，如果企业的货币资金中包括下列内容，则这些内容不包括在现金之中：①不能随时支取的定期存款；②指定用途的专项存款；③冻结的存款等。因此，现金并不一定等于货币资金。现金与货币资金的关系可表达为：

$$现金 = 货币资金 - 非现金性存款$$

(二) 现金等价物

现金等价物指企业持有的期限短、流动性强、易于转换为已知金额现金、价值变动风险很小的投资。一项投资被认为是现金等价物时必须同时具备四个条件：第一，期限短，一般指3个月以内；第二，流动性强，一般指可上市的证券投资；第三，价值变动风险小，一般指债券投资；第四，易于转换为已知金额的现金。同时具备这四个条件的投资，一般是指可在证券市场上流通的3个月内到期的短期债券投资。

(三) 现金流量

现金流量指某一段时期内企业现金流入和流出的数量。这个概念在理解时应把握四点：

第一，现金流量有流入和流出两种形式。因此，现金流量表的会计方程式为：

$$现金流入 - 现金流出 = 现金净流量$$

第二，现金流量包括现金和现金等价物两项内容。现金流量实际上指现金和现金等价物这两项内容作为一个整体的流入和流出量，因此，现金内部项目之间的相互转换和现金与现金等价物之间的转换业务，不产生现金流量。

第三，现金流量分为三类，即经营活动产生的现金流量、投资活动产生的现金流量和筹资活动产生的现金流量。其中，经营活动仍是指传统的经营概念，如工业企业的供、产、销等。投资活动包括对外投资、内部投资和投资性存款。上述三种非现金性存款，在核算时虽不作为投资处理，但在编制现金流量表时应视同投资来编表。筹资活动包括吸收资本和举借债务两种。收付股利和收付利息所产生的现金流量的归属，各国会计实务存在一定差异，我国则从现金流量的性质考虑，分别列入投资和筹资活动的现金流量。另外，一些特殊的、不经常发生的项目，如自然灾害损失、捐赠等，依据其性质分别归并到三类现金流量项目中来反映。

第四，现金流量按收付实现制原则反映。资产负债表、利润表和财务状况变动表均是按权责发生制原则编制的，三表编制原则一致。而在依据资产负债表和利润表编制现金流量表时，必须将按权责发生制确认的收入和费用、资产和负债等，转换为按收付实现制确认的现金流入和现金流出。

（四）现金的作用

企业经营处处离不开现金，现金对满足企业的各种需求有着重要的意义。概括起来主要有以下几方面：

1. 交易需要

企业的各种应付款项大都需要用现金支付，而各种应收款一般要以现金的形式收回。

2. 预防需要

企业内部、外部环境变化不定，使得企业无法预知未来可能发生的各种资金需求，因此应有较充足的现金收入，以备急需。如通货膨胀、金融危机等外部因素作用以及企业内部原材料供应、技术条件、战略决策发生改变及涉及诉讼案件等。为保障企业的偿债能力及支付能力，企业应该拥有足够的现金。

3. 筹资需要

企业向银行等金融机构筹措资金时，往往被要求在银行保持一定的存款余额，当企业账面存款过少时，银行为降低贷款风险，可能不会提供贷款。

4. 营运需要

在企业营运过程中，若现金较充裕，一方面可以及时支付购货款项，从而得到相应的价格折扣，降低进货成本；另一方面，也有利于企业及时把握某些稍纵即逝的投资机会，在激烈的市场竞争中逐步发展壮大。

正因为现金如此重要，企业的经营管理者才必须及时掌握企业各种活动所产生的现金流入与流出情况，而现金流量表就是简洁而实用地反映企业现金变动状况的会计报表。

二、现金流量分析的意义

美国注册会计师协会出版的《会计研究文集》曾列举现金流量表所能回答的12个问题：

（1）利润到哪里去了？

（2）为什么股利不能更多些？

（3）为什么可以超过本期利润或在有损失的情况下发股利？

（4）净收益上升了，为什么现金净额下降了？

（5）即使报告期有净损失，为什么现金净额还会增加？

（6）所需购置新的厂场资产的金额低于"现金流转额"（指净收益和折旧）时，为什么还必须借款以供应这笔资金？

（7）扩展厂场所需资金是从哪里来的？

（8）收缩经营而出售厂场和设备的资金是怎样处置的？

（9）债务是怎样偿付的？

（10）增加发行股票而得的现金到哪里去了？

(11) 发行债券所得的现金到哪里去了？

(12) 现金的增加是怎样筹措的？

上述问题，在参考了单期或短期比较式现金流量表后，均可以作出回答。

现金流量表提供有关企业现金流量方面的信息，编制现金流量表的主要目的是为会计报表使用者提供企业一定会计期间内现金和现金等价物流入和流出的信息，以便会计报表使用者了解和评价企业获取现金和现金等价物的能力，并据以预测企业未来现金流量。所以，现金流量表在评价企业经营业绩、衡量企业财务资源和财务风险以及预测企业未来前景方面，有着十分重要的作用。具体来说，现金流量表的作用主要表现为三个方面：

1. 现金流量表有助于评价企业支付能力、偿债能力和周转能力

通过现金流量表，并配合资产负债表和利润表，将现金与流动负债进行比较，计算出现金比率；将现金流量净额与发行在外的普通股加权平均股数进行比较，计算出每股现金流量比率；将经营活动现金流量净额与净利润进行比较，计算出盈利现金比率。可以了解企业的现金能否偿还到期债务、支付股利和进行必要的固定资产投资，了解企业现金流转速率等，便于投资者作出投资决策，债权人作出信贷决策。

2. 现金流量表有助于预测企业未来现金流量

评价过去是为了预测未来。通过现金流量表所反映的企业过去一定期间的现金流量以及其他生产经营指标，可以了解企业现金的来源和用途是否合理，了解经营活动产生的现金流量有多少，企业在多大程度上依赖外部资金，据以预测企业未来现金流量，从而为企业编制现金流量计划、组织现金调度、合理节约使用现金创造条件，为投资者和债权人评价企业的未来现金流量、作出投资和信贷决策提供必要信息。

3. 现金流量表有助于分析企业收益质量及影响现金净流量的因素

利润表中列示的净利润指标，反映了一个企业的经营成果，这是体现企业经营业绩的最重要的一个指标。但是，利润表是按照权责发生制原则编制的，它不能反映企业经营活动产生了多少现金，并且没有反映投资活动和筹资活动对企业财务状况的影响。通过编制现金流量表，可以掌握企业经营活动、投资活动和筹资活动的现金流量，将经营活动产生的现金流量与净利润相比较，就可以从现金流量的角度了解净利润的质量，并进一步判断是哪些因素影响现金流入，从而为分析和判断企业的财务前景提供信息。

三、现金流量表简介

（一）现金流量表的产生

现金流量表和资产负债表、利润表是并列的三张主表。但现金流量表的出现远远晚于资产负债表和利润表。

现金流量表的前身是资金来源和运用表。1963年，美国会计原则委员会（APB）发表了第3号意见书，建议企业在编制资产负债表和损益表的同时，编制资金流量表。1971年，APB发表了第19号意见书，明确要求企业编报能反映会计期间财务状况变动的报表，且将这张表的名称改为财务状况变动表。在实践中，财务状况变动表多以营运资金（流动资产－流动负债）为编制基础。由于营运资金体现的是会计期间内变现较

快的资产和还款期较短的负债之间的差额,在资产中包括了存货和应收账款等项目,这些项目的变现存在着不确定性和不稳定性,而它们对流动资产和营运资金的影响往往又很大,它所提供的信息难以达到人们所希望的要求。美国会计界认识到这点后,开始重视现金流量概念,认为以现金为基础编表比以营运资金为基础编表更为可取。1987年1月,美国财务会计准则委员会发布了第95号财务会计准则公告,要求以现金流量表代替财务状况变动表。第95号公告于1988年生效。

除美国外,国际会计准则委员会(IASC)于1989年发布了第7号国际会计准则《现金流量表》取代1977年公布的第77号国际会计准则《财务状况变动表》。英国会计准则委员会(ASB)于1991年9月发布了《财务报告准则第1号——现金流量表》。澳大利亚会计准则委员会于1991年12月发布了1026号准则《现金流量表》。可见,以现金流量表取代财务状况变动表已经成为国际会计发展的趋势。

我国财政部于1992年11月发布的《企业会计准则》规定,企业可以编制以营运资金为基础的财务状况变动表,也可以编制以现金为基础的现金流量表。1998年3月,财政部发布《企业会计准则——现金流量表》,要求所有企业从1998年起编制现金流量表,以代替原财务状况变动表。其后,又两次修订了现金流量表准则。

(二) 现金流量的项目归属问题

项目的归属是指分类确定后,要将众多的现金流量项目分别确定应归属哪一类。项目归属合理与否,会影响到能否正确反映各类活动所产生的现金流量。所以,项目归属也属现金流量表的结构问题。

现金流量的项目中,大部分项目性质清楚,项目归属比较容易确定,如销售商品、提供劳务、购买商品、接受劳务等项目应归属于经营活动类,购建固定资产、无形资产等,应归属于投资活动类。但有些项目的性质比较复杂,很难直观识别,从而难以确定它的项目归属,比较典型的有四个项目,即支付的股利、收到的股利、支付的利息和收到的利息。对这四个项目的类别归属,世界各国有不同的处理方法。现将一些国家的处理方法以表8-1列示如下:

表8-1 各国现金流量的项目归属对比

事项	现金流量分类			
	美国	英国	国际会计准则	中国
收到的股利	经营活动	投资报酬和融资成本	经营活动或筹资活动	投资活动
支付的股利	筹资活动	支付的权益性股利	经营活动或筹资活动	筹资活动
收到的利息	经营活动	投资报酬和融资成本	经营活动或筹资活动	投资活动
支付的利息	经营活动	投资报酬和融资成本	经营活动或筹资活动	筹资活动

从表中可以看出，收到的股利和利息与支付的股利和利息四个项目如何分类，有四种不同的处理方法，即：

（1）按这四个项目与损益的关系进行处理，凡属损益因素并列入损益表的，归属经营活动。它的优点是，从权责发生制转换为现金收付制比较方便，如美国。

（2）归属单独设置的类别，如英国。

（3）允许企业自由选择，但前后期应当保持一致，如国际会计准则。

（4）按产生的现金流量的性质进行处理，如我国。

由于归属的类别不同，必然影响各个类别所产生的现金流量和对现金流量的分析，对这一点必须予以注意。

第二节 现金流量表主要项目分析

一、经营活动现金流量主要项目分析

下面以晓林公司2017年度现金流量表为例，具体说明现金流量表的分析方法，如表8-2和表8-3所示：

表8-2 现金流量

编制单位：晓林公司　　　　　　　2017年度　　　　　　　会企03表　单位：元

项　目	行　次	金　额
一、经营活动产生的现金流量		
销售商品、提供劳务收到的现金	1	1 342 500
收到的税费返还	3	
收到的其他与经营活动有关的现金	8	
现金流入小计	9	1 342 500
购买商品、接受劳务支付的现金	10	392 266
支付给职工以及为职工支付的现金	12	300 000
支付的各项税费	13	199 089
支付的其他与经营活动有关的现金	18	70 000
现金流出小计	20	961 355
经营活动产生的现金流量净额	21	381 145
二、投资活动产生的现金流量		
收回投资所收到的现金	22	16 500
取得投资收益所收到的现金	23	30 000
处置固定资产、无形资产和其他长期资产所收回的现金净额	25	300 300

续上表

项 目	行 次	金 额
收到的其他与投资活动有关的现金	28	
现金流入小计	29	346 800
购建固定资产、无形资产和其他长期资产所支付的现金	30	451 000
投资所支付的现金	31	
支付的其他与投资活动有关的现金	35	
现金流出小计	36	451 000
投资活动产生的现金流量净额	37	-104 200
三、筹资活动产生的现金流量		
吸收投资所收到的现金	38	
借款所收到的现金	40	400 000
收到的其他与筹资活动有关的现金	43	
现金流入小计	44	400 00
偿还债务所支付的现金	45	1 250 000
分配股利、利润或偿付利息所支付的现金	46	12 500
支付的其他与筹资活动有关的现金	52	
现金流出小计	53	1 262 500
筹资活动产生的现金流量净额	54	-862 500
四、汇率变动对现金的影响	55	
五、现金及现金等价物净增加额	56	-585 555

表8-3 补充资料

项 目	行 次	金 额
1. 将净利润调节为经营活动现金流量:		
净利润	57	237 901
加：计提的资产减值准备	58	900
固定资产折扣	59	100 000
无形资产摊销	60	60 000
长期待摊费用摊销	61	100 000
处置固定资产、无形资产和其他长期资产的损失（减：收益）	66	-50 000
固定资产报废损失	67	19 700
财务费用	68	21 500
投资损失（减：收益）	69	-31 500
递延税款贷项（减：借项）	70	
存货的减少（减：增加）	71	5 300
经营性应收项目的减少（减：增加）	72	-100 000
经营性应付项目的增加（减：减少）	73	17 344
其他	74	
经营活动产生的现金流量净额	75	381 145

续上表

2. 不涉及现金收支的投资和筹资活动：		
债务转为资本	76	
一年内到期的可转换公司债券	77	0
融资租入固定资产	78	0
3. 现金及现金等价物增加情况：		
现金的期末金额	79	820 745
减：现金的期初余额	80	1 406 300
加：现金等价物的期末余额	81	0
减：现金等价物的期初余额	82	0
现金及现金等价物净增加量	83	−585 555

（一）经营活动的现金流入量

在现金流量表中，一般按照经营活动现金流入的来源设置不同的项目来具体反映经营活动现金流入量。

（1）销售商品、提供劳务收到的现金。这是企业经营活动的现金流入量，也是整个企业全部现金流入量中最主要的组成部分。晓林公司 2017 年现金流量表中该项目为 1 342 500 元，表明该公司当年通过销售商品、提供劳务共收到的现金为 1 342 500 元。包括以前实际销售但在 2017 年收回的货款。

（2）现金流入小计。这反映企业在本期内经营活动所取得的全部现金额，在数量上应等于各流入现金项目金额的合计数。本例中晓林公司 2017 年因经营活动共收到现金 1 342 500 元。

（二）经营活动的现金流出量

在现金流量表中，一般按照企业经营活动的具体情况设置各项现金支出项目，分别反映企业在经营活动的不同方面所实际支付的现金。

（1）购买商品、接受劳务支付的现金。这反映企业本期内为购买原材料、包装物、低值易耗品、商品及接受劳务等而实际支付的现金，是企业经营活动中的现金流出量，也是企业总的现金流出量中最主要的组成部分。例中晓林公司 2017 年为购买材料、商品等共支付了现金 392 266 元。包括购货时支付的增值税税款。

（2）支付给职工以及为职工支付的现金。这包括支付的工资、奖金以及各种补贴等，还包括为职工支付的其他现金，如企业为职工交纳的养老、失业等社会保险基金。在建工程人员的工资及奖金应在"购建固定资产、无形资产和长期资产所支付的现金"项目中反映。本例中晓林公司 2017 年该项目的现金流出为 300 000 元。

（3）支付的各项税费。这包括企业当期发生并实际支付的税金及当期支付以前各期发生的税金以及预交的税金，含增值税及所得税等税项。晓林公司 2017 年该项共支出税费 199 089 元。

（4）支付的其他与经营活动有关的现金。这是企业本期用现金支付的管理费用、营业费用、进货费用等其他事项。晓林公司 2017 年实际用现金支付的其他经营活动费用共计70 000元。

（5）现金流出小计。该项目反映企业当期在经营活动中实际支付的现金总额，在数量上等于经营活动中各项现金支出之和。本例中晓林公司2017年经营活动共支出现金961 355元。

（6）经营活动产生的现金流量净额。这是企业当期经营活动现金流入量小计与流出量小计之差，即经营活动现金净流量。例中晓林公司2017年全部经营活动共取得现金净流量为381 145元。

（三）将净利润调节为经营活动现金净流量

补充资料的重要内容是在企业当期取得的净利润的基础上，通过对有关项目的调整，计算出经营活动的现金净流量，这种方法称为间接法，即先列示净利润数，然后加上那些导致经营活动现金增加的项目，减去导致经营活动现金减少的项目，从而得出经营活动产生的现金净流量。

（1）净利润。这是企业当年所获得的净利润的数量，应与利润表中该项目数字相同，表中显示晓林公司2017年实际净利润237 901元。

（2）计提的资产减值准备。该项目反映企业为抵减未来可能发生的资产损失，在本期内计提并计入本期损益的资产减值准备。本例中晓林公司当年共计提坏账准备900元。

（3）固定资产折扣。该项目反映企业本期内计提并已计入本期成本费用项目的固定资产折旧费用。晓林公司当年计提折旧费100 000元计入了成本费用。应指出，这里不包括因各种原因增加的旧固定资产而带来的折旧，因为这部分折旧未列入本期成本费用项目。

（4）无形资产摊销。该项目反映企业本期摊销并计入管理费用的无形资产价值。晓林公司当年摊销无形资产价值60 000元，已计入管理费用。

（5）处置固定资产的损失（减：收益）。在会计核算时，经营期间处置固定资产的损益，分别计入营业外支出和营业外收入，影响到当期利润，但这项业务与经营活动无关，收到的现金应计入投资活动的现金流量中。本例中晓林公司2017年发生该项营业外收入50 000元，从净利润中减回去。

（6）固定资产报废损失。在会计核算时，固定资产报废损失是作为营业外支出冲减企业利润的。但在计算经营活动现金流量时，由于这项业务不属于经营活动，因而应在净利润的基础上再加回来。晓林公司2017年发生固定资产报废损失19 700元，应加回净利润。

（7）财务费用。由于财务费用作为期间冲减利润，但支付利息属于筹资活动现金流声，不属于经济活动现金流出，因而应在净利润的基础上再加回来。本例当年财务费用为21 500元。应指出，并非所有财务费用都属于筹资活动，如应收票据的贴息，虽然计入财务费用，但是属于经营活动，因而在调节本项目时，要在财务费用中扣除。

（8）投资损失（减：收益）。企业会计核算时，投资发生损益会影响净利润，但这是投资活动损益，不属于经营活动，因而应在净利润的基础上再加回损失额（减去收益额）。晓林公司当年投资收益额为31 500元，从净利润中减回去。

（9）存货的减少（减：增加）。企业的存货是和企业的销货成本直接相关的。存货的增加意味着购买货物已经支付的现金比销货成本多，所以在确定经营活动的现金净流量时，应当在净利润的基础上减回去。而存货的减少，则表明企业购买货物已经支付的现金比销货成本少，所以应在净利润的基础上再加回来。在现金流量表中，该项目具体反映存货的期末余额和期初余额相比的增加数或减少数。数据表明晓林公司存货期末比期初减少了5 300元，在确定经营活动现金流量时应当再加回去。

（10）经营性应收项目的减少（减：增加）。经营性应收项目，如应收账款、应收票据、其他应收款等属于企业资产，分析的思路与前述存货增减大致相同，即应收项目减少应加回来，增加则应减去。本例各项经营性应收项目合计增加100 000元，相当于应收现金而事实并未收到，应当在净利润的基础上再减回去。

（11）经营性应付项目的增加（减：减少）。经营性应付项目，如应付票据、应付工资、应付福利费、其他应付款、其他应交款、应交税金等，它们的增减，应调整净利润。一方面，应付款项的增加表明企业实际购货的现金支出要小于账面上的购货额，因此影响到销货成本，应在净利的基础上加回来，反之同理；另一方面，应付工资、应付福利费、应交税金等构成企业有关管理费用、销售税金、营业费用，其有增加，使当期净利润减少，所以应在净利润的基础上再加回来，反之同理。本例中各项经营性应付项目合计净增加17 344元，应加回净利润。但应交税金中不含不属于经营活动的税金，如固定资产购建活动中发生的税金。

企业的净利润加上以上应加回来的各个项目，再减去应减去的各个项目，其余额为企业在本期内获得的经营活动的现金净流量。本例中晓林公司经营活动所取得的现金净额为381 145元，其结果和采用直接法确定的经营活动的现金净流量是一样的。

综上所述，由于经营活动是企业运行的主要活动，一般而言，来自经营活动的现金流量应占企业现金流量的大部分，因此，它是了解企业现金流动的重要窗口。通过分析经营活动的现金流量，可以判断企业在不动用外部筹资手段的情况下，依靠经营活动产生的现金流量，能否满足偿债、维持生产经营、支付股利以及对外投资之所需。此外，结合其他有关资料，还可以预测企业未来经营活动现金流量的变化趋势。例如，在资产负债表中反映的应收账款与应收票据，如果本期有大幅增加，可以预测在正常情况下，下期的现金回流将增大，经理人员可提前计划，以免到现金收回时产生搁置或利用效果不理想。

二、投资活动现金流量重点项目分析

仍以表8-2为例进行分析。

（一）投资活动的现金流入量

（1）收回投资所收到的现金。该项目反映企业收回对外投资的本金和投资收益所收回的现金，但债券投资收回时只包括收回的本金。本例中晓林公司2017年共收回对外投资16 500元。

（2）处置固定资产所收回的现金净额。该项目反映企业将其拥有的固定资产出售、转让给其他单位而取得的现金净额，即出售收入减去有关清理等费用。本例中晓林公司

2017年出售固定资产收到的现金减去在出售过程中支付的现金后净收回现金300 300元。

（3）取得投资收益所收到的现金。该项目反映企业本年因对外投资而分到的现金股利、债券利息等。本例中晓林公司2017年取得投资收益现金30 000元。

（4）现金流入小计。该项目反映企业本期投资活动所收到的全部现金。本例中晓林公司2017年上述三项现金收入小计为346 800元。

（二）投资活动现金流出量

（1）购建固定资产支付的现金。这里包括因购入或建造新的固定资产、对原有固定资产进行改造等，而实际支付的全部现金（包括设备价款、支付给供货方的增值税）。本例中晓林公司2017年为购建固定资产共支付现金451 000元。

（2）现金流出小计。这里包括当期企业对内投资和对外投资所支付的现金总额。本例中晓林公司2017年的投资活动共支出现金451 000元。

（三）投资活动的现金净流量

这里指前述的投资活动现金流入量小计减去现金流出量小计，若为负数，表明企业当期投资活动为现金净流出。本例中晓林公司2017年全部投资活动净流量为-104 200元。

三、筹资活动现金流量重点项目分析

仍以表8-2为例进行分析。

（一）筹资活动的现金流入量

（1）借款所收到的现金。该项目反映企业在本期内向银行等金融机构的借款数。本例中晓林公司2017年向银行等金融机构举借长、短期借款共计400 000元。

（2）现金流入小计。该项目反映企业当期通过各种筹资活动而实际收到的现金总额，如借款、发行股票、发行债券、融资租赁等。本例中只有借款一项，表明晓林公司在2017年筹资活动现金流入为400 000元。

（二）筹资活动的现金流出量

（1）偿还债务所支付的现金。该项目反映企业本期内实际向债权人偿还各类债务的本金数额。本例中晓林公司2017年共偿还到期借款本金1 250 000元。

（2）分配股利、利润或偿付利息所支付的现金。该项目反映企业本期实际向股东支付的现金股利及利润的金额。本例中晓林公司2017年实际向股东支付现金股利或偿付利息12 500元。

（3）现金流出小计。该项目反映企业当期筹资活动的全部现金流出量。本例中晓林公司2017年全部筹资活动实际支出现金1 262 500元。

（三）筹资活动的现金净流量

将筹资活动现金流入量小计减去现金流出量小计，即为筹资活动现金净流量。本例中晓林公司2017年筹资活动产生的现金净额为-862 500元，表明企业筹资活动流入的现金比流出的现金少862 500元。

第三节 现金流量表结构分析

一、现金流量结构分析的内容

(一) 现金流入结构

现金流入结构在反映企业全部现金流入中,经营活动、投资活动和筹资活动分别所占的比例,以及这三类活动中,不同现金流入渠道在该类别现金流入量和总现金流入量中的比例。

总体来说,每一个企业在现金流入量中,经营活动的现金流入应当占有大部分的比例,特别是其主营业务活动流入的现金应明显高于其他经营活动流入的现金。但是对于经营业务不同的企业,这个比例也可以有较大的差异。一个单一经营、主营业务突出的企业,其主营业务的现金流入可能占到经营活动现金流入的95%以上,而主营业务不突出的企业,这一比例肯定会低很多。另外,一个稳健型的企业,一般专心于其特定经营范围内的业务,即使有闲置资金,也不愿投资其他业务,甚至不愿多举债,那么其经营活动的现金流入所占的比例也肯定会高,投资和筹资活动的现金流入可能较低甚至没有。而激进型的企业,往往千方百计地筹资,又千方百计地投资扩张。筹资有力又投资得当的企业在某一特定期间,可能在筹资活动中流入了现金,又在前期的投资活动中得到了大量的现金收益回报,这类企业投资和筹资活动的现金流入所占比例会高些,有些可能超过经营活动的现金比例。而筹资虽有力但投资不当的企业,其现金流入结构可能是筹资的现金流入很大,而投资活动经营只有现金流出或少有现金甚至没有现金流入。

(二) 现金流出结构

现金流出结构在反映企业总的现金流出中,经营活动、投资活动和筹资活动的现金流出各占比例的大小。一般情况下,经营活动如购买商品、接受劳务和支付经营费用等支出的现金往往要占较大的比重,投资活动和筹资活动的现金流出则因企业的财务政策不同而存在较大的差异。有些企业较少,在总现金流出中所占甚微,而有些企业则可能很大,甚至超过经营活动的现金流出。在企业正常的经营活动中,其经营活动的现金流出应当具有一定的稳定性,各期变化幅度一般不会相差太大,但投资活动和筹资活动的现金流出的稳定性相对较差,甚至具有偶发性、随意性。随着交付投资款、偿还到期债务、支付股利等活动的发生,当期该类活动的现金流出便会呈现剧增。因此,分析企业的现金流出结构在不同期间难以采用统一的标准,应当结合具体情况分析。

(三) 现金净流量结构

反映企业经营、投资和筹资三类活动的现金净流量各自所占总的现金净流量的比例,即三类活动各自对现金净流量的贡献程度。通过分析,可以明确体现本期的现金净流量主要由哪类活动产生,以此可说明现金净流量的形成是否合理。

二、现金流量结构的纵向分析

PT 江城公司有关现金流量表的数据如表 8-4 所示:

表 8-4 PT 江城公司现金流量指标

单位:万元

名称/年度	2017 年末期	2017 年中期	2016 年末期	2016 年中期
经营活动现金流入	7 471	5 193	14 266	6 305
经营活动现金流出	6 931	4 625	14 358	6 792
经营活动现金净流量	540	568	-92	-487
投资活动现金流入	0	0	582	579
投资活动现金流出	370	251	461	243
投资活动现金净流量	-370	-251	121	336
筹资活动现金流入	800	800	6 021	2 159
筹资活动现金流出	1 108	753	6 091	2 157
筹资活动现金净流量	-308	47	-70	2
现金及现金等价物增加	-138	364	-41	-149

分析可知,从 2016 年到 2017 年,该公司经营活动流入的现金降低了近一半,说明主业快速萎缩(尽管经营净流量从负变正,但绝对数太小)。投资活动在 2017 年度已无现金流入,或许意味着已无适当的资产可变卖?筹资活动也极度萎缩,从 2016 年度的筹资活动现金流入 6 021 万元到 2017 年度的 800 万元,收缩了 86.7%。

三、现金流量结构横向比较分析

所谓现金流量结构横向比较分析,就是将不同企业(有一定可比性,如同行业、股本相近)同期三种活动现金流量指标及其结构进行比较,从而发现问题所在。

表 8-5 给出了数家上市公司的现金流量指标的比较情况。

表 8-5 2017 年度部分公司的现金流量构成分析

单位:万元

公司名称	经营现金净流量	投资现金净流量	筹资现金净流量	全部现金净流量
华东	159 106	-310 029	282 708	131 785
华南	294 575	-100 835	-287 513	-93 773
华西	201	42	-218	25
华北	4 765	-1 707	-1 333	1 725
中南	-4 970	-705	169	-5 506

从表 8-5 的数据可知,在经营活动现金净流量方面,华东、华南和华北都很理想,而中南公司在经营活动上已入不敷出,极为艰难。

从投资净流量分析，多数公司都有不同程度的扩张，或者是固定资产的增加，或者是金融资产的扩张，但华西公司在收缩。从筹资活动分析，华东公司筹集资金多，而华南公司则以分配和偿还为主，导致其全部现金净流量为负数。中南公司全部现金净流量为-5 506万元，预示着其现金的紧缺。

四、现金流量结构百分比分析

所谓结构百分比分析，是指以会计报表中某一关键项目的数值为基数，计算出该项目各个组成部分占总体的百分比，以分析各项目的具体构成，并揭示各组成部分的相对重要性，从而揭示会计报表中各个项目的相对地位和总体结构关系。现金流量的结构百分比分析就是在现金流量表有关数据的基础上，进一步明确现金收入的构成、现金支出的构成及现金余额是如何形成的。现金流量的结构百分比分析可以分为现金收入结构分析、现金支出结构分析和现金余额结构分析三个方面。

（一）现金收入结构分析

现金收入结构反映企业经营活动的现金收入、投资活动现金收入及筹资活动现金收入在全部现金收入中的比重，以及各项业务活动现金收入中具体项目的构成情况，明确企业的现金究竟来自何方，要增加现金收入主要依靠什么途径。

例如，粤东公司现金流量表的现金收入结构表如表8-6所示：

表8-6 现金收入结构

项 目	金额/万元	结构百分比/%
经营活动现金流入	8 000	80
其中：销售商品	6 400	80
收到的税费返还	200	2.5
收到其他经营现金	1 400	17.5
投资活动现金流入	400	4
其中：收回投资	300	75
处置固定资产收现	100	25
筹资活动现金流入	1 600	16
其中：借款收现	1 600	100
现金流入合计	10 000	100

从表8-6中可以看出，在企业当年收入的全部现金中，经营活动收入的现金占80%，筹资活动收入的现金占16%，投资活动收入的现金占4%。也就是说，企业当年收入的现金，主要来自经营活动，也有一部分来自企业的筹资活动，而来自投资活动的比例很小。在经营活动收入的现金中，主要是来自销售商品的现金流入，占80%，其次是收到的其他经营活动现金，占17.5%，收到的税费返还仅占2.5%；在投资活动的现金收入中，收回对外投资的现金收入占75%，出售固定资产收回的现金占25%；在筹资活动收到的现金中，全部为借款收到的现金。显然，粤东公司要增加现金收入，主要还是要依靠经营活动，特别是来自销售商品的现金收入，其次是筹资活动。

(二）现金支出结构分析

现金支出结构是指企业的各项现金支出占企业当期全部现金支出的百分比。它具体地反映了企业的现金用在哪些方面。

例如，粤南公司现金流量表的现金支出结构表如表 8-7 所示：

表 8-7 现金支出结构

项 目	金额/万元	结构百分比/%
经营活动支付的现金	6 400	80
其中：现金购货支出	3 200	50
支付增值税	800	12.5
支付所得税	600	9.375
支付其他税费	400	6.25
支付职工工资	200	3.125
支付其他经营现金	1 200	18.75
投资活动支付的现金	400	5
其中：权益性投资支付的现金	60	15
债权性投资支付的现金	40	10
购置固定资产支付的现金	300	75
筹资活动支付的现金	1 200	15
其中：偿还债务支付的现金	720	60
支付股利的现金	360	30
融资租赁支付的现金	120	10
现金支出合计	8 000	100

从表 8-7 中可以看出，在粤南公司当年支出的现金中，经营活动支出的现金占 80%，投资活动支出的现金占 5%，筹资活动支出的现金占 15%。也就是说，企业当年支出的现金有 80% 用于支付经营活动所需，筹资活动和投资活动所占比例较少。在经营活动支出的现金中，购买商品支出占 50%，增值税占 12.5%，职工工资占 3.125%，其他经营费用占 18.75%。在投资活动支出的现金中，对外投资占 25%（股票及债券投资），对内投资股利占 75%；在筹资活动支出的现金中，偿还借款占 60%，支付股利占 30%，支付融资租赁费占 10%。

（三）现金余额结构分析

现金余额结构是指企业的各项活动包括经营活动、投资活动和筹资活动，其现金收支净额占全部余额的百分比，它反映企业的现金余额是怎样形成的。

例如，粤西公司现金流量表的现金余额结构表如表 8-8 所示：

表 8-8 现金余额结构

项 目	金额/万元	结构百分比/%
经营活动现金净额	240	80
投资活动现金净额	-60	-20

续上表

项　目	金额/万元	结构百分比/%
筹资活动现金净额	120	40
现金净额	300	100

表 8-8 中数据显示，公司当年共取得现金收支净额 300 万元，其中：经营活动取得现金净额的 80%；投资活动现金净额是 -60 万元，即企业当年投资活动的现金支出比现金收入多 60 万元，为全部现金净流量的 -20%；筹资活动现金净额是 120 万元，相当于全部现金余额的 40%。

如果将不同时期的现金流量放在一起进行比较，还可以了解到企业现金流量结构的变化及未来的发展趋势。

例如，粤北公司 2015—2017 年三年的现金流入、流出结构表如表 8-9、表 8-10 所示：

表 8-9　现金流入结构

项　目	2015 年	2016 年	2017 年
经营活动现金流入	89.31%	92.22%	93.16%
投资活动现金流入	0.63%	0.30%	0.35%
筹资活动现金流入	10.06%	7.48%	6.49%
现金流入合计	100%	100%	100%

表 8-10　现金流出结构

项　目	2015 年	2016 年	2017 年
经营活动现金流出	91.94%	88.39%	84.55%
投资活动现金流出	2.17%	3.12%	3.73%
筹资活动现金流出	5.89%	8.49%	11.72%
现金流出合计	100%	100%	100%

可以看出，在粤北公司的现金流入中，经营活动所取得的现金不仅比重很大，而且比重在上升；筹资活动的现金流入比重在不断下降。这说明企业对于筹资的依赖性逐步减小，而越来越依赖于经营活动的现金流入。

从表 8-10 中还可以看出，在企业的全部现金流出中，经营活动现金流出的比重呈下降趋势，而投资活动和筹资活动现金流出的比重呈上升趋势。投资活动比重上升说明企业在保证现有生产经营的基础上，用更多的现金进行扩大再生产（内部投资）和对外进行金融资产投资，以使企业进一步发展壮大；而筹资活动现金流出的比重上升则说明企业以前时期举借的债务到期，因而企业用来偿还债务的现金流出上升，如偿还贷款的本金、利息，偿付债券本息等，或者是随着企业生产经营的发展、收益的增加，企业用更多的现金发放股利以回报投资者。

第四节 现金流量表综合分析

一、财务能力分析

财务的实质是现金流转，因此财务适应能力说到底就是企业现金流量和存量应付企业经营、偿债和投资需要的能力。这个能力越强，企业经营和理财的风险就越小，财务发生困难和危机的可能性就越小。相对于资产负债表和利润表而言，现金流量表更具有观察和分析企业财务适应能力和财务弹性的特殊优势。实务中，可借助于计算和分析如下财务比率，分析企业财务适应能力。

1. 现金比率

$$现金比率 = 现金及现金等价物余额 \div 流动负债 \times 100\%$$

或：

$$现金比率 = 现金净流量 \div 流动负债 \times 100\%$$

与流动比率和速动比率比较，该指标不受那些不易变现的或容易引起沉淀的存货和应收款项的影响，因而能更准确地反映企业的短期偿债能力。该比率数值越大越能体现企业较强的现金或现金流量对偿还短期债务的能力。

现金比率是衡量企业短期偿债能力的一个重要指标。由于流动负债期限短，很快就需要用现金来偿还，若企业没有一定量的现金储备，等到债务到期时就可能措手不及。

对于债权人来说，现金比率总是越高越好。现金比率越高，说明企业的短期偿债能力越强；反之则越弱。如果现金比率达到或超过1，则表示现金余额等于或大于流动负债总额，亦即企业即使不动用其他存货、应收账款等，靠现金就足以偿还流动负债。对于债权人来说，这是最安全的。

但是对于企业的所有者和经营者而言，现金比率并不是越高越好。因为资产的流动性及其盈利能力成反比，流动性好的资产，往往盈利能力差，如现金的流动性最好，但其盈利能力最低。保持过高的现金比率，会使资产的获利能力降低，因此不应该过长时间保持太高的现金比率。

2. 即付比率

即付比率 = 期末现金和现金等价物 ÷（流动负债 − 预收款项 − 预收费用 − 6个月以上的短期借款）

该指标反映即期实际支付最短期债务的能力，是现金比率和流动比率指标的补充。

3. 现金流量对负债总额之比

$$现金流量对负债总额之比 = 现金流量 \div 负债总额 \times 100\%$$

该指标衡量企业用每年的现金净流量偿还全部债务的能力。指标数位越高偿债能力越强。这是在偿债能力分析中的一个重要指标，国外企业也经常采用。

4. 现金流量对流动负债之比

现金流量对流动负债之比 = 现金净流量 ÷ 流动负债 × 100%

该指标反映企业偿还当年到期债务的能力。相对于流动比率和速动比率指标，该指标排除了不正常的应收款项和存货以及其他不能变现的流动性项目的增加对计量资产流动性的影响，因而可以更准确地反映现金偿还债务的能力。

5. 现金流量对当期到期的长期负债之比

现金流量对当期到期的长期负债之比 = 现金净流量 ÷ 一年内到期的长期负债 × 100%

这是西方企业财务分析时常用的指标。该比率数值越大，表明企业偿还到期长期债务的能力越强。

例如，某企业年度经营活动净现金流量为 500 万元，年末流动负债为 300 万元，长期负债为 400 万元，则：

现金流动负债比 = 500 ÷ 300 = 1.667

现金债务总额比 = 500 ÷ (300 + 400) = 0.714 = 71.4%

这个比率越高，企业承担债务的能力越强。在暂不考虑其他因素的情况下，该公司目前最大的付息能力是 71.4%，即利息高达 71.4% 时企业仍能按时付息。只要能按时付息，就能借新债还旧债，维持债务规模。如果市场利率是 10%，那么该公司最大的负债能力是 5 000 万元 (500 ÷ 10%)。仅从付息能力看，企业还可以借债 4 300 万元 (5 000 - 700)，可见该公司的债务承受能力是不错的。

运用现金流量分析企业的偿债能力，主要是将本期取得的现金收入和本期所偿付的债务进行比较，来确定企业的偿债能力。企业本期内偿付的债务，包括以前各期借入而在本期内到期偿付的债务和本期借入在本期偿付的各项债务。

例如，某企业 2017 年取得现金流入 1 000 万元，而 2016 年末资产负债表上"流动负债合计数"为 200 万元，说明依靠本期取得的现金收入偿付在本期内到期的债务是没有问题的。

但是在正常的生产经营下，企业当期取得的现金收入，首先应当满足生产经营活动的一些基本支出，如购买货物、交纳各种税金、支付工资等，因为这些支出是取得经营活动现金流入的前提。然后，才能满足偿还债务的现金支出，这样其正常的生产经营活动才能顺利进行。所以分析企业的偿债能力，应看企业当期取得的现金收入，在满足了经营活动的基本现金支出后，是否再有足够的现金来偿还到期债务的本息。

另外，使用经营活动净现金流量与负债比较，而不包括企业本期借入的现金数额，是因为只有在企业偿债能力较强时才能借到现金，如果企业的偿债能力较弱，债权人一般是不会借新债给企业的。

6. 现金流量对流动资产增加之比

该指标反映企业流动资产净增加额中现金及现金等价物的增加程度。其计算公式是：

现金流量对流动资产增加之比 = 现金净流量 ÷ 流动资产净增加额 × 100%

该比率等于或接近1时，说明企业流动资产增加基本上是增加现金所致，若不考虑短期投资因素，企业流动资产中的存货和应收款项等短期沉淀性资产质量提高，至少没有形成新的挂账和存货积压，流动资产整体变现能力增强；若该比率大于1时，说明企业现金的增加幅度超过了流动资产的整体增加幅度，为增强企业偿债能力奠定了基础，但若超过2时，说明现金有闲置；该比率小于1时，说明企业现金的增加幅度小于流动资产整体增加幅度，如果不是变现性很强的短期投资有大幅增加的话，则一定是存货或应收账款增加很多，此时必须进一步分析存货和应收账款的质量。

7. 现金流量适应率

现金流量适应率＝经营活动现金净流量÷（偿付到期长期债务额＋购建长期资产支出额＋支付股利额）

该指标衡量企业是否能产生足够的现金流量以偿付债务、购建长期资产和支付股利。

如果该比率大于或等于1，表示企业从经营中得到的资金，足以应付各项资本性支出、偿付到期的长期债务和现金股利的需要，不用再对外融资；反之，如果此项比率小于1，则表示企业来自经营活动的现金不足以保证上述需要，产生现金短缺。

8. 现金支付保障率

现金支付保障率＝本期可动用现金资源÷本期预计现金支付数×100%

该指标反映企业在特定期间内实际可动用资源能够满足当期现金支付的水平，是从动态角度衡量企业偿债能力发展变化的指标。本期可动用现金资源包括期初现金余额加上本期预计现金流入数，本期预计现金支付数为预计的现金流出数。

现金支付保障率应当是越高越好。如果该比率达到100%，意味着可动用现金刚好能用于现金支付；如果该比率超过100%，意味着在保证支付所需现金后，企业还能保持一定的现金余额来满足预防性和投机性需求，但若超过幅度太大，就可能使保有现金的机会成本超过满足支付所带来的收益，不符合"成本—收益"原则；如果该比率低于100%，显然会削弱企业的正常支付能力，有可能会引发支付危机，使企业面临较大的财务风险。

9. 现金投入生产能力比率

现金投入生产能力比率＝经营活动现金净流量÷资本性支出×100%

该指标反映企业一定时期经营活动现金净流量可投入形成生产能力的水平，用于间接衡量企业经营成长需要对外筹资的信赖程度。

10. 自由现金流量

自由现金流量＝经营活动产生的现金流量－资本性支出

自由现金流量是衡量企业财务弹性及内部成长能力的重要指标。其中，资本性支出是指维持企业现有生产能力的全部资本支出，包括投资、固定资产、无形资产和其他长期资产上的支出。

一般说来，企业的自由现金流量越大，表明企业内部产生现金的能力就越强，其可以自由运用的内部资金就越多，企业对外融资的要求越低，财务状况就越健康。

例如，某企业2014—2017年现金流量表和利润表的有关数据如表8-11所示：

表 8-11　某企业现金流量表和利润表有关数据

单位：万元

项　目	2014 年	2015 年	2016 年	2017 年
经营活动的现金流量	1 097	1 345	1 416	1 840
其中：销货的现金流入	8 310	8 190	8 520	11 070
购货的现金流出	5 438	5 290	5 450	6 810
投资活动的现金流量	-1 138	-769	-783	-940
其中：资本性支出	1 112	905	762	686
筹资活动的现金流量	369	-686	-719	-790
其中：还债的现金流出	122	246	265	286
支付的现金股利	55	66	122	179
现金及现金等价物净增加额	328	-110	-86	110
其中：期初现金及现金等价物	362	691	580	493
期末现金及现金等价物	691	580	493	603
主营业务收入	8 325	8 160	8 510	11 060
主营业务成本	5 512	5 410	5 500	6 870
净利润	832	897	978	1 327

根据表中数据计算该企业 2014—2017 年的自由现金流量，若与各年的净利润比较，可以分析出该企业现金流量的状况，如表 8-12 所示：

表 8-12　某企业自由现金流量计算

单位：万元

项　目	2014 年	2015 年	2016 年	2017 年
经营活动的现金流量	1 097	1 345	1 416	1 840
资本性支出	1 112	905	762	686
自由现金流量	-15	440	654	1 154
净利润	832	897	978	1 327

可以看出，该企业经营活动现金流量、自由现金流量和净利润都呈现出不断上升的趋势，特别是 2017 年自由现金流量有较大幅度的增长，内源现金流量较为充足，现金流量状况是健康的。

二、真实收益能力分析

利润表反映的净利润是按权责发生制原则计算出来的，从理论上说，企业的净营业利润应与经营活动的现金净流量相一致，但实践中往往并非如此。由于利润是分期计算的，而且遵循的还是权责发生制原则，一旦企业销货与收款在时间上发生脱节，而且脱节时间较长，如超过 1 年的话，净营业利润便与经营活动的现金净流量出现背离或不相一致。实务中，销货与收款时间脱节在 1 年以上的情况总是时有发生，因此，利润与现金净流量的背离现象也经常出现。在利润表上净营业利润与经营活动现金净流量背离的情况下，按收付实现制原则计算的经营净收益即经营活动的现金净流量，就显得比利润更加真实可靠。因为，利润的实质是经济利益的净流入，另外，经营活动现金净流量不存在发生坏账损失的风险。根据以上原理，可以设计有关真实收益的财务比率如下。

1. 销售净现率

销售净现率＝年度经营活动现金净流量÷年度销售收入净额×100%

该指标反映企业在会计年度内每实现1元的销售收入所能获得的现金净流量，体现企业销售商品所取得的变现收益水平。一般以大于销售净利润率指标数值为好。

2. 总资产净现率

总资产净现率＝年度经营活动现金净流量÷年度平均资产总额×100%

该指标反映企业运用资产获得经营活动现金流量的能力，用于衡量企业资产的实际利用效果。考察近几年该指标的数据，可以观察经营资产利用效果的变化趋势。

3. 收益现金比率

收益现金比率＝每股净现金流量÷每股净收益

或：　　　　收益现金比率＝每股经营活动净现金流量÷每股净收益

该指标反映每股收益中的变现收益的高低。通常，该指标若大于1，说明企业在获取1元的每股收益时，为企业带来了超过1元的现金；相反，若小于1，说明企业的变现收益小于账面收益，有一部分收益是"虚"的，而非实在的。

4. 现金获利指数

现金获利指数＝年度净利润额÷年末经营活动现金净流量×100%

该指标反映企业每实现1元的经营活动现金净流量所实现的收现性利润额，用以衡量经营活动现金流量的获利能力。

5. 每股净现金流量

每股净现金流量＝现金及现金等价物净增加额÷总股本

或：　　　　每股净现金流量＝经营活动现金净流量÷总股本

或：　　　　每股净现金流量＝（经营活动现金净流量－优先股股利）÷流通的普通股股数

该指标反映每一股本或每一普通股所能创造现金净流量的能力，对于以获取现金股利为主要投资目标的投资者来说，显得尤为重要。

三、管理效率分析

现金和信用的管理是企业财务的重要内容，其管理效率的高低可以借助现金流量表进行分析。

1. 现金流量对销售之比

现金流量对销售之比＝销货收到的现金÷销售净收入×100%

该指标体现企业销货收取价款的能力和水平。如果指标数值等于1，说明企业销售货款完全回笼；如果大于1，说明企业不仅收取了当期的销售货款，而且还回笼了部分前期的欠款。

2. 现金流量对应收账款之比

现金流量对应收账款之比＝经营活动的现金流入÷应收账款净值×100%

该指标数值越大，说明企业货款回笼速度越快，信用管理越好。

3. 现金周转率

现金周转率＝现金流入÷年内现金平均持有额

其中，年内现金平均持有额为年初和年末现金持有额的平均数。该指标用于衡量企业现金的管理能力和效率，比值越大，表明现金闲置越少，收到的现金很快投入经营或用来调整财务结构。当然指标数值过大也不好，这可能体现企业对情况变化的应对能力差，容易陷入现金周转不灵的困境。

四、现金平衡分析

传统的管理会计在本量利分析中，盈亏平衡点是一个很重要的概念。与此类似，在对现金流量表的分析中，现金收支平衡点也是一个很重要的概念，它是衡量企业偿债能力的首要因素之一。所谓现金收支平衡点是指总现金流入恰好等于总现金流出的交点。

现金管理的一个重要任务在于维持适当的流动性，而其可接受的底线在于现金流入应该能够应付现金流出之需求，否则将会发生现金周转不灵的状况，如果情况严重，很可能危及一个企业的生存。由此可见，现金平衡点分析对企业短期偿债能力及现金流量的管理有相当的帮助。

现金平衡点是指现金流入等于现金流出时的销售金额或销售数量，基于此项平衡观念，可以对其进行计算。有关公式推导如下：

期间现金流入＝期间现金流出　①

期间现金流入＝税后净利＋非付现费用（如固定资产折旧、摊销等）　②

税后净利＝税前净利×（1－所得税率）

税前净利＝边际贡献－固定成本

边际贡献＝现金平衡点销售×（1－变动成本率）

期间现金流出＝需支付现金的非费用项目

（如债务本金偿还以及现金股利派发）　③

期间现金流出本来应该等于变动成本＋付现固定成本＋付现费用＋需支付现金的非费用项目（如债务本金的偿还以及现金股利的派发）计算所得的结果，但因为变动成本加上付现固定成本加上付现费用计算出的结果都已计入期间现金流入的减项（见公式②），所以期间现金流出仅包含付现的债务本金偿还额和现金股利派发额，这两者都不属于费用性质。

将公式②和公式③都代入公式①中，可以得出公式：

［现金平衡点销售×（1－变动成本率）－固定成本］×（1－所得税率）＋非付现费用＝需支付现金的非费用项目　④

因此现金平衡点销售公式如下：

现金平衡点销售＝

$$\frac{固定成本(1-税率)-非付现费用+需支付现金的非费用项目}{(1-变动成本率)(1-税率)}$$

现金流入恰好等于现金流出时现金收支平衡状态，可用图8-1表示：

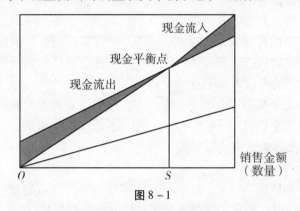

图8-1

图8-1中，如果销售金额（数量）小于S，那么现金流入小于现金流出，造成净现金流出；如果销售金额（数量）大于S，那么现金流量现金流入大于现金流出，造成净现金流入；销售金额（数量）等于S时，现金流入等于现金流出，现金无增减变化。

现金平衡点概念如同盈亏平衡点一样，为企业确定合理的销售水平提供了一条警戒线，一旦销售低于该平衡点，则意味着此时的现金流出情况对企业不利，应该引起企业管理当局和生产、销售人员的警惕，及时采取相关措施，做到防患于未然。

思考练习

一、单项选择题

1. 不属于"销售货物收到的现金"的调整项目是（　　）
   A. 应收账款增减数　　　　　　　B. 应收票据增减数
   C. 预付账款增减数　　　　　　　D. 预收账款增减数
2. 不属于"支付利息费用的现金"的调整项目是（　　）
   A. 应付利息增减数
   B. 应付债券折价、溢价摊销中的应付实际利息数
   C. 应收利息增减数
   D. 长期负债应计利息增减数
3. 反映现金创造能力最为灵敏的是（　　）
   A. 销售商品、提供劳务收到的现金　　B. 购买商品、接受劳务支付的现金
   C. 收回投资所收到的现金　　　　　　D. 吸收权益性投资所收到的现金
4. 减少注册资本所支付的现金应当列入（　　）
   A. 经营活动产生的现金流量　　　　　B. 投资活动产生的现金流量
   C. 筹资活动产生的现金流量　　　　　D. 以上都不对

5. 现金流量表的编制基础是（　　）
   A. 营运资金　　　　　　　　　　B. 流动资金
   C. 现金和现金等价物　　　　　　D. 货币资金
6. 现金流量表编制方法中的"直接法"和"间接法"是用来反映和列报（　　）
   A. 投资活动产生的现金流量　　　B. 经营活动产生的现金流量
   C. 筹资活动产生的现金流量　　　D. 上述三种活动的现金流量
7. 处置固定资产的净收入属于（　　）
   A. 经营活动的现金流量　　　　　B. 投资活动的现金流量
   C. 筹资活动的现金流量　　　　　D. 不影响现金流量
8. 下列业务中不影响现金流量的是（　　）
   A. 收回以前年度核销的坏账　　　B. 商业汇票内贴现
   C. 预提银行借款利息　　　　　　D. 收到银行存款利息
9. 下列财务指标中，不属于现金流量流动性分析的指标是（　　）
   A. 现金到期债务比　　　　　　　B. 现金债务总额比
   C. 现金流动负债比　　　　　　　D. 流动比率
10. 吸收权益性投资所收到的现金属于下列哪项活动所产生的现金流量（　　）
    A. 经营活动　　B. 投资活动　　C. 筹资活动　　D. 以上都不是
11. 现金流量表中的现金不包括（　　）
    A. 存在银行的外币存款　　　　　B. 银行汇票存款
    C. 期限为3个月的国债　　　　　D. 长期债券投资
12. 我国的《企业会计准则——现金流量表》规定，"支付的利息"项目归属于（　　）
    A. 经营活动产生的现金流量　　　B. 投资活动产生的现金流量
    C. 筹资活动产生的现金流量　　　D. 经营活动或筹资活动产生的现金流量
13. 能增加企业变现能力的因素除了从财务报表中反映出来的以外，还有（　　）
    A. 未作记录的或有负债　　　　　B. 可动用的银行贷款指标
    C. 售出产品可能发生的质量事故赔偿　D. 担保责任引起的负债
14. 综合反映企业是否有足够现金偿还债务进行投资以及支付股利和利息等能力的现金流量比率是（　　）
    A. 现金比率　　　　　　　　　　B. 净利润现金保证比率
    C. 现金充分性比率　　　　　　　D. 支付现金股利比率
15. 以前的财务状况变动表多以营运资金为编制基础，其局限性是（　　）
    A. 存货和应收账款在流动资产中所占份额较大
    B. 存货和应收账款在流动资产中所占份额较小
    C. 存货和应收账款等项目变现的不确定性影响着营运资金
    D. 以上都不是

二、多项选择题

1. 我国的现金流量表现金流量分为（　　）
   A. 经营活动产生的现金流量　　　　B. 主营业务产生的现金流量
   C. 筹资活动产生的现金流量　　　　D. 投资活动产生的现金流量
   E. 非主营业务产生的现金流量

2. 编制现金流量表所需的资料有（　　）
   A. 资产负债表　　　　　　　　　　B. 损益表
   C. 筹资、投资活动的有关资料　　　D. 财务情况说明书
   E. 现金账簿和其他有关辅助账簿

3. 下列事项中影响现金流量变动的项目是（　　）
   A. 发行长期债券收到的现金　　　　B. 用银行存款支付所欠的应付购货款
   C. 用设备器材清偿债务　　　　　　D. 用现金购买另一家公司普通股股票
   E. 取得短期贷款存入银行

4. 现金流量趋势分析的常用方法一般有（　　）
   A. 静态分析法　　B. 动态分析法　　C. 定基分析法　　D. 环比分析法

5. 现金流量表结构分析的步骤包括（　　）
   A. 计算现金流入总额和现金流出总额
   B. 计算各现金流入项目和各现金流出项目占现金流入总额和现金流出总额的比例
   C. 分析各类现金流入和各类现金流出小计占现金流入总额和现金流出总额的比例
   D. 按比例大小或者比例变动大小，找出重要项目进行分析
   E. 对现金流量作出具体的判断和评价

6. 现金流量结构分析包括（　　）
   A. 现金流入结构分析
   B. 现金流出结构分析
   C. 经营活动产生的现金流量分析
   D. 投资活动和筹资活动产生的现金流量分析
   E. 净现金流量结构分析

7. 有关现金流量分析，正确的有（　　）
   A. 现金流量表能提供本期现金流量的实际数
   B. 现金流量表能提供评价本期收益质量的信息
   C. 现金流量表分析中也需要资产负债表和损益表
   D. 现金流量表是企业财务分析的根本
   E. 了解现金流量表的结构是对现金流量进行分析的前提

8. 经营活动所产生的现金收入，除出售商品和提供劳务而产生的现金收入外，还有（　　）
   A. 进行债权性投资收到的现金利息收入
   B. 收回投资所收到的现金
   C. 进行权益性投资收到的现金股利收入

D. 收到的税费返还
E. 收到的其他与经营活动有关的现金

9. 属于经营活动所产生的现金支出的项目有（   ）
A. 支付的各项税费
B. 权益性投资所支付的现金
C. 购买货物和接受劳务实际支付的现金
D. 实际支付的利息费用
E. 向所有者分配利润支付的现金

10. 属于投资活动所产生的现金收入的项目有（   ）
A. 收回对外投资本金而取得的现金   B. 发行债券所收到的现金
C. 取得债券利息收入所收到的现金   D. 出售固定资产收取的现金净额
E. 出售无形资产收取的现金净额

11. 属于筹资活动所产生的现金支出的项目有（   ）
A. 偿还长期借款的本金   B. 经营租赁所支付的现金
C. 利息支出   D. 所有者分配利润支付的现金
E. 偿还债券的本金

12. 属于投资活动产生现金流量的有（   ）
A. 固定资产的购建和处置   B. 无形资产的购建和处置
C. 债权性投资的利息收入   D. 以现金形式收回的投资本金
E. 收到联营企业分回的利润

13. 属于与现金流量相关，且评价偿债能力的比率有（   ）
A. 每股收益   B. 流动比率
C. 现金比率   D. 偿还到期债务比率
E. 速动比率

14. 现金流量信息有以下作用（   ）
A. 可以对企业的整体财务状况作出评价
B. 可以对企业投资项目的可行性作出评价
C. 可以对企业的偿债能力、支付能力和再投资能力作出估计和评价
D. 可以对企业未来创造现金的能力作出预测
E. 可以对企业收益的质量做出评价

15. 能增加企业变现能力的因素有（   ）
A. 担保责任引起的负债   B. 准备很快变现的长期资产
C. 可动用的银行贷款指标   D. 未作记录的或有负债
E. 偿债能力的声誉

三、名词解释

1. 现金流量表
2. 现金流量

3. 现金等价物
4. 现金流量净额
5. 现金流量分析
6. 现金流量结构分析
7. 现金与流动资产比率
8. 净现金流量比率结构
9. 现金比率
10. 现金与销售收入比率

四、问答题

1. 简述项目归属及其确定方法。
2. 简述现金比率与流动比率、速动比率的关系。
3. 现金流量信息的作用是什么？
4. 分别评述反映短期偿债能力的比率。
5. 评述每股收益现金流量。

五、计算分析题

1. 资料：某公司 2015—2017 年现金流量情况如表 8-13 所示：

表 8-13　某公司 2015—2017 年现金流量情况

单位：元

项　目	2015 年	2016 年	2017 年
经营活动产生的现金流量净额	4 200	6 400	6 800
投资活动产生的现金流量净额	-3 800	-4 500	-4 800
筹资活动产生的现金流量净额	-1 450	-1 960	-2 300
现金及现金等价物净增加额	-1 050	-60	-300

要求：

（1）编制现金流量趋势分析表（定基方法）。

（2）编制现金流量趋势分析表（环比方法）。

2. 资料：某公司与现金活动有关的资料如表 8-14 所示：

表 8-14　某公司与现金活动有关的资料

项　目	现金流量分类			对现金影响		非现金交易
	经营活动	投资活动	筹资活动	增加	减少	
存货增加						
应收账款减少						

续上表

项 目	现金流量分类			对现金影响		非现金交易
	经营活动	投资活动	筹资活动	增加	减少	
预付保险费增加						
发行普通股						
支付现金股利						
支付所得税						
用现金偿还债券						
可转换债券转为普通股						
用现金购置设备						
出口退税增加额						
出售设备取得的现金						

要求：请在相应的空格中画"√"。

3. 资料：粤南公司筹资活动现金流入构成表如表 8-15 所示：

表 8-15 粤南公司筹资活动现金流入构成

单位：万元

项 目	2016 年	2017 年
筹资活动产生的现金流入		
吸收权益性投资所收到的现金	0	9 600
发行债券所收到的现金	1 700	0
借款所收到的现金	460	670
收到的其他与筹资活动有关的现金	76	0
现金流入小计	2 236	10 270

要求：
（1）编制粤南公司现金流入结构分析表。
（2）简要进行结构分析并判断公司资产负债率的变化及筹资风险的变化。

4：资料：某公司 2017 年和 2016 年两年的现金流入资料见表 8-16：

表 8-16 现金流入构成

单位：万元

项 目	2017 年	2016 年
经营活动产生的现金流入	15 268.4	11 950.72
投资活动产生的现金流入	289.1	190.28

续上表

项目	2017年	2016年
筹资活动产生的现金流入	8 942.5	2 059
现金流入小计	24 500	14 200

要求：根据表中的资料编制现金流入结构分析表。

5. 资料：岳东公司的有关财务资料如表8-17和表8-18所示：

表8-17　岳东公司现金流量对比分析

会计年度：1月1日～12月31日　　　　　　　　　　　　单位：万元

项目	2017年	2016年	增加（减少）	
			金额	百分比/%
经营活动：现金流入	140 019.8	115 014.8	25 005	21.74
现金流出	131 961.1	108 967.8	22 993.3	21.10
现金流量净额	8 058.7	6 047	2 011.7	33.27
投资活动：现金流入	782.9	574.9	208	36.18
现金流出	60 915.2	28 032.5	32 882.7	117.3
现金流量净额	-60 132.3	-27 457.6	-32 674.7	119
筹资活动：现金流入	86 921.6	24 126.6	62 795	200.27
现金流出	20 239.2	7 528.5	12 710.7	168.83
现金流量净额	66 682.4	16 598.1	50 084.3	301.75
汇率变动对现金影响额	0	0	0	0
现金及现金等价物增加额	14 608.8	-4 812.5	19 421.3	-403.56

表8-18　补充资料

现金流量表（部分）　　　　　　　　　　　　　　　　单位：万元

项目	2017年	2016年
⋮	⋮	⋮
二、投资活动产生的现金流量		
⋮	⋮	⋮
购建固定资产、无形资产和其他长期资产而收到的现金净额	50 857.7	23 460
权益性投资所支付的现金	100 575	0
⋮	⋮	⋮

要求：根据以上两表所揭示的资料，对岳东公司现金流量增减变动作差异分析。

6. 资料：已知某公司有关财务资料如下：

(1) 负债总额为 23 000 万元，其中流动负债占 80%，年内到期的长期负债为 1 500 万元；

(2) 经营净现金流量为 6 600 万元；

(3) 公司当年净利润为 7 500 万元。

要求：

(1) 计算该公司的现金到期债务比，现金流动负债比，现金债务总额比。

(2) 计算该公司的净利润现金保证比率。

(3) 若目前市场利率为 15%，则该公司理论上还可借入多少资金？

第九章
综合财务分析

本章提要

本书前面各章均仅从财务会计要素的各个方面进行了局部分析，难以把握被分析体的全貌，利润虽是企业综合效益的体现，但由于隐含着许多人为因素的影响，仍不能代替全面分析。本章采集了我国近几年大力提倡的企业绩效评价指标和方法，既有传统的定量指标的介绍，也有定性指标的探索，同时还收集了企业价值评估的一些新观点。

第一节 综合财务分析的意义

所谓综合分析，就是将各项财务分析指标作为一个整体，系统、全面、综合地对企业财务状况和经营情况进行剖析、解释和评价，说明企业整体财务状况和效益的好坏。财务报表分析的最终目的在于全面、准确、客观地揭示企业财务状况和经营情况，并借以对企业经济效益的优劣作出合理的评价。显然，要达到这样一个目的，仅仅测算几个简单的、孤立的财务比率，或者将一些孤立的财务分析指标堆砌在一起，是不可能得出合理、正确的综合性结论的，有时甚至会得到错误的结论。因此只有将企业偿债能力、营运能力、获利能力及发展趋势等各项分析指标有机地联系起来，作为一套完整的体系，相互配合，作出系统的综合评价，才能从总体意义上把握企业的财务状况和经营情况的优劣。财务报表综合分析的意义也正在于此。

与单项分析相比较，财务报表综合分析具有以下特点：

1. 分析方法不同

单项分析通常采用由一般到个别，把企业财务活动的总体分解为每个具体部分，然后逐一加以考查分析；而综合分析则是通过归纳综合，将个别财务现象回归到财务活动的总体中来考察，并作出综合性的总结评价。因此，单项分析具有实务性和实证性，综合分析则具有高度的抽象性和概括性，着重从整体上概括财务状况的本质特征。单项分析能够真实地认识每一个具体的财务现象，可以对财务状况和经营成果的某一方面作出判断和评价，并为综合分析提供良好的基础。但如果不在此基础上抽象概括，把具体的问题提高到理性认识的高度，就难以对企业的财务状况和经营业绩作出全面、完整和综合的评价。因此，综合分析要以各单项分析及各指标要素为基础，要求各单项指标要素及计算的各项指标要真实、全面和适当，所设置的评价指标必须能够涵盖企业盈利能力、偿债能力及营运能力等诸方面总体分析的要求。只有把单项分析和综合分析结合起来，才能提高财务报表分析的质量。

2. 分析重点和基准不同

单项分析的重点和比较基准是财务计划、财务理论标准，而综合分析的重点和基准是企业整体发展趋势。因此，单项分析把每个分析指标视为同等重要，难以考虑各种指标之间的相互关系。而财务综合分析强调各种指标有主辅之分，一定要抓住主要指标。只有抓住主要指标，才能抓住影响企业财务状况的主要矛盾。在进行主要财务指标分析的基础上再分析辅助指标，才能做到分析透彻，把握准确、详尽。各主辅指标功能应相互协调匹配，在利用主辅指标时，还应特别注意主辅指标间的本质联系和层次关系。

把财务报表综合分析同单项分析加以区分是十分必要的，它有利于财务报表分析者把握企业财务的全面状况，而不至于把精力仅局限于个别的具体问题上。

第二节 企业绩效评价体系

一、企业绩效评价的意义

国际上对企业绩效评价问题的研究由来已久。特别是现代公司制诞生以后，出现所有权与经营权的分离，由于资本所有者与企业经营者处于信息不对称的地位，资本所有者为了维护自己的权益不受侵犯，普遍采取企业经营绩效的事后评价方法，考核和评判经营者的主观努力程度和经营成果。早期的企业评价正是适应所有权与经营权分离的要求而产生的。随着该领域研究的不断深入，绩效管理作为现代经济管理学科的一个重要"亮点"，不断在实践中得到检验和发展。

在中国，现代意义上的企业制度发展十分迟缓。建国以后，为了尽快建立国民经济体系，解决物资匮乏与人民需求之间的矛盾，国家长期实行高度集中的计划经济体制，企业治理实行国有国营，生产、流通与分配执行国家指令性计划，企业基本没有经营自主权。在这种体制下，企业经营成果无法准确地反映企业的主观努力程度，理论界和经济管理部门也都更多地关注宏观经济效果，而忽视从微观上研究企业的绩效评价问题。

实行改革开放后，尤其是20世纪90年代以来，在建立市场经济体制过程中，中国国有企业的管理方式发生了根本变化。国家从放权让利开始，逐步将国有企业推向市场，并通过建立现代企业制度，规范政府与企业之间的关系，使国有企业逐步成为独立的商品生产者和市场竞争主体，政府对国有企业的管理主要定位在国有资本管理的层面。然而，与国有企业经营自主权扩大和角色定位转换形成鲜明对照的是，政府作为国有资本出资人的职能并没有到位甚至仍然错位，对国有企业的监管手段基本上仍沿袭过去的行政计划、行政层次、行政审批，形成政企责权关系不对称、企业激励与约束机制不健全，从而导致了企业经营行为的不规范化。因此，深入对企业绩效评价问题的研究，尽快在中国建立起科学规范的企业综合绩效评价制度，意义十分重大。

（1）科学地评价企业绩效，可以为出资人行使经营者的选择权提供重要依据。在现代企业制度中，资本所有权与企业经营权发生分离，资本的天然属性决定出资人拥有经营者选择权、收益分配权和重大事项的决策权，其中最核心的权利是考察和选择企业经营者。如何评判经营者的行为能力和经营水准，对维护资本所有者的权益十分关键。但由于出资人与经营者之间的信息不对称，出资人不直接拥有企业经营过程中的全部信息。因此，必须依靠对企业绩效的事后的科学评价，以为考察与任免经营者提供决策依据，避免主观随意性。

（2）科学地评价企业绩效，可以有效加强对企业经营者的监管和约束。随着改革开放进程的加快，国有企业在政企分开以后，按照转变政府职能、加强宏观调控的要求，不少原有的监管措施被取消，如利润指标的下达、年度财务决算的审批、一年一度的财务税收大检查等；而政府从国有资本出资人角度实施的新监管方法还不完善，出现对企业经营者的监督与约束弱化、国有权益经常被损害的现象。而通过经营年度终了的绩效评价，为出资人决策提供了有效和足够的信息，有助于实现既满足政府加强对企业的所有权监管，又不干预企业自主经营的双重目标。

（3）科学地评价企业绩效，可以为有效激励企业经营者提供可靠依据。激励企业经营者的一个主要方面是经营者的收入水平和收入机制，要通过制定合理的报酬计划，调动企业经营者的积极性。而我国国有企业经营者的收入长期与其承担的风险和所作出的贡献不相称，挫伤了经营者的积极性，导致"逆向选择"和寻求补偿的现象大量存在。这已经引起了有关方面的高度重视，加快经营者收入分配制度的改革已被提上了议事日程。但对经营者的有效激励必须建立在对企业经营者业绩进行科学客观的评价的基础上，否则就可能出现无效激励，事与愿违。

（4）科学地评价企业绩效，有助于促进企业经营观念与发展战略的转变。企业绩效评价是对企业财务分析和成长研究的进一步深化和拓展，其根本目的是通过全面、深入地了解影响企业当前经营和长远发展的诸多因素，促进企业经营者更加注重投入产出对比分析，在充分利用现有资源的基础上实现企业效益最大化。中国经济几十年来的发展实践说明，国有企业发展的一个重要弊端是大家都力争做"大"，盲目扩张，而较少考虑成本与效益。通过运用企业绩效评价体系，对不同企业的投入产出水平、资本管理质量、偿债风险控制、未来发展潜力等因素进行分析"评价"比较，可以有效促进企业经营者对企业现有经营战略进行思考，按照市场经济发展要求转变经营观念，完成向"少投入、多产出"发展战略的转变。

（5）科学地评价企业绩效，有利于推动企业实施适应现代企业制度的绩效管理方法。在中国，建立现代企业制度的核心问题是"科学管理"。绩效管理的实质是将绩效作为衡量企业经营活动的客观尺度，即以绩效作为考察各个企业的统一"度量衡"。而企业绩效评价以投入产出分析为核心内容，采用多层次、多因子分析方法，引导企业实现投入与产出比率最优化，促进企业将资本营运的眼前利益与长远利益有机结合起来，实现市场经济条件下真正意义的"科学管理"。建立科学规范的企业绩效评价制度，在国有企业中普遍推进绩效管理，并引导企业将生产与经营的出发点和落脚点放在努力提高绩效上来，使中国企业在激烈的全球竞争中立于不败之地。

企业绩效评价结果还可以为政府监管机构、企业债权人、企业职工以及其他利益相关者提供非常有效的并且可靠真实的信息支持，这种信息最突出的特点是客观、公正和公平。

二、企业绩效评价的定量指标分析

（一）绩效评价中的企业财务效益状况分析

企业财务收益能力是反映企业综合绩效的核心内容，关系到企业的生存和发展。对企业财务效益状况的分析，最常用的指标为利润额和毛利率，因为这两个指标最为简单易懂。但从企业绩效的角度来判断企业财务收益能力，最有效的指标是净资产收益率和总资产报酬率。然而由于经营者利益动机，"报酬"（即企业"收益"）经常可能是不可靠的,或者是片面的,还需要辅以企业的资本保值增值率、主营业务利润率、盈余现金保障倍数和成本费用利润率等进行递进修正和校正,才能更真实地反映企业财务收益的能力。

1. 净资产收益率对比分析

净资产收益率是指企业一定时期内的净利润与平均净资产的比率。净资产收益率充分体现了投资者投入企业的自有资本获取净收益的能力,突出反映了投资与收益的关系,是评价企业资本经营效益的核心指标。其计算公式为:

$$净资产收益率 = 净利润 \div 平均净资产 \times 100\%$$

(1) 净资产收益率是评价企业自有资本及其积累获取报酬水平的最具综合性与代表性的指标,又称权益净利率,反映企业资本运营的综合效益。该指标通用性强、适应范围广,不受行业局限。在我国上市公司业绩综合排序中,该指标居于首位。该指标是国际上绝大多数企业的绩效评价指标体系中最为核心内容。

(2) 在评价过程中通过该指标与同行业、同规模企业的优、良、中、低、差五档的对比分析,可以看出企业获利能力在同行业中所处的地位,以及与同类企业的差异水平,以便寻找产生差距的原因。

(3) 一般认为,在企业绩效评价中企业净资产收益率越高,企业自有资本获取收益的能力越强,运营效益越好,对企业投资人、债权人的保障程度越高;反之则相反。

2. 总资产报酬率对比分析

总资产报酬率是指企业一定时期内获得的报酬总额与平均资产总额的比率。总资产报酬率表示企业包括净资产和负债在内的全部资产的总体获利能力,是评价企业资产运营效益的重要指标。其计算公式为:

$$总资产报酬率 = 息税前利润总额 \div 平均资产总额 \times 100\%$$

(1) 总资产报酬率表示企业全部资产获取收益的水平,全面反映了企业的获利能力和投入产出状况。通过对该指标的深入分析,可以增强各方面对企业资产经营的关注,促进企业提高单位资产的收益水平。

(2) 一般情况下,企业可用此指标与市场资本利率进行比较,如果该指标大于市场资本利率,则表明企业可以充分利用财务杠杆,进行负债经营,获取尽可能多的收益。

(3) 该指标越高,表明企业投入产出的水平越好,企业的资产营运越有效。

3. 资本保值增值比率对比分析

资本保值增值率是指企业年末所有者权益扣除客观增减因素后同年初所有者权益的比率。资本保值增值率表示企业当年资本的实际增减变动情况,是评价企业效益状况的辅助指标。其计算公式为:

$$资本保值增值率 = 扣除客观因素后的年末所有者权益 \div 年初所有者权益 \times 100\%$$

(1) 资本保值增值率是根据"资本保全"原则设计的指标,更加谨慎、稳健地反映了企业资本保全和增值状况,也充分体现了经营者的主观努力程度和利润分配中的积累情况。

(2) 该指标反映了投资者投入企业资本的保全性和增长性,该指标越高,表明企业的资本保全状况越好，所有者权益的增长越快。

（3）一般来讲，该指标应大于100%。如果该指标小于100%，表明企业资本受到侵蚀，没有实现资本保全，损害了所有者的权益，也妨碍了企业进一步发展壮大，应予以充分重视。

4. 主营业务利润率对比分析

主营业务利润率是指企业一定时期的主营业务利润同主营业务收入净额的比率。它表明企业每单位主营业务收入能带来多少主营业务利润，反映了企业主营业务的获利能力，是评价企业经营效益的主要指标。其计算公式为：

$$主营业务利润率 = 主营业务利润 \div 主营业务收入净额 \times 100\%$$

（1）主营业务利润率是从企业主营业务的盈利能力和获利水平方面对净资产收益率和总资产报酬率指标的进一步补充，体现了企业主营业务利润对利润总额的贡献以及对企业全部收益的影响程度。

（2）该指标体现了企业经营活动最基本的获利能力，没有足够大的主营业务利润率，就无法形成企业的最终利润。此外，结合企业的主营业务收入和主营业务成本的分析，能够充分反映出企业成本控制、费用管理、产品营销、经营策略等方面的成绩与不足。

（3）该指标越高，说明企业的主营产品或商品附加值高，营销策略得当，主营业务市场竞争力强，获利水平高，经营稳步发展。

5. 盈余现金保障倍数对比分析

盈余现金保障倍数是指企业一定时期经营现金净流量同净利润的比值。盈余现金保障倍数是客观评价企业盈余质量的基本指标，反映了企业当期净利润中现金收益的保障程度。其计算公式为：

$$盈余现金保障倍数 = 经营现金净流量 \div 净利润$$

（1）盈余现金保障倍数是从现金流入和流出的动态角度，对企业收益的质量进行评价，对企业的实际收益能力进行再次修正。

（2）该指标在收付实现制基础上，充分反映出企业当期净收益中有多少是有现金保障的，挤掉了收益中的水分，体现出企业当期收益的质量状况，同时，减少了权责发生制会计对收益的操纵。

（3）一般而言，当企业当期净利润大于0时，该指标应当大于1。该指标越大，表明企业经营活动产生的净利润对现金的贡献越大。但是，由于指标的分母变动较大，致使该指标的数值变动也比较大，所以，对该指标应根据企业实际效益状况有针对性地进行分析。

6. 成本费用利润率对比分析

成本费用利润率是企业一定时期的利润总额同企业成本费用总额的比率。成本费用利润率表示企业为取得利润而付出的代价，从企业支出方面补充评价和递进修正企业的收益能力。其计算公式为：

$$成本费用利润率 = 利润总额 \div 成本费用总额 \times 100\%$$

（1）成本费用利润率是从企业内部管理等方面，对资本收益状况的进一步修正，该指标通过企业收益与支出的直接比较，客观评价企业的获利能力。

(2) 该指标从耗费角度补充评价企业收益状况，有利于促进企业加强内部管理，节约支出，提高经营效益。

(3) 该指标越高，表明企业为取得收益所付出的代价越小，企业成本费用控制越好，企业的获利能力越强。

(二) 绩效评价中的企业资产营运状况分析

资产营运能力是反映企业经营绩效的基本内容，也是企业经营效率和经营能力的重要体现。任何一个企业的生产和经营都是从货币资金开始，最终又回到货币资金的周而复始的过程。其周转效率表现为企业的经营能力。在绩效评价中对企业资产营运状况的分析，体现企业资产营运能力的最重要指标一般为总资产周转率、流动资产周转率。然而由于存货和应收账款对企业总资产和流动资产的周转速度影响巨大，同时在考察国有企业资产营运能力时，必须特别关注企业已不能发挥效用的各类不良资产。为此，需要将存货周转率、应收账款周转率和不良资产比率作为对企业资产营运能力评价的必要补充和修正内容。

1. 总资产周转率对比分析

总资产周转率是指企业一定时期销售（营业）收入净额与平均资产总额的比值。总资产周转率是综合评价企业全部资产经营质量和资产利用效率的重要指标和基本内容。其计算公式为：

$$总资产周转率（次）= 销售（营业）收入净额 \div 平均资产总额$$

(1) 总资产周转率体现了企业经营期间全部资产从投入到产出周而复始的流转速度，反映了企业全部资产的管理质量和利用效率。由于该指标是一个包容性较强的综合指标，因而从因素分析的角度来看，它要受到流动资产周转率、应收账款周转率和存货周转率等指标的影响。

(2) 该指标通过当年已实现的销售价值与全部资产比较，反映出企业一定时期的实际产出效率及其对每单位资产实现的价值补偿，体现了企业营运水平和营运能力。

(3) 通过该指标的对比分析，不但能够反映出企业本年度及其以前年度总资产的运营效率及其变化，而且能寻找出企业与同类企业在资产利用上存在的差距，促进企业挖掘潜力，积极扩大收入，提高产品市场占有率，促进资产利用效率的提高。

(4) 一般情况下，该指标数值越高，周转速度越快，销售能力越强，资产利用效率越高。在企业绩效评价中，企业该指标达到同行业、同规模良好值以上，表示资产运营情况达到良好或优秀；相反则表示较低或较差。

2. 流动资产周转率对比分析

流动资产周转率是指企业一定时期销售（营业）收入净额与平均流动资产总额的比值。流动资产周转率是评价企业资产利用效率的另一项主要指标。其计算公式为：

$$流动资产周转率（次）= 销售（营业）收入净额 \div 平均流动资产总额$$

(1) 流动资产周转率反映了企业流动资产的周转速度，是从企业全部资产中流动性最强的流动资产角度对企业资产的利用效率进行分析，以进一步揭示影响企业资产质量的主要因素。

(2) 该指标将销售（营业）收入净额与企业资产中最具活力的流动资产相比较，既能反映企业一定时期流动资产的周转速度和使用效率，又能进一步体现每单位流动资产实现价值补偿的高或低，以及补偿速度的快或慢。

(3) 要实现该指标的良性变动，应以销售（营业）收入增幅高于流动资产增幅为保证。在企业内部，通过对该指标的分析对比，一方面可以促进企业加强内部管理，充分有效地利用流动资产，如降低成本、调动暂时闲置的货币资金用于短期投资创造收益等；另一方面也可以促进企业采取措施扩大销售，提高流动资产的综合使用效率。

(4) 一般情况下，该指标越高，表明企业流动资产周转速度越快，利用越好。在较快的周转速度下，流动资产会相对节约，其意义相当于流动资产投入的扩大，在某种程度上等于增强了企业的盈利能力；而周转速度慢，则需增加流动资金参加周转，形成资金浪费，等于降低了企业盈利能力。

3. 存货周转率对比分析

存货周转率是企业一定时期销售成本与平均存货的比率。存货周转率是对流动资产周转率的补充说明和细化分析。其计算公式为：

$$存货周转率（次）= 销售成本 \div 平均存货$$

(1) 存货周转率是评价企业从取得存货、投入生产到销售收回（包括现金销售和赊销）等各环节管理状况的综合性指标，用于反映存货的周转速度，即存货的流动性及存货资金占用量的合理与否。存货周转率如用时间表示，称为存货周转天数，计算方法为：

$$存货周转天数 =（平均存货 \times 360）\div 销售成本$$

(2) 存货在企业流动资产中所占比重一般较大，存货周转速度充分体现了企业的资产营运能力和资产质量水平。采用该指标的目的在于充分揭示存货管理中存在的问题，促进企业在保证生产经营连续性的同时，注重提高资金的使用效率，改善流动资产的质量状况。

(3) 存货周转率在反映存货周转速度、存货占用水平的同时，也在一定程度上反映了企业销售实现的快慢。所以，一般情况下，该指标越高，表示企业资产由于销售顺畅而具有较高的流动性，存货转换为现金或应收账款的速度快，存货占用水平则低。

(4) 存货中的"高留低转"是国有工业形成潜亏的主要原因之一，考察存货周转率有助于提高企业资产的质量。

4. 应收账款周转率对比分析

应收账款周转率是企业一定时期内销售（营业）收入净额同平均应收账款余额的比率。应收账款周转率是对流动资产周转率的补充说明。其计算公式为：

$$应收账款周转率（次）= 销售（营业）收入净额 \div 平均应收账款余额$$

(1) 应收账款周转率反映了企业应收账款的流动速度，即企业本年度内应收账款转为现金的平均次数。用时间表示的周转速度称为平均应收账款回收期，或称为应收账款周转天数，其计算方法为：

$$应收账款周转天数 =（360 \times 平均应收账款）\div 销售（营业）收入$$

(2) 应收账款在流动资产中占较大份额，是企业资产营运能力和资产质量水平的重要体现。及时收回应收账款，减少应收账款的呆滞占用，是提高资金利用效率的重要途径。

（3）采用本指标的目的在于促进企业通过制定合理的赊销政策、严格销货合同管理、及时结算等途径加强收账款的前后期管理，加快应收账款收回速度，活化企业营运资金。

（4）应收账款的大量呆坏，是国有企业资产损失和潜亏的重要原因之一。将应收账款周转率作为对企业资产营运能力评价的必要补充和修正内容，有助于促进提高企业资产质量。

5. 不良资产比率对比分析

不良资产比率是企业年末不良资产总额占年末资产总额的比重。不良资产比率是从企业资产管理角度对企业资产营运状况分析指标的不足进行的修正。其计算公式为：

$$不良资产比率 = 年末不良资产总额 \div 年末资产总额 \times 100\%$$

（1）不良资产比率着重从资产损失、资金挂账、不良投资及账款、积压商品物资四个主要方面反映了企业资产的质量，揭示了企业在资产管理和使用上存在的问题，用以对企业资产的营运状况进行补充修正。存有大量不良资产也是我国国有企业的严重弊端，控制和减少企业不良资产是我国企业管理的重要目标。

（2）该指标在企业绩效评价中的主要作用是对企业资产营运能力进行必要的修正，有针对性地防范企业"利润操纵"动机；同时，也有利于企业发现自身不足，改善经营管理，积极消化历史包袱，提高资产利用效率，促使企业轻装上阵。

（3）一般情况下，本指标越高，表明企业沉积下来不能正常参加经营运转的资本或资金越多，资金利用率越差。该指标越小越好，0 是最优水平。

（三）绩效评价中的企业偿债风险状况分析

债务偿还能力是反映企业资产安全性的重要体现，也是判断企业经营风险的最重要标志。在市场经济条件下，企业失去债务支付能力是导致"破产"清算的最主要原因。在绩效评价中对企业偿债风险状况的分析，一般都以资产负债率、已获利息倍数为最常用指标，同时还需要进一步考察企业现金流动负债比率和速动比率等。

1. 资产负债率对比分析

资产负债率是指企业一定时期负债总额与资产总额的比率。资产负债率表示企业总资产中有多少是通过负债筹集的，该指标是反映企业负债水平的综合指标。其计算公式为：

$$资产负债率 = 负债总额 \div 资产总额 \times 100\%$$

（1）资产负债率是衡量企业负债水平及风险程度的重要判断标准。该指标不论对企业投资人还是债权人都十分重要，适度的资产负债率既能表明企业投资人、债权人的投资风险较小，又能表明企业经营安全、稳健、有效，具有较强的筹资能力。

（2）资产负债率是国际公认的衡量企业负债偿还能力和经营风险的重要指标，比较保守的经验判断一般为不高于50%，国际上一般公认60%比较好。

（3）根据当前我国企业生产经营实际，以及所属行业的资产周转特征和长期债务偿还能力，不同行业中的企业的资产负债率各不相同，其中石油、冶金、电力等基础行业的资产负债率一般平均为50%左右，加工业为65%左右，而商贸业为80%左右。

（4）在企业管理实践中，难以简单地用资产负债率的高或低来判断负债状况的优劣，因为过高的负债率表明企业财务风险太大，过低的负债率则表明企业对财务杠杆利用不够。所以，实际分析时，应结合国家总体经济状况、行业发展趋势、企业所处竞争环境等具体条件进行客观判断。从目前我国实际情况看，2000年国有煤炭工业企业资产负债率平均为69.1%，国有石油工业企业资产负债率平均为46.2%，而国有纺织工业企业资产负债率平均为74.9%。这样的行业差别，与行业技术更新速度、国家投入水平和企业市场化经营程度都有密切的关系。

2. 已获利息倍数对比分析

已获利息倍数是企业一定时期息税前利润与利息支出的比值。已获利息倍数反映了企业偿付债务利息的能力。其计算公式为：

$$已获利息倍数 = 息税前利润 \div 利息支出$$

（1）已获利息倍数指标反映了当期企业经营收益是所需支付的债务利息的多少倍，从能够偿债资金的来源角度考察企业债务利息的偿还能力。如果已获利息倍数适当，表明企业偿付债务利息的风险小。国外一般选择计算企业五年的已获利息倍数来说明企业稳定偿付利息的能力。

（2）因企业所处的行业不同，已获利息倍数有不同的标准界限，国际上公认的已获利息倍数为3个倍数。2000年中国国有企业平均已获利息倍数为1.4个倍数，而且各行业差别巨大，这主要由行业基础、外部环境、国家政策决定。因此，在企业绩效评价中应考虑不同行业的情况，这样进行行业内部的对比分析则显得更为合理和公平。

（3）该指标越高，表明企业的债务偿还越有保证；相反，则表明企业没有足够的资金来源偿还债务利息，企业偿债能力低下。一般情况下，该指标如大于1，则表明企业负债经营能够赚取比资金成本更高的利润，但这仅表明企业能维持经营，还远远不够；如小于1，则表明企业无力赚取大于资金成本的利润，企业债务风险很大。

3. 现金流动负债比率对比分析

现金流动负债比率是企业一定时期的经营现金净流入同流动负债的比率。现金流动负债比率是从现金流动角度来反映企业当期偿付短期负债的能力。其计算公式为：

$$现金流动负债比率 = 年经营现金净流入 \div 年末流动负债 \times 100\%$$

（1）现金流动负债比率是从现金流入和流出的动态角度对企业实际偿债能力进行的再次修正。

（2）由于有利润的年份不一定有足够的现金来偿还债务，所以利用以收付实现制为基础的现金流动负债比率指标，能充分体现企业经营活动所产生的现金净流入可以在多大程度上保证当期流动负债的偿还，直观地反映出企业偿还流动负债的实际能力。用该指标评价企业偿债能力更为谨慎。

（3）该指标较大，表明企业经营活动产生的现金净流入较多，能够保障企业按时偿还到期债务。但也不是越大越好，太大则表示企业流动资金利用不充分，收益能力不强。

4. 速动比率对比分析

速动比率是企业一定时期的速动资产与流动负债的比率。速动比率衡量企业的短期偿债能力,评价企业流动资产变现能力的强弱。其计算公式为:

$$速动比率 = 速动资产 \div 流动负债 \times 100\%$$

(1) 速动比率是对流动比率的补充,是在流动比率计算公式中的分子剔除了流动资产中变现力最差的存货后,计算企业实际的短期债务偿还能力。这种计算较为准确。

(2) 该指标越高,表明企业偿还负债的能力越强,国际上公认的标准比率为100%,表明企业既有好的债务偿还能力,又有合理的流动资产结构。中国国有企业目前速动比率平均为70%左右。

(3) 由于行业间的关系,速动比率合理水平值的差异较大。如大型冶金企业平均值为63.1%,而大型石油企业平均为158.4%,因而在实际评价工作中,应结合行业特点作出分析判断。

(四) 绩效评价中的企业发展潜力状况分析

发展能力是反映企业持续发展和未来价值的源泉,在全球化的激烈竞争中,任何一个企业都面临"不进则退"的市场规则。在绩效评价中对企业的发展潜力状况进行分析,主要是以销售增长和资本积累为主线,同时需要考察企业资本扩张、收入连续增长能力和技术投入等。因而将企业销售(营业)增长率和资本积累率确定为企业发展能力考察的基本指标,确定三年资本平均增长率、三年销售平均增长率和技术投入比率相应的补充和修正指标,以尽可能全面地反映企业发展能力和发展潜力。

1. 销售(营业)增长率对比分析

销售(营业)增长率是指企业本年主营业务收入增长额与上年主营业务收入总额的比率。销售(营业)增长率表示与上年相比,企业主营业务收入的增减变动情况,是评价企业成长状况和发展能力的重要指标。其计算公式为:

$$销售(营业)增长率 = 本年主营业务收入增长额 \div 上年主营业务收入总额 \times 100\%$$

(1) 销售(营业)增长率是衡量企业经营状况和市场占有能力、预测企业经营业务拓展趋势的重要标志,如世界500强就主要以销售收入的多少进行排序。

(2) 该指标若大于0,表示企业本年的主营业务收入有所增长,指标值越高,表明增长速度越快,企业市场前景越好;若该指标小于0,则说明企业产品滞销,市场份额萎缩,原因可能是在售后服务等方面存在问题,或是产品适销不对路、质次价高。

(3) 实际操作该指标时,应结合企业历年的销售水平、企业市场占有情况、行业未来发展及其他影响企业发展的潜在因素进行前瞻性预测,或者结合企业前三年的销售收入增长率作出趋势性分析判断。

2. 资本积累率对比分析

资本积累率是指企业本年所有者权益增长额与年初所有者权益的比率。资本积累率表示企业当年资本的积累能力,是评价企业发展潜力的重要指标。其计算公式为:

$$资本积累率 = 本年所有者权益增长额 \div 年初所有者权益 \times 100\%$$

(1) 资本积累率是企业当年所有者权益总的增长率,反映了企业所有者权益在当年的变动水平。

(2) 资本积累率体现了企业资本的积累情况,是企业发展的标志,也是企业扩大再生产的源泉,展示了企业的发展潜力。

(3) 资本积累率反映了投资者投入企业资本的保全性和增长性,该指标越高,表明企业的资本积累越多,企业资本保全性越强,应付风险、持续发展的能力越大。

(4) 该指标如为负值,表明企业资本受到侵蚀,所有者权益受到损害,应予充分重视。

3. 三年资本平均增长率对比分析

三年资本平均增长率表明企业的自有资本在三年内连续变动的情况。它反映了企业的持续发展水平和发展趋势,从企业资本投入方面对企业的发展能力状况进行的补充评价和递进修正。其计算公式为:

三年资本平均增长率 = [(以年末所有者权益总额÷三年前年末所有者权益总额)$^{1/3}$ - 1]×100%

(1) 三年资本平均增长率从企业连续资本积累或资本扩张速度方面对资本积累率进行了必要的修正和补充。该指标不仅反映了企业资本积累的历史发展状况,同时反映了企业资本未来发展的基本趋势。

(2) 该指标越高,表明企业所有者权益得到的保障程度越大,企业可以长期使用的资本越充足,抗风险和持续发展的能力越强。

(3) 对企业资本积累指标需要进行正确的分析,重点考察其资本增长质量。因为企业资本增长,应伴随效益增长或为未来效益增长奠定基础,否则将降低投入产出比,最终影响企业绩效评价得分。

4. 三年销售平均增长率对比分析

三年销售平均增长率是企业主营业务收入在连续三年内的平均增长速度,体现了企业的持续发展态势和市场扩张信息。三年销售平均增长率表明企业历年经营业务的拓展能力,评价企业经营销售水平发展情况。其计算公式为:

三年销售平均增长率 = [(当年主营业务收入净额)÷三年前主营业务收入净额$^{1/3}$ - 1]×100%

(1) 三年销售平均增长率指标从企业主营业务连续发展水平的角度对销售增长率进行补充评价和递进修正,避免主营业务因受当年市场环境等因素影响产生波动而对企业发展潜力作出错误的判断。

(2) 该指标评价企业主营业务增长趋势和稳定程度,体现企业主导产品在技术含量、质量水平、市场优势等方面的发展状况和发展潜力。

(3) 该指标越高,表明企业主营业务持续增长势头越好,积累的基础越牢,市场扩张能力和可持续发展能力越强,发展的潜力越大。

5. 技术投入比率对比分析

技术投入比率是指企业当年技术转让费支出与研究开发的实际投入同当年主营业务收入的比率。技术投入比率从企业的技术创新方面补充修正了企业的发展潜力和可持续发展能力。其计算公式为:

技术投入比率 = 当年技术转让费支出与研发投入÷当年主营业务收入净额×100%

（1）技术创新是企业在市场竞争中保持优势、不断发展壮大的前提。技术投入比率集中体现了企业对技术创新的重视程度和投入情况，是评价企业持续发展能力的重要指标。

（2）该指标越高，表明企业对新技术的投入越多，企业对市场的适应能力越强，未来竞争优势越明显，生存发展的空间越大，发展前景越好。

三、企业绩效评价的定性指标分析

非财务评议指标是通过人的主观分析判断得出评价结果的指标，它通过通用直观的定性分析判断方法，弥补了财务指标定量分析的不足和缺陷。在国际绝大多数企业绩效评价方法中，也都是对专家定性分析结果进行必要的校正和完善。可见，非财务评议指标是科学规范的企业绩效评价方法中不可缺少的重要组成部分。我国企业绩效体系所设计的非财务评议指标由八项内容构成。

（一）经营者基本素质

经营者基本素质是指企业现任领导班子的智力素质、品德素质和能力素质的总和。具体包括知识结构、道德品质、敬业精神、开拓创新能力、团结协作能力、组织能力、科学决策水平及决策成功率等因素。

（二）产品市场占有能力（服务满意度）

产品市场占有能力指企业主导产品由于技术含量、功能性质、质量水平、品牌优势等因素所决定的受市场承认的能力。可以借助企业销售收入净额与行业销售收入净额的比值来加以判断。

（三）基础管理水平

基础管理水平是指企业按照国际规范的做法和国家政策法规的规定，在生产经营过程中形成和运用的维系企业正常运转及生存和发展的企业组织结构、内部经营管理模式、各项基础管理制度、激励与约束机制、信息系统等的现状及贯彻执行状况。

（四）发展创新能力

发展创新能力指企业在市场竞争中为保持竞争优势，不断地根据外部环境进行自我调整和革新的能力，包括管理创新、产品创新、技术创新、服务创新、观念创新等方面的意识和能力。

（五）经营发展策略

企业经营发展战略是指企业所采用的包括增加科技投入、建立新的营销网络、更新设备、实施新项目、兼并重组等各种短期、中期、长期经营发展战略。

（六）在岗员工素质

在岗员工素质状况是指企业普通员工的文化水平、道德水平、技术技能、组织纪律性、参与企业管理的积极性及爱岗敬业精神等的综合情况。

（七）技术装备与改造水平（服务硬环境）

技术装备与改造水平指企业主要生产设备的先进程度和生产适用性、技术水平、开工及闲置状况、新产品的研究和开发能力、技术投入水平以及更新改造采用环保技术措施等情况。

(八) 综合社会贡献

综合社会贡献是指企业对经济增长、社会发展、环境保护等方面的综合作用。主要包括对带动周边经济增长的贡献、提供就业和再就业机会的贡献、保持社会稳定的贡献、对财政的贡献以及安全生产经营和对环境保护的影响等。

第三节 企业价值评估

一、企业价值评估的目的

价值评估是对企业全部或部分进行估价的过程。价值评估作为企业业绩评价的手段或方法,已被越来越多的人接受或采用。企业价值评估的意义有:

第一,现代企业目标决定了价值评估的重要性。现代企业制度是一种资本雇佣劳动制度,企业资本所有者是企业的所有者,资本增值是资本所有者投资的根本目的,也是企业经营的目标所在。资本增值的衡量离不开价值评估,无论是评估企业价值还是股东价值,都需要进行价值评估。

第二,价值是衡量业绩的最佳标准。价值之所以是业绩评价的最佳标准,一是因为它是要求完整信息的唯一标准。为进行价值评估,要求企业长期利润表、资产负债表和现金流量表的信息,没有这种完整的信息,就无法准确评估企业价值。而其他业绩衡量标准,都不需要完整信息。二是因为价值评估是面向未来的评估,它考虑长期利益,而不是短期利益。

第三,价值增加有利于企业各利益主体。现代企业财务目标存在股东价值最大化与企业价值最大化的争论。其实二者并不一定矛盾,研究表明,股东是公司中为增加自己权益而同时增加其他利益方权益的唯一利益主体。这说明股东要使其自身价值增加,必须保证其他利益主体的价值增加。

第四,价值评估是企业种种重要财务活动的基本行为准则。例如,企业合并和杠杆收购,证券分析师寻找被低估价值的股票,证券商为原始股定价,潜在投资者选择新的投资机会,公司选择股票回购的最佳时机,信用分析师了解贷款风险等,都需要进行价值评估。

二、企业价值评估的内涵与方法

(一) 价值评估的内涵

价值评估的内涵,也即是价值评估的对象,是要明确对企业什么价值进行评估。

1. 企业价值与股东价值

企业价值是指企业全部资产的价值。股东价值,亦称资本价值,是指企业净资产价值。由于"资产 = 负债 + 净资产",因此,无论评估企业价值,还是评估股东价值,都是相互关联的。我们既可从评估企业价值入手评估股东价值,也可以从评估股东价值入手评估企业价值,但应注意在评估中所采用的信息的不同。

2. 持续经营价值与清算价值

企业的持续经营价值与清算价值可能是不同的。价值评估时应根据评估对象的具体情况,考虑应选择的价值。有的企业清算价值高于持续经营价值,有的企业持续经营价值高于清算价值,企业公允的市场价值应是持续经营价值和清算价值中较高的一个。

3. 少数股权价值与控股权价值

价值评估中通常以股票或债券市场价格为基础进行评估。企业市场价值是评估企业经营业绩的重要指标和资本成本的主要决定因素。但是,应当指出,市场价位衡量的是少数股权价值。不是控股权交易的可靠价格指标。

（二）价值评估的方法

价值评估的方法有许多,目前较为流行的方法有:

（1）以现金流量为基础的价值评估。

（2）以经济利润为基础的价值评估。

（3）以价格比为基础的价值评估。

三、以现金流量为基础的价值评估

（一）以现金流量为基础的价值评估意义

一般财务理论认为,企业价值应该与企业未来资本收益的现值相等。企业未来资本收益可用股利、净利润、息税前利润和净现金流量等表示。不同的表示方法,反映的企业价值内涵是不同的。利用净现金流量作为资本收益进行折现,被认为是较理想的价值评估方法。因为净现金流量与以会计为基础计算的股利及利润指标相比,更能全面、精确地反映所有价值因素。

（二）以现金流量为基础的价值评估方式

以现金流量为基础的价值评估的基本思路是"现值"规律,任何资产的价值等于其预期未来全部现金流量的现值总和。现金流量贴现法具体又分为两种:

（1）仅对公司股东资本价值进行估价。

（2）对公司全部资本价值进行估价。

如果将企业未来现金流量定义为企业所有者的现金流量,则现金流量的现值实际上反映的是企业股东价值。将企业股东价值加上企业债务价值,可得到企业价值。如果将企业未来现金流量定义为企业所有资本提供者（包括所有者和债权者）的现金流量,则现金流量现值反映的是企业价值。从企业价值中减去债务价值才能得到企业股东价值。因此,资本经营价值评估,既可评估企业价值,也可评估股东价值。由于资本经营的根本目标是股东资本增值,所以资本经营价值评估通常是评估股东价值。但是为了全面说明股东价值的来源或创造,通常是在评估企业价值的基础上,减去债务价值,得到股东价值。

（三）以现金流量为基础的价值评估程序

以现金流量折现为基础的价值评估的基本程序和公式是:

企业经营价值＝明确预测现金净流量现值＋明确预期后现金流量现值
企业价值＝企业经营价值＋非经营投资价值
股东价值＝企业价值－债务价值

案例　以现金流量为基础的价值评估

下面以 AAA 公司为例，通过表 9－1 来说明企业价值与股东价值评估方法。

表 9－1　企业价值与股东价值评估数据

单位：万元

年　份	企业经营现金净流量	折现系数/10%	企业经营现金净流量现值
2004 年	160	0.909	145.44
2005 年	190	0.826	156.94
2006 年	220	0.751	165.22
2007 年	250	0.683	170.75
2008 年	280	0.621	173.88
2009 年	310	0.565	175.15
2010 年	340	0.513	174.42
2011 年	370	0.467	172.79
2012 年	400	0.426	169.60
2017 年	430	0.386	165.98
连续价值	6 604	0.386	2 549.14
经营价值			4 219.31
非经营投资价值			200.00
企业价值			4 419.31
减：债务价值			(890.31)
股东价值			3 529.00

（四）有明确预测期的现金流量现值估算

确定有明确预测期的现金净流量现值是企业价值评估的最重要内容。要正确预测其现金净流量现值，需要按以下步骤进行。

1. 确定预测期

本部分研究的是有明确预测期现金流量现值的确定问题。所谓有明确预测期是指预测期是有限的，而不是无限的。从预测的准确性、必要性角度考虑，通常预测期为 5～10 年。

2. 预测经营现金净流量

经营现金净流量是相对非经营投资而言的，它是指可提供给企业所有者和债权人的经营现金流量总额。经营现金净流量的计算有两种基本方法：

(1) 现金净流量＝息前税后利润－净投资

其中：息前税后利润＝净利润＋利息

净投资＝总投资－折旧

式中的总投资是指企业新的资本投资总额，包括资本支出、流动资产及其他资产投资。折旧包括固定资产折旧和无形资产及长期待摊费用的摊销等。

(2) 现金净流量＝毛现金流量－总投资

其中：毛现金流量＝息前税后利润＋折旧

进行现金净流量预测，首先应对企业绩效进行分析，将财务分析与产业结构分析结合在一起，并对公司实力和弱点进行质的评估，同时从信贷角度了解公司的财务状况。

在对企业历史绩效分析之后，便可进行企业未来绩效的预测了。预测绩效的关键是明确影响企业价值或现金净流量的因素，包括时间因素。在预测各种价值影响因素的基础上，可形成预测利润表、资产负债表以及需要的个别项目，然后将这些详细资料综合起来，用以预测现金净流量等价值驱动因素。

3. 确定折现率

企业经营现金净流量折现率的高低，主要取决于企业资本成本的水平。为了与现金流量定义相一致，用于现金净流量折现的折现率应反映所有资本提供者按照各自对企业总资本的相对贡献而加权的资本机会成本，即加权平均的资本成本。由于个别资本成本的高低取决于投资者从其他同等风险投资中可望得到的报酬率，因此，折现率的高低必须能准确反映现金净流量的风险程度。只有折现率准确反映现金净流量的风险，价值评估结果才能准确。否则，不正确的折现率将使价值评估结果偏高或偏低。加权平均资本成本的计算公式是：

加权平均资本成本＝平均股权资本成本×股权资本构成＋平均负债资本成本×负债资本构成

可见进行加权平均资本估算，一要确定资本结构或资本成本加权权数；二要估算股权资本成本；三要估算负债资本成本。

确定进行价值评估的公司的目标资本结构，建议综合采用三种方法：第一，尽量估算以现金市场价值为基础的公司资本结构；第二，考虑可比公司的资本结构；第三，考虑管理层筹资方针及其对目标资本结构的影响。

关于平均股权资本成本和平均负债资本成本的估算方法可在个别股权资本成本和个别负债资本成本估算的基础上采用加权平均的方法进行。

4. 估算现金净流量现值

$$经营现金净流量现值 = \sum_{t=1}^{n} \frac{经营现金净流量}{(1+折现率)^t}$$

应当注意，使用现金流量折现法的关键是保持现金与贴现率的匹配，用加权平均资本成本贴现股权现金流量会导致股权价值偏高；如果使用股本成本贴现公司现金流量，又会低估公司价值。如果被估价的资产当前的现金流量为正，并且可以比较可靠地估计未来现金流量的发生时间，同时根据现金流量的风险特征又能够确定恰当的贴现率，那么就适合采用现金流量贴现法。但是在现实生活中，流量陷入财务拮据状态的公司、收益呈周期性的公司、拥有未被利用资产的公司、有专利权或产品选择权的公司等，现金流量的预测和贴现率的确定存在一定困难。

（五）明确预测期后现金净流量现值估算

有明确预测期后，公司预期现金流量现值估算亦称连续价值估算。使用连续价值公式便不再需要详细预测延长期公司的现金流量。用现金流量折现法进行连续价值估算，可供选择的方法有长期明确预测法、现金净流量恒值增长公式法和价值驱动因素公式法。第一种方法实质上与有明确预测期的现金流量现值估算方法相同，只是预测期加长（75年或更长）。这种方法不但麻烦，而且也无必要。通常选择后两种方法。

1. 现金净流量恒值增长公式法的估算公式

连续价值＝明确预测期后第一年现金流量正常水平÷（加权平均资本成本－现金净流量预期增长率恒值）

使用这一公式应当注意：第一，这一公式假定企业现金净流量在连续价值期间内的增长率不变；第二，现金净流量预期增长率恒值应小于加权平均资本成本；第三，必须正确估算预测期后第一年的现金净流量正常水平，使之与预测增长率相一致。

2. 价值驱动因素公式法的估算公式

连续价值＝明确预测期后第一年息前税后利润正常水平×（1－息前税后利润预期增长率恒值）÷（加权平均资本成本－息前税后利润预期增长率恒值）

在特定情况下，采用这两种方法计算的连续价值结果是相同的。如某企业有明确预测期后第一年现金净流量正常水平为330万元，息前税后利润正常水平为660万元，以后每年的增长率为6%，新投资净额的预期回报率为12%，该企业加权平均资本成本为11%，那么

连续价值＝330÷（11%－6%）＝6 600（万元）

连续价值＝660×（1－6%/12%）÷（11%－6%）＝6 600（万元）

应当注意，此时的连续价值是指明确预测期以后现金流量折现到明确预测期最后一年的现值。而构成企业经营价值的有明确预测期后现金流量现值应在此基础上进一步折现为明确预测期初的现值。如果其他条件与前表资料相同，则

连续价值现值＝6 600×0.386＝2 548（万元）

可见，无论采用何种方法，都涉及确定预测期、估计明确预测期后现金流量或利润水平及其增长率、加权平均资本成本估算及折现三个问题。

关于预测期的选择，取决于有明确预测期现金流量折现法时选择的期限。应当指出，虽然选择明确预测期十分重要，但它并不影响公司价值，只关系到明确的预测期与以后年份公司的价值如何分配。

关于息前税后利润、现金净流量、新投资净额预期回报率、息前税后利润和现金净流量的增长率的确定，是涉及企业价值评估的重要参数，应结合各自特点，采取相应方法进行预测。

加权平均资本成本是进行连续价值折现的基础，资本成本确定可参照前述方法进行。

（六）非经营投资价值和债务价值

企业价值是经营价值与非经营投资价值之和。前面两个问题研究了在现金流量折现法下经营价值的确定。非经营投资价值的确定，也可通过非经营现金流量折现进行。运用现金流量法进行企业价值评估，一是要明确企业价值包括非经营投资价值，二要注意正确划分经营现金流量与非经营现金流量。由于非经营投资的特殊性，也可不采用现金流量折现进行估价，而直接用非经营投资额代表非经营投资价值。

为了计算企业股东价值或股本价值，可在企业价值评估基础上减去债务价值。债务价值等于对债权人现金净流量的折现。因此，要评估债务价值，一要确定债权人的现金净流量，二要确定债权人的资本成本或折现率。应当注意，只有在价值评估当日尚未偿还的公司债务才需要估算价值，对于未来借款可以假设其净现值为零，因为这些借款得到的现金流入与未来偿付的现值完全相等。

四、以价格比为基础的价值评估

（一）以价格比为基础的价位评估原理

价格是价值的货币表现。企业价值或股东价值往往可通过企业股票价格来体现。而企业股票价格的高低与企业的收益、销售额和资产账面价值等都直接相关。因此，企业价值可表现为价格比与相关因素的乘积，用公式表示：

$$企业价值 = 价格比 \times 相关价格比基数$$

1. 价格比的形式

常用的价格比有三个，即市盈率或价格与收益比、市场价格与账面价值比和价格与销售额比。价格与收益比或市盈率的计算公式是：

$$价格与收益比 = 每股市价 \div 每股收益$$

在此情况下，企业价值随预期收益的增长变化而成正比例变化。

市场价格与账面价值比的计算公式是：

$$市场价格与账面价值比 = 每股市价 \div 每股净资产$$

市价与账面价值比因公司的未来产权收益率、账面价值的增长和风险（决定折现率的差别）的不同而在公司之间有所不同。

价格与销售额比的计算公式是：

$$价格与销售额比 = 每股价格 \div 每股销售额$$

它可以看作价格与收益比和收益与销售额比的乘积。因此，除了解释价格与收益比变化的因素外，价格与销售额比随着预期利润率的变化而呈正比例变化。

2. 相关价格比基数

相关价格比基数根据价格比的不同而有所不同。价格比的分母正是相关价格比基数。如价格与收益比的相关价格比基数就是企业的收益；而价格与账面价值比的相关价格比基数，则是企业的账面净资产；价格与销售额比的相关价格比基数是销售额。进行价值评估时，必须保证价格比和相关价格比基数的一致性。

(二) 以价格比为基础的价值评估步骤

1. 选择价格比

在明确价格比主要有价格与收益比、价格与账面价值比、价格与销售额比的基础上,要以此为基础进行价值评估,首先要选择适当的价格比。因为对于同一评估对象,选择不同的价格比所评估的结果可能是不同的。选择何种价格比要与被分析企业的基本信息联系起来。这些基本信息主要指与股票价格相关的信息,特别是构成相关价格比基数的信息,如收益信息、账面价值信息、销售额信息等。选择时,第一要考虑相关性程度,通常应选择与股票价格相关程度最强的价格比;第二要考虑相关价格比基数信息的可靠性。例如,如果被评估企业的股票价格与其收益相关度最强,而该企业的收益预测也比较可靠,则选择价格与收益比进行评估将会比较准确、可行。

2. 选择该价格比的可比或类似公司

在选择价格比的基础上,还应确定可用于评估的价格比的比值。由于价值评估在很大程度上取决于对未来几年的运作情况的预测,评估人员可能会对价格比的估算信心不足。一个可以替代的方法是根据"类似"公司的价格比评价公司。利用价格比的主要困难在于确定类似的公司。

所谓类似公司是指那些具有最相似的经营和财务特征的公司。同一行业内部的企业是最佳的选择对象。但是,应当注意,并非同行业的所有企业都是可比的,不同的企业有不同的特点。在选择类似公司时通常有两种选择方法:一是将同行业中所有企业的该价格比进行平均,这种做法是要通过平均数将各种企业的非可比因素抵消掉,而被评估企业成为该行业最具代表性的企业;另一方法是选择行业中最相似的企业,但什么样的构成是相似的,要根据运用的价格比的不同而有所不同。

3. 确定价格比值

在选择可比公司的基础上,价格比的确定可以历史状况为标准,也可以预测未来状况为标准。当以历史的价格比为标准时,其前提是历史数据能准确反映未来价格比状况。

另外,价格比的确定或计算应保持分子与分母的一致性。例如,价格与收益比的分母应该是每股净收益;价格与销售比的分子,在存在债务的情况下,应作如下调整:

价格与销售比 = (产权市场价值 + 债务) ÷ 销售额

= [(股票价格 × 股数) + 债务] ÷ 销售额

4. 预测价格比基数

所谓价格比基数是指与价格比相对应的相关价格比基数,即价格比的分母。要准确进行价值评估,在确定价格比的基础上,要准确预测价格比基数。例如,如果选择的价格比为价格与收益比,要评估企业股东价值,则要对企业的未来净收益进行准确预测;如果选择的价格比为价格与销售额比,要评估企业价值,则要对企业的未来销售额进行准确预测;如果选择的价格比为价格与账面价值比,要评估企业股东价值,则要对企业的账面净资产价值进行准确预测。

思考练习

一、问答题

1. 与单项分析比较,综合分析有哪些特点?
2. 企业绩效评价有何意义?
3. 企业绩效评价的定量指标有哪些?
4. 企业绩效评价的定性指标有哪些?
5. 企业价值评估的目的是什么?
6. 企业价值评估的方法有哪些?

二、论述题

试述定性分析指标在综合财务分析体系中的地位。

第十章
国际财务综合分析简介

本章提要

20世纪80年代中期以来,我国开始关注西方国家财务分析理论,尤其是美国企业界的财务分析模型。经过反复的权衡比较,本章选择了沃尔比重分析法和杜邦财务分析法作为国外企业财务分析方法来介绍。实际上,我国会计界目前所推崇的所有方法中,尚无出其右者。

第一节 国外综合财务分析的发展简介

1891年美国"科学管理之父"泰勒创立了科学管理理论后,以美国为主的西方国家对绩效管理和绩效评价方法的研究开始逐步深入。20世纪初,亚历山大·沃尔在他的论著《信用晴雨表研究》和《财务报表比率分析》中提出,在评价企业信用能力指数时要综合评价企业的财务效益状况。亚历山大·沃尔选择了7个财务比率指标,分别给定了不同的权重,并确定每一项指标的标准比率,用实际比率与标准比率对比,计算出每项指标的得分。虽然沃尔的财务比率评价方法存在许多问题,但他提出的综合评价企业财务效益的方法为企业绩效评价的发展开拓了新的思路。

第一次世界大战以后,随着现代公司制度的不断成熟,西方现代工商企业组织形式迅速发展,市场竞争日趋激烈。迫于竞争的压力,资本所有者和企业内部对经营绩效评价表现出了前所未有的重视。这种需求直接推动了管理咨询专家对企业绩效评价问题的研究热情。1932年英国管理专家罗斯(T·G·Ross)提出了评价企业部门绩效的思想,并设计采用访谈方式了解部门绩效。美国管理咨询大师詹姆斯·麦金西也在20世纪30年代提出,应对企业进行定期的经营管理状况评价,并在评价方法中首先研究企业的外部环境,然后评价企业在该行业中的竞争地位,在此基础上评价企业的战略、管理、财务状况与业务活动。

进入20世纪80年代,西方理论界和有关行业组织对企业绩效评价的研究更加深入。美国管理会计委员会从财务效益的角度发布了"计量企业业绩说明书",提出了净收益、每股盈余、现金流量、投资报酬率、剩余收益、市场价值、经济收益、调整通货膨胀后的业绩等8项计量企业经营绩效的指标。但随着市场竞争的加剧,企业管理层对非财务指标日益重视,如市场占有率、技术创新、质量与服务、生产效率和员工素质等。西方会计理论界进一步提出了企业绩效评价的权变理论。该理论认为,实践中没有一成不变的、普遍适用的管理原则可以遵循,企业必须随机应变,及时有效地对社会环境的变化作出反映,才能立于不败之地。美国的克莱夫·伊曼纽尔博士和戴维·奥特利博士根据权变理论,在20世纪80年代提出了由17项指标构成权变业绩计量体系。这是一个定量评价与定性分析相结合的复合评价体系,首次将生存能力、应变能力纳入业绩评价的范围,从而使评价结果能够反映企业的生命力,是一种更加综合的评价方法。而美国董事协会提出的董事会业绩评价大纲,则基本采用定量分析与定性分析相结合的评价方法,其基本内容包括董事会的战略制定、领导能力、团队精神、个人贡献、信息沟通,等等。

20世纪80年代末90年代初,西方发达国家管理咨询师和财务会计专家在继续关注企业的资本回报率的同时,兴起了一股现金流量热潮。如采用权益现金流量、总负债现金流量、流动负债现金流量等指标衡量企业的经营绩效。其主要理由是利润目标的实现要以现金流量为基础,单纯考察资本回报水平,容易被公司管理层的"利润操纵"所蒙骗,而现金流量是相对实在的指标。但随着世界经济一体化进程加快,计算机技术和网络技术发展突飞猛进,人类进入到信息社会。为适应经济全球化和以信息技术为代表的新经济时代更加激烈的市场竞争,一些西方发达国家的投资者、管理咨询师否定了单纯以利润总量和现金流量等财务指标进行企业绩效评价的方法,而代之以企业价位最大化目标,即公司现实和未来价值的判断标准是企业拥有多少知识资本和社会资源,包括技术人才多寡、创新频率高低、顾客认同程度、产品市场占有能力、管理信息系统是否有效率、经营环境是否恶化,等等。虽然也重视财务指标,而且财务指标是判断企业是否有效率的基础信息,但人们越来越重视反映企业经营绩效的非财务信息,以期全面地立足市场来评价经营者的绩效。

1992年,美国罗伯特·S·卡普兰和大卫·P·诺顿发明的"平衡计分测评方法"在企业中引起了强烈反响。该方法用财务指标反映企业已采取行动所产生的结果,同时通过对顾客满意度、内部程序及组织的创新和提高活动进行测评,以弥补财务衡量指标的不足。该方法具体从四个方面来考察企业:一是顾客如何看待(顾客满意度),二是企业擅长什么(企业的优势),三是企业能否继续提高和创造价值(创新能力和学习能力),四是怎样满足股东利益(财务效益)。卡普兰等第一次将创新能力和学习能力作为重要的评价指标,说明在知识经济时代企业要在激烈的市场竞争中立于不败之地,必须不断创新和积累知识。"平衡计分法"使经营者从更广阔的领域来审查自己的绩效,促进企业树立长远的战略眼光。20世纪90年代,"平衡计分法"在苹果电脑公司的成功实践下进一步扩大了影响。

近百年来,以美国为代表的西方自家对企业绩效的管理和绩效评价问题不断研究探索,不仅引导了全球企业绩效管理和绩效评价理论的深入发展,而且还推动了企业绩效管理和绩效评价方法与技术的日趋完善和成熟。由于西方国家实行的是以私营经济为主体的市场经济体制,除政府少数国营企业或事业组织开展了绩效管理和绩效评价外,绩效评价在私营经济中主要用于大公司内部考核和企业管理咨询诊断,而各大公司、咨询机构的方法各有千秋,尤其是为应付激烈竞争的需要,各方对自己的绩效评价方法相互予以保密。此外,西方国家由于20世纪70-80年代"私有化"浪潮的推动,只剩下少数属于公共服务性质的国营企业或事业,其经营考核的最主要目标是提供优良的公共服务,而不是以盈利为目标的经济效益。这些特殊的经营环境、管理基础和经济体制,也在一定程度上限制了企业绩效管理和绩效评价理论、方法和技术在西方国家的进一步深入发展——这些情况与中国国情存在着根本性的差别。

英国也是对国营企业绩效评价高度关注的西方国家之一。1978年英国政府发表的白皮书对国营企业年度报告中经营指标的公式和表达非常重视,并促进了企业经营指标的制度化建设和自身经营评价工作的开展。例如英国铁路局在1982年年度报告中列出了21个指标,并用其中的4个指标对1978-1982年英国铁路与8个欧洲铁路企业的平均水平进行对比。英国邮政局在1982-1983年的年度报告中列出了16个经营指标。而英国政府对国营企业的经营绩效评价考核包括三个方面的指标:一是财务指标,以净资产收益率为主;二是外部筹资极限,即企业在特定年度获得外部贷款与拨款的最大数额；三是经营目标，主要是成本降低情况。对国企业进行评价的机构主要是垄断与兼并委员会（MMC）。但就实务而言，英国国营企业的经营绩效评价并没有形成一套完善的体系，而是更多地表现为对照经营目标进行经营绩效考核的特性。

法国在20世纪80年代开始对垄断性的国有企业实行计划合同制管理，在合同中规定了政府与企业的义务与责任，考核评价企业经营绩效的主要依据就是计划合同的执行情况。有的计划合同也规定了考核评价指标，主要包括成本投入和生产率指标、商业服务指标、产品质量指标等三个方面。每年上级主管部门、财政部和国家审计法院都要对国有企业的有关合同指标的执行情况进行考核评价，并据此进行国有企业领导人的奖惩。

其他国家，如德国、意大利、新西兰等国政府也都对国营企业开展经营绩效评价。许多西方国家的国营企业具有二重性——"公共性"和"企业性"，因而西方各国政府对国营企业特别是非盈利性企业的评价，除考虑商业目标外，还要考虑企业为社会利益作出的贡献和相关政策性因素，并且一般都是指定专门的机构组织实施。

第二节 沃尔评分法

一、沃尔评分法原理

沃尔评分法的先驱之一是亚历山大·沃尔。他在20世纪初出版的《信用晴雨表研究》和《财务报表比率分析》中提出了信用能力指数的概念，把若干个财务比率用线性关系结合起来，以此评价企业的信用水平。他选择了7种财务比率，分别给定了其在总评价中的比重，总和为100分，然后确定标准比率，并与实际比率相比较，评出每项指标的得分，最后求出总评分。沃尔评分法从理论上讲，有一个弱点，就是未能证明为什么要选择7个指标，而不是更多或更少些，或者选择别的财务比率，以及未能证明每个指标所占比重的合理性。这些问题至今尚没有从理论上得以解决。

二、沃尔评分法步骤

运用沃尔评分法对企业财务状况进行分析的程序如下：

（1）选定评价企业财务状况的比率指标。通常要选择能够说明问题的重要指标。一般认为企业财务评价的内容主要是盈利能力，其次是偿债能力，此外还有发展能力。盈利能力的主要指标是资产净利率、销售净利率和净值报酬率。偿债能力有4个常用指标，分别是自有资本比率、流动比率、应收账款周转率和存货周转率。发展能力有3个常用指标，分别是销售增长率、净利增长率和资产增长率。

（2）根据各项比率指标的重要程度，确定其评分值，各项比率指标的评分值之和应等于100。现代社会与沃尔的时代相比，已有很大变化，一般认为财务评价主要内容中的盈利能力、偿债能力和发展能力之间大致可按5∶3∶2来分配比重。盈利能力指标的资产净利率、销售净利率和净值报酬率三者中,虽然净值报酬率最重要,但前两个指标已分别使用了净资产和净利润,为减少重复影响,3个指标的比重可按 2:2:1 安排。

(3) 确定各项比率指标的标准值。财务比率指标的标准值是指各该指标在本企业现时条件下最理想的数值,即最优值。

(4) 计算企业在一定时期各项比率指标的实际值。各指标实际值的计算见本书有关章节。

(5) 求出各指标实际值与标准值的比率,称为关系比率或相对比率。其计算要区分三种情况,采用不同的方法:

① 凡实际值大于标准值为理想的,其计算公式为:

$$关系比率 = 实际值 \div 标准值$$

如销售净利率:$21\% \div 20\% = 1.05$

② 凡实际值大于标准值为不理想的,其计算公式为:

$$关系比率 = [标准值 - (实际值 - 标准值)] \div 标准值$$

如存货周转率按周转天数计算,标准天数为90天,实际值为100天,则其关系比率可计算如下:$[90 - (100 - 90)] \div 90 \approx 0.89$

③ 凡实际值小于标准值为不理想的,其计算公式为:

$$关系比率 = [标准值 - (标准值 - 实际值)] \div 标准值$$
$$= 实际值 \div 标准值$$

如自有资本比率若其标准值为60%,某企业实际为48%,则其关系比率为:$0.48 \div 0.60 = 0.80$

(6) 求得各项比率指标的综合指数及其合计数。各项比率指标的综合指数,是关系比率和评分值的乘积,其合计数可作为评价企业财务状况的依据。一般而言,综合评分合计数如果为100或接近100,表明其财务状况基本上符合标准要求;如与100有较大差距,则表明企业财务状况偏离标准要求。

三、沃尔评分法实例

某企业代表盈利能力指标的三个财务比率:总资产净利率、销售净利率和净值报酬率分别为15%、12%和13%,行业标准值分别为15%、15%、15%;代表偿债能力的四个指标自有资本比率、流动比率、应收账款周转率和存货周转率分别为60%、150%、480%和800%,其标准比率分别为40%、200%、600%和800%;代表成长能力的三个指标销售增长率、净利增长率和人均净利增长率分别为21%、16%和16%,其行业标准比率分别为30%、20%和20%。则可根据上述资料编制该企业沃尔综合评分表,如表10-1所示。

表 10-1 沃尔综合评分

指　　标	评分值	标准值/%	实际值/%	关系比率	综合得分
盈利能力：					
总资产净利率	20	15	15	1	20
销售净利率	20	15	12	0.8	16
净值报酬率	10	15	13	0.87	8.7
偿债能力：					
自有资本比率	8	40	60	1.5	12
流动比率	8	200	150	0.75	6
应收账款周转率	8	600	480	0.8	6.4
存货周转率	8	800	800	1	8
成长能力：					
销售增长率	6	30	21	0.7	4.2
净利增长率	6	20	16	0.8	4.8
人均净利增长率	6	20	16	0.8	4.8
合计	100				90.90

注：表中各指标均越高越好。

四、沃尔评分法在我国的运用

根据沃尔比重评分法的原理，1995 年，财政部结合我国实际颁布了一套评价企业经济效益的指标体系，这在新中国历史上属于首次尝试，这些指标主要包括：

(1) 销售利润率 = 利润总额 ÷ 产品销售收入净额
(2) 总资产报酬率 = 息税前利润总额 ÷ 平均资产总额
(3) 资本收益率 = 净利润 ÷ 实收资本
(4) 资本保值增值率 = 期末所有者权益总额 ÷ 期初所有者权益总额
(5) 资产负债率 = 负债总额 ÷ 资产总额
(6) 流动比率（或速动比率）= 流动资产（或速动资产）÷ 流动负债
(7) 应收账款周转率 = 赊销净额 ÷ 平均应收账款余额
(8) 存货周转率 = 产品销售成本 ÷ 平均存货成本
(9) 社会贡献率 = 企业社会贡献总额 ÷ 平均资产总额
(10) 社会积累率 = 上交国家财政总额 ÷ 企业社会贡献总额

上述指标可以分成四类：(1) ~ (4) 项为获利能力指标，(5) ~ (6) 项为偿债能力指标，(7) ~ (8) 项为营运能力指标，(9) ~ (10) 项为社会贡献指标。

该套指标体系的综合评分一般方法如下：

(1) 以行业平均先进水平为标准值。
(2) 标准值的重要性权数总计为 100 分，其中销售利润率 15 分、总资产报酬率 15

分、资本收益率 15 分、资本保值增值率 10 分、资产负债率 5 分、流动比率（或速动比率）5 分、应收账款周转率 5 分、存货周转率 5 分、社会贡献率 10 分、社会积累率 15 分。

（3）根据企业财务报表，分项计算 10 项指标的实际值，然后加权平均计算 10 项指标的综合实际数。其计算公式如下：

$$综合实际分数 = \sum（权数 \times 关系比率）$$

沃尔评分法是一种比较可取的评价企业总体财务状况的方法，但该方法的正确性取决于指标的选定、标准值的合理程度、标准值评分值的确定等。

第三节 杜邦分析法

企业的各项财务活动、各项财务指标是相互联系的，并且相互影响，这便要求财务分析人员将企业财务活动看作一个大系统，对系统内相互依存、相互作用的各种因素进行综合分析。杜邦分析法就是利用各个主要财务比率指标之间的内在联系，来综合分析企业财务状况的方法。该方法系由美国杜邦公司最先采用的，故称杜邦分析法。

杜邦分析法是采用"杜邦图"，将有关分析指标按内在联系排列，它主要体现了以下一些关系：

权益报酬率 = 净利润 ÷ 所有者权益
　　　　　 =（净利润 ÷ 资产总额）×（资产总额 ÷ 所有者权益）
　　　　　 = 总资产报酬率 × 权益乘数　①

总资产报酬率 =（净利润 ÷ 销售收入）×（销售收入 ÷ 资产总额）
　　　　　　 = 销售利润率 × 总资产周转率　②

权益乘数 = 资产总额 ÷ 所有者权益
　　　　 = 1 ÷（1 - 资产负债率）　③

由①、②可得：权益报酬率 = 销售利润率 × 总资产周转率 × 权益乘数。即决定权益报酬率的因素有三个，即销售利润率、总资产周转率和权益乘数。这样分析以后，可以把权益报酬率这一项综合性指标发生升、降变化的原因具体化。

销售利润率和总资产周转率可以进行进一步分解，一是销售利润率的分解：

$$税后净利润 = 销售收入 - 成本总额$$

$$成本总额 = 销售成本 + 期间成本 + 税金 + 其他支出$$

其中：　税金 = 销售税金 + 所得税
　　　　其他支出 = 营业外收支净额 - 投资收益 - 其他业务利润

二是总资产周转率的分解：

$$总资产 = 流动资产 + 长期资产$$

其中：　流动资产 = 货币资金 + 有价证券 + 应收及预付款 + 存货 + 其他流动资

产（待摊费用、一年内到期的长期投资等）

长期资产＝长期投资＋固定资产＋无形资产＋长期待摊费用及其他资产

通过以上指标的层层分解，就可找出企业财务问题症结所在。

根据以上指标的分解，可通过杜邦图（如图10－1所示）直观地看出企业财务状况和经营成果的总体面貌。

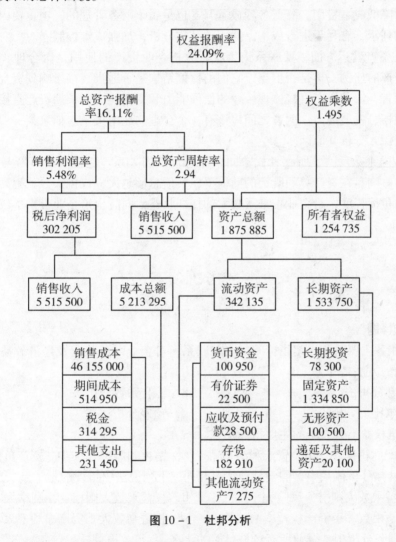

图10－1 杜邦分析

从杜邦分析图上，可以了解如下的财务信息：

（1）权益报酬率是杜邦分析图中的核心内容，是一个综合性最强的财务比率。它代表了所有者投入资金的获利能力，反映企业筹资、投资、资产运营等活动的效率，提高权益报酬率是所有者权益财富最大化的基本保证。这一比率的高低不仅取决于总资产报酬率，而且还取决于股东权益在总权益中的比重。

（2）总资产周转率也是一个重要的财务比率，是企业销售利润与资产利润率的综合表现。销售利润反映了销售收入与其利润的关系；要提高销售利润率，不仅要增加销售收入，而且应努力降低各项成本。要提高总资产周转率，一方面要增加销售收入，另一方面应降低资金的占用。由此可见，总资产报酬率是销售成果与资产管理的综合体现。

（3）销售利润率反映了企业税后净利润与企业销售收入的关系，就此意义而言，提高销售利润率是提高企业盈利能力的关键所在。销售利润的提高，一要靠扩大销售收入，二要靠降低成本费用。降低各项成本开支也是属于财务管理的一项重要内容。通过各项成本的列示，有利于进行成本、费用的结构分析，加强成本控制。

（4）在资产营运方面，要联系销售收入分析企业资产的使用是否合理，流动资产与非流动资产的比例安排是否恰当，它们的比例结构是否适当直接影响到资金的周转速度。一般而言，流动资产直接体现企业的偿债能力和变现能力。长期资产直接体现了企业的经营规模、发展潜力。两者之间应该有一个合理的比率关系。如果某一项资产比重过大，就应深入分析其原因。

（5）权益乘数反映了所有者权益同企业总资产的关系。它主要受资产与负债之间比例关系的影响。在资产总额既定的前提下，负债总额越大，权益乘数就越高，说明企业有较高的负债程度，给企业带来了较大的杠杆收益，同时也给企业带来了较大的财务风险。

思考练习

一、单项选择题

1. 利用各主要财务比率指标间的内在联系，对企业财务状况及经济效益进行综合分析和评价的方法是（   ）
   A. 杜邦分析法   B. 综合系数分析法
   C. 沃尔比重分析法   D. 预警分析法

2. 决定权益乘数大小的主要指标是（   ）
   A. 资产周转率   B. 资产利润率   C. 销售利润率   D. 资产负债率

3. 在杜邦分析体系中，假设其他情况相同，下列说法中错误的是（   ）
   A. 权益乘数大则财务风险大   B. 权益乘数大则权益净利率大
   C. 权益乘数等于资产权益率的倒数   D. 权益乘数大则资产净利率大

4. 在财务分析中，企业所有者最可能关注（   ）
   A. 获利能力指标   B. 偿债能力指标   C. 成本费用指标   D. 以上都不是

5. 运用杜邦财务分析体系的核心指标是（   ）
   A. 资产净利率   B. 资产周转率
   C. 权益净利率（股东权益报酬率）   D. 销售净利率

6. 权益净利率 = 权益乘数 × 资产周转率 × （   ），括号中应是（   ）
   A. 资产净利率   B. 销售净利率   C. 销售毛利率   D. 成本利润率

二、多项选择题

1. 下列指标中,属于评价企业经济效益的指标有（　　）
   A. 流动比率　　　　　　　　　　B. 存货周转率
   C. 资本保值增值率　　　　　　　D. 资本积累率
   E. 销售利润率

2. 综合财务分析与单项分析的不同之处有（　　）
   A. 分析方法不同　　　　　　　　B. 分析主体不同
   C. 分析重点和分析基准不同　　　D. 分析客体不同
   E. 分析意义不同

3. 属于综合财务分析特有的方法有（　　）
   A. 比较分析法　　　　　　　　　B. 比率分析法
   C. 综合系数分析法　　　　　　　D. 杜邦财务分析体系
   E. 指标分析法

4. 杜邦财务分析体系中包含的主要指标有（　　）
   A. 销售利润率　　　　　　　　　B. 资产周转率
   C. 权益乘数　　　　　　　　　　D. 股东权益报酬率
   E. 流动资产周转率

5. 提高股东权益报酬率的根本途径在于（　　）
   A. 扩大销售,改善经营结构　　　B. 节约成本费用开支
   C. 合理配置资源　　　　　　　　D. 加速资本周转
   E. 优化资本结构

6. 股东权益报酬率的决定因素有（　　）
   A. 流动比率　　　　　　　　　　B. 现金比率
   C. 销售净利率　　　　　　　　　D. 资产周转率
   E. 权益乘数

7. 下列选项中,可以反映出财务状况不佳的征兆的是（　　）
   A. 财务预测在较长时间内不准确　B. 过度大规模扩张
   C. 过度依赖贷款　　　　　　　　D. 财务报表不能及时公开
   E. 流动比率过小

8. 物价上涨会影响资产负债表的真实性,具体而言有（　　）
   A. 报表列示的货币性资产额必低于其代表的购买力
   B. 实物资产的现实价值将超过其账面价值
   C. 货币性负债则为企业带来购买力收益
   D. 非货币性负债则为企业带来损失
   E. 物价上涨会使企业实收资本账面价值偏小

9. 由杜邦财务分析体系可知,提高资产净利润的途径有（　　）
   A. 加强负债管理,提高资产负债率　B. 加强销售管理,提高销售利润率
   C. 加强资产管理,提高资产利用率　D. 加强资产流动性,提高流动比率

E. 加快流动资产周转，提高流动资产周转率

10. 在杜邦财务分析体系中，提高销售净利润的途径有（　　）
   A. 增加销售收入　　　　　　　　B. 增加其他业务利润
   C. 增加投资收益　　　　　　　　D. 降低销售折扣
   E. 减少销售成本

11. 影响资产净利率高低的因素是（　　）
   A. 产品的售价　　　　　　　　　B. 产品的单位成本
   C. 产品的销量　　　　　　　　　D. 资产占用额
   E. 资产的变现能力

12. 下列选项中，公式正确的是（　　）
   A. 总资产报酬率 =（利润总额 + 利息支出）÷ 平均资产总额
   B. 资本保值增值率 = 期末所有者权益总额 ÷ 期初所有者权益总额
   C. 应收账款周转率 = 赊销收入 ÷ 应收账款平均余额
   D. 销售增长率 = 企业社会贡献总额 ÷ 平均资产总额

13. 下列项目中，对权益净利率有一定影响的是（　　）
   A. 销售净利率　　　　　　　　　B. 资产负债率
   C. 资产周转率　　　　　　　　　D. 流动比率
   E. 现金比率

14. 在修订后的国有资本金绩效评价体系中，属于资产营运状况修正指标的有（　　）
   A. 存货周转率　　　　　　　　　B. 应收账款周转率
   C. 不良资产比率　　　　　　　　D. 资产损失比率
   E. 总资产周转率

15. 关于杜邦分析法，下列说法中正确的是（　　）
   A. 使用杜邦分析法要借助于权益乘数
   B. 杜邦分析法最终结果是要确定出权益净利率
   C. 杜邦分析法能够解释指标变动的原因
   D. 杜邦分析法只适用于历史比较
   E. 杜邦分析法要求建立新的财务指标

三、名词解释
1. 杜邦财务分析体系
2. 综合系数分析法

四、计算分析题
1. 资料：已知某企业 2016 年、2017 年有关资料如表 10 - 2 所示：

表 10-2

单位：万元

项目	2016年	2017年
营业收入	280	350
其中：赊销净额	76	80
全部成本	235	288
其中：营业成本	108	120
管理费用	87	98
财务费用	29	55
销售费用	11	15
利润总额	45	62
所得税	15	21
净利润	30	41
资产总额	128	198
其中：固定资产	59	78
货币资金	21	39
应收账款	8	14
存货	40	67
负债总额	55	88

要求：运用杜邦财务分析体系对该企业的股东权益报酬率及其增减变动原因进行分析。

2. 资料：桥东公司2017年的销售额为62 500万元，比上年提高了28%，有关的财务比率如表10-3所示：

表 10-3

财务比率	应收账款回收期/天	存货周转率	销售毛利率	销售（营业）利润率（息税前）	销售利息率	销售净利率	总资产周转率	固定资产周转率	资产负债率	利息保障倍数
2016年同行业平均	35	2.5	38%	10%	3.73%	6.27%	1.14	1.4	58%	2.68
2016年本公司	36	2.59	40%	9.6%	2.4%	7.20%	1.11	2.02	50%	4
2017年本公司	36	2.11	40%	10.63%	3.82%	6.81%	1.07	1.82	61.3%	2.78

备注：该公司正处于免税期。

要求：

（1）运用杜邦分析原理，比较2016年公司与同行业平均的净资产收益率，分析其差异的原因。

（2）运用杜邦财务分析原理，比较本公司2016年和2017年的净资产收益率，并分析其变化的原因。

3. 从桥南公司的报表中可以获得如下数据：

（1）2017年末总资产250万元，总负债95万元。

（2）2017年度销售收入750万元，净利润37.5万元。

要求：

（1）计算销售净利率。

（2）计算资产周转率（用年末数计算）。

（3）计算权益乘数。

（4）计算股东权益报酬率。

4.（1）利用综合系数分析法的程序，进行计算并将结果填入表10-4。

表10-4

指　标 ①	重要性系数/% ②	标准值/% ③	实际值/% ④	关系比率 ⑤	综合系数/% ⑥
盈利能力：					
总资产净利率	20	10	12		
销售净利率	20	8	10		
净值报酬率	10	16	17.5		
偿债能力：					
流动比率	20	150	135		
存货周转率	15	800	720		
成长能力：					
销售增长率	7	15	13		
净利增长率	8	10	8		
合计	100				

（2）根据表中结果对此企业的综合财务状况进行简单分析。

5. 资料：某公司2017年度财务报表主要资料如表10-5、表10-6、表10-7所示：

表10-5 资产负债表

2017年12月31日 单位：万元

资产	金额 年初	金额 年末	负债及所有者权益	金额
货币资金	764	310	应付账款	516
应收账款	1 156	1 344	应付票据	336
存货	700	966	其他流动负债	468
固定资产净额	1 170	1 170	长期负债	1 026
			实收资本	1 444
资产合计	3 790	3 790	负债及所有者权益合计	3 790

表10-6 利润表

2017年度 单位：万元

项目	金额
营业收入	8 430
营业成本	6 570
毛利	1 860
管理费用	980
利息费用	498
税前利润	382
所得税	152.8
净利润	229.2

要求：

(1) 计算该公司有关的财务比率（按表中列出的比率指标计算）。

(2) 与行业平均水平比较，分析该公司可能存在的问题。

表10-7

财务比率	××公司	行业平均水平
流动比率		2
速动比率		1
资产负债率		50%
存货周转率		6次
应收账款周转率		9次
营业净利率		8%
营业毛利率		20%
股东权益报酬率		10%
利息保障倍数		4倍

参 考 文 献

[1] 郭道扬. 会计百科全书 [M]. 沈阳：辽宁人民出版社，1989.
[2] 财政部. 企业会计制度 [M]. 北京：经济科学出版社，2001.
[3] 财政部会计司. 企业会计制度讲解 [M]. 北京：中国财政经济出版社，2001.
[4] 陈毓圭，杨小舟. 会计新辞典 [M]. 北京：经济科学出版社，1993.
[5] 荆新，刘兴云. 财务分析学 [M]. 北京：经济科学出版社，2000.
[6] 张先治. 财务分析 [M]. 大连：东北财经大学出版社，2001.
[7] 贺南轩. 成本会计学 [M]. 北京：中国财政经济出版社，1999.
[8] 金中泉. 财务报表分析 [M]. 北京：中国财政经济出版社，2001.
[9] 刘杰. 会计报表分析 [M]. 北京：中国人民大学出版社，2002.
[10] 李心合，赵华. 财务报表阅读与分析 [M]. 上海：立信会计出版社，2001.
[11] 曹冈. 财务报表分析 [M]. 北京：经济科学出版社，2002.
[12] 黄瑞荣，伍爱，王燕. 现代企业管理学 [M]. 广州：暨南大学出版社，1995.
[13] 孟建民. 中国企业效绩评价 [M]. 北京：中国财政经济出版社，2002.
[14] 陈石进. 财务分析技巧 [M]. 财经管理研究社，1988.
[15] 全国会计专业技术资格考试领导小组办公室. 财务管理 [M]. 北京：中国财政经济出版社，2001—2017.
[16] 葛家澍，林志军. 现代西方会计理论 [M]. 厦门：厦门大学出版社，2001.
[17] 赵国安. 财务分析报告 [R]. 北京：北京大学出版社，2002.
[18] 郭道扬. 会计史研究（第一卷）[M]. 北京：中国财政经济出版社，2004.
[19] 财政部注册会计师考试委员会办公室. 财务成本管理 [M]. 北京：经济科学出版社，2002—2017.
[20] 海尔菲特 A. 财务分析技术 [M]. 张建军主译，北京：中国财政经济出版社，2001.
[21] 克雷普斯 CH，瓦克特 RF. 财务管理 [M]. 上海财经学院《财务管理》翻译组，译. 北京：中国财政经济出版社，1980.
[22] 佩因曼 SH. 财务报表分析与证券定价 [M]. 北京：中国财政经济出版社，2002.